"Wir haben keine Heimat mehr...."

Felix Mendelssohn Bartholdy oder eine Geschichte kulturellen Antisemitismus im Deutschland des 19. und 20. Jahrhunderts

Ein Essay von Rainer Hauptmann

Mit einem Vorwort von Herrn Dr. Gottfried Wagner

Für Gundula, Sandra, Natalie, Uwe, Tina,
Daniel +, Georg, Petra, Paul, Christian, Christoph
und mein liebes Mom

Frau Anita Hauptmann + 2008

Herstellung und Verlag:
BoD – Books on Demand
ISBN 978-3-8482-1600-0

Felix Mendelssohn Bartholdy in der Jetzt- Zeit, die „causa Mendelssohn" –

Von der Aktualität eines verdrängten Komponisten – Gedanken zu Rainer Hauptmanns Essay „ *Wir haben keine Heimat mehr …" Felix Mendelssohn Bartholdy oder eine Geschichte kulturellen Antisemitismus im Deutschland des 19.und 20.Jahrhunderts*

Der Verbleib von Person und Werk Felix Mendelssohns ist im Bewusstsein des heutigen Publikums eher fragwürdig, denn man war, wie der hier vorgelegte Essay von Rainer Hauptmann im Einzelnen darlegt, nach Kräften bemüht ihn und seine Musik zu verdrängen und zu verfälschen.

Die „Causa Mendelssohn „ war die Vernichtung Mendelssohns, die Verdrängung und Zerstörung des gesamten Oeuvres und Lebens eines einstmals angesehenen Komponisten. Sie war ein Verbrechen kultureller Art und reiht sich nahtlos in allgemeine antisemitische Bestrebungen und Geschehnisse ein, welche sich in letzter Konsequenz bis zur Vollführung des Holocaust entwickeln sollten. Wer sind die Schuldigen an diesem Verbrechen, wer waren die Täter? Und wo sind die Zeugen?

Die Zeugen werden hier der Reihe nach zu Worte kommen, einer nach dem Anderen.

Der Name Richard Wagner wird im Verlaufe dieses fiktiven Verfahrens genannt. Viele fragen sich: Richard Wagner hat doch wundervolle Opern geschrieben und ist doch somit eine Säule des heutigen Musiklebens. Was hat Richard Wagner mit Antisemitismus und Felix Mendelssohn zu tun? Wie sich im Verlaufe des fiktiven Gerichtsverfahrens herausstellen wird, verkörpert die Person Richard Wagners eine Hauptrolle im Bestreben, Mendelssohn zu vernichten, ja, er muss dabei als ein Haupttäter gelten.

Richard Wagner ist schuldig an einer Stigmatisierung der Person und des Angedenkens Felix Mendelssohns, seine Schriften stellten eine Art führend wirksame Sprachregelung im negativen antisemitischen Umgang mit Mendelssohn dar, welche in ihrer Verunglimpfung, aber auch in ihrer Mechanik, in ihrem Automatismus bis in unsere Zeit wirksam bleibt. Richard Wagner war ein antisemitischer Titan, dessen Schriften in Deutschland und in Gesamteuropa und weltweit reichhaltig gelesen wurden. Sein musikalisches Werk ist in prominenter Art und Weise von antisemitischen, inhumanen Gedanken und Empfindungen durchzogen. Ungebrochen widmet man ihm bis in unsere Zeit weihevolle Festspiele, welche von der aktuellen politischen, gesellschaftlichen und kulturellen Elite zur Selbsterhöhung rauschhaft frequentiert werden.

Welches Anrecht hat man, sein Werk auf deutschen und europäischen Bühnen bedenkenlos bis heute aufzuführen, besonders an der Bayreuther Wagner Kultstätte? Die Bayreuther Festspielbühne müsste szenische Aufführungen der Mendelssohnschen Oratorien und jene der Opern des, gleichfalls von Wagner bis ins Mark geschädigten jüdischen Komponisten Giacomo Meyerbeer, erfahren, somit eine Konfrontation von Täter und Opfer auf gleicher Augenhöhe stattfinden. Ohne eine klare Absage von der antisemitischen Aura stellen die Aufführungen unkommentierter Opern Wagners eine Beleidigung jener Opfer dar, welche vom Wagnerschen Antisemitismus unmittelbar oder im weiteren Verlaufe geschädigt wurden.
Das offene Publikum wird im Verlaufe des fiktiven Verfahrens auf die Schönheit der Mendelssohnschen Musik aufmerksam und die Anhörung ideeller Zeugen bewirken die Erkenntnis, dass Wagner Unrecht hatte in seiner Behauptung, die Musik Mendelssohns habe keinen Wert, denn sie beweist, sagt uns damals wie heute das Gegenteil.

Ohne Mendelssohn ist die Musikgeschichte des 19.Jahrhunderts undenkbar. Der vorgelegte Text in Form eines fiktiven Prozesses gegen Verunglimpfung des Komponisten ist ein mutiges Engagement für Mendelssohn und andere Verfolgte. Hauptmann zeigt leidenschaftlich den aktuellen Wert, die Zeitlosigkeit der Gefühle und Bewegungen dieser Musik für uns heute auf.

Er gibt so seine ehrliche Erkenntnis über die einzigartige musikgeschichtliche Bedeutung Mendelssohns weiter. Ich wünsche seinem Essay daher viele sensible Leser und Leserinnen.

Gottfried Wagner, Cerro Maggiore, den 27.Juni 2012

Inhalt

Vorrede

Als Felix Mendelssohn Bartholdy im November 1847 unerwartet starb, hielt das öffentliche Leben in den Musikstädten Europas und der Neuen Welt erschüttert inne. Der Tod eines grossen zeitgenössischen Meisters wurde als tragischer, unersetzlicher Verlust empfunden. Nun ist das Lebensgefühl der Menschen, welche vor mehr als 150 Jahren lebten, nicht per se auf die heutige Zeit zu übertragen. Somit muss uns Musik, welche die Empfindungen unserer Vorfahren aufs trefflichste reflektierte, nicht zwangsläufig bewegen.

Andererseits erhebt sich die Frage: Auch Schubert, Beethoven, Mozart lebten vor 150 – 200 Jahren, und verliehen den Zeitläuften in politischer, kultureller und emotionaler Hinsicht musikalisch Ausdruck. Auch sie wurden von der Öffentlichkeit oder dem unmittelbaren persönlichen Wirkungskreis als Herolde zeitnah humanen Empfindens gewürdigt. Das ist im Falle der letztgenannten auch so geblieben.

Im Falle Felix Mendelssohn Bartholdys hingegen muss plädiert werden, muss im Zweifelsfalle eine Verbindung der 40ziger Jahre des 19. Jahrhunderts zu unserer Zeit und unserer Sichtweise nachträglich, quasi synthetisch wiederhergestellt werden. Allein, die publizistische Darlegung der Gegenwartsrelevanz von Musik, der Musik Felix Mendelssohns beispielsweise, ist wiederum ein schwieriges, möglicherweise vergebliches Geschäft. Das Plädoyer sollte auf musikalischem Wege erfolgen.

Um aber zum Mindesten Nachweis zu führen, was einstmals unzweifelhaft bestanden, allzu lange verschüttet und nachhaltiger zurückzugewinnen wäre: die Einschätzung Mendelssohns als bedeutenden Meisters der europäischen Musikgeschichte, mögen zu Beginn der Geisteswissenschaftler Hans Mayer und danach der Komponist Robert Schumann zu Worte kommen:

"Mendelssohn hat in einem ganz ungewöhnlichen Sinne alle damals bekannten Traditionen deutscher Musik verkörpert und in sich zusammengefasst. Er hat sie durch seine eigenen Schöpfungen und Erkenntnisse erweitert und weitergereicht. (...) Man kann die Behauptung wagen, daß durch Felix Mendelssohn, gerade in seinem Leipziger Wirken, nicht nur die Strukturen unseres heutigen Musiklebens festgelegt wurden, sondern daß es erst durch ihn (...) auch für uns heutige möglich wurde, die Musik und die musikalische Entwicklung als einen überschaubaren historischen Prozess zu interpretieren.

Auch die Musikgeschichte ist nicht denkbar ohne Leipzig und Johann Sebastian Bach, ohne Mendelssohn und Philipp Spitta". (Hans Mayer "Der Widerruf" Frankfurt 1994)

Im Juni 1848 musste Franz Liszt im Salon des Hauses Schumann ein deutliches Wort über sich ergehen lassen:

„Meyerbeer ist ein Wicht gegen Mendelssohn, letzterer ein Künstler, der nicht nur in Leipzig, sondern für die ganze Welt gewirkt hat. Herr, wer sind Sie, daß Sie über einen Meister wie Mendelssohn so reden dürfen!" (zitiert nach Walter Dahms, Robert Schumann)

In einem Brief an den Weimarer Komponisten legt Schumann im darauf folgenden Jahre begütigend nach:

„Und wahrlich, sie waren doch nicht so übel, die in Leipzig beisammen waren – Mendelssohn, Hiller, Bennett u. a. – mit den Parisern, Wienern, Berlinern, konnten wir es ebenfalls auch aufnehmen." (zitiert nach Walter Dahms, Robert Schumann)

Auch die letzten verbrieften Worte Robert Schumanns, aus Endenich an Clara gerichtet, bevor er vollends in geistiger Umnachtung verharrte, galten dem toten Leipziger Meister:

"Die Zeichnung von Felix Mendelssohn hab ich beigelegt, dass Du sie doch ins Album legtest. Ein unschätzbares Andenken! Leb wohl.   Du Liebe! Dein Robert". (zitiert nach Walter Dahms, Robert Schumann)

Sprachliche Präzision, Schlichtheit des Ausdrucks und feinsinniger Intellekt prägen die Ausführungen des Geisteswissenschaftlers; Engagement, ja Hingabe die Worte des Künstlers. Beide kommen jedoch zum gleichen Resümee: Bekenntnis der originären Stellung Felix Mendelssohn Bartholdys innerhalb der Musik des 19. Jahrhunderts. Den Musikfreunden unserer Zeit erscheint dieselbe ja sicher auch unzweifelhaft festgeschrieben, in der eigentlichen musikalischen Wortmeldung aber ist sie abseits weniger hochpopulärer Zugstücke des klassischen Repertoires bislang eher schemenhaft wahrzunehmen.

Das literarische Engagement Schumanns, Mayers, Heinrich Eduard Jacobs, Georg Kneplers, Karl-Heinz Köhlers, Eric Werners, Arnd Richters; das explizite Engagement der Dirigenten Otto Klemperer, Kurt Masur, Peter Gülke u. a. galten auch der Rückbesinnung auf eine zentrale Epoche der bürgerlichen Musikgeschichte: den Jahren 1835 – 47. In jenen Jahren wirkte Mendelssohn am Gewandhaus als Komponist und Dirigent und reformierte die deutsche Musik nachhaltig.

Mendelssohn etablierte im Gewandhaus zu Leipzig die grosse Philharmonische Gesellschaft, das eigenständig zelebrierte symphonische Konzert, als wichtigste Institution wachsenden bürgerlichen Kulturbewusstseins. Darüber hinaus wirkte er maßgeblich auf gesellschaftliche Akzeptanz des Orchestermusikers als Repräsentanten neuerstehenden philharmonischen Berufsstandes hin.

Er öffnete das Gewandhaus, ästhetischer Vorbehalte eigenen musikalischen Empfindens gegenüber den Avantgardismen mancher Partitur ungeachtet, den Komponisten Berlioz, Cherubini, Chopin, David, Gade, Hiller, Liszt, Moscheles, Rossini, Schumann, Spohr, Wagner und sorgte somit durch Aufbau und Pflege zeitgenössischen Repertoires für eingehendere Beachtung neuer Musik.

Das gewaltige Instrumental- und Sakralwerk des Komponisten und Thomaskantors Johann Sebastian Bach galt Fachleuten im frühen 19. Jahrhundert als Studienobjekt musikalischer Formvollendung, aber hoffnungslos antiquiert, "unmelodisch, berechnend, trocken und unverständlich im Publicum bekannt" (Ludwig Devrient, Meine Erinnerungen an F. M. B. und seine Briefe an mich, Leipzig 1869); ja als unaufführbar.

Die Musik Bachs und anderer Meister der Barockzeit und Klassik wurde durch Mendelssohns Initiative Aufsehen erregender Neueinstudierungen der "Matthäuspassion" nach beinahe 100 Jahren des Vergessens und "Historischer Konzerte" im Gewandhaus dem zeitgenössischen Musikleben nachdrücklich ins Bewusstsein gerufen.

Der zeitgenössische Musikbetrieb war vor Mendelssohns Wirken in Leipzig ja vorrangig auf Präsentation von Neuschöpfungen interpretierender Komponisten ausgerichtet. Die Wiederaufführungen der Bachschen "Matthäus-Passion" und die "Historischen Konzerte" fungierten somit als Synonym historischen Gewissens, als Exempel progressiven Übergangs zu "stetiger Produktion neuer und Reproduktion nicht mehr "neuer" Musik" (fr. n. Mayer)

Felix Mendelssohn engagierte sich beharrlich für das Vorhaben, dem musikalischen Nachwuchs über traditionelle Angebote von Singschulen und Ratsmusiken hinaus an einer, den Instituten europäischer Musikzentren vergleichbaren Musikbildungsstätte ein umfassendes Studium zu ermöglichen. 1843 vermochte er es, unterstützt von Musikverlegern, Gelehrten und Komponisten, in Leipzig das erste deutsche Konservatorium im Hochschulrange ins Leben zu rufen. Persönlichkeiten der Musikgeschichte - darunter die Komponisten Albeniz, Bruch, Delius,

Eduard Grieg, Leos Janacek, Svendsen und Miklos Rozsa - erwarben dort die Grundlagen späteren Ruhms.

Diese Initiative der "Begründung eines neuen (...) gemeinnützigen vaterländischen Institutes" (Testat Dr. Heinrich Blümners 1839) der Tonkunst lebt fort in der "Hochschule für Musik und Theater Felix Mendelssohn Bartholdy" in Leipzig, welche weiterhin jungen Menschen aller Nationalität zum Studium von Musik und darstellender Kunst in Theorie und Praxis offen steht.

1. Es wäre wirklich einmal eppes Rores, wenn aus einem Judensohne ein Künstler würde

"Er ist zwar ein Judensohn, aber kein Jude. Der Vater hat mit bedeutender Aufopferung seine Söhne nicht beschneiden lassen und erzieht sie, wie sich´s gehört; es wäre wirklich einmal eppes Rores (etwas Rares), wenn aus einem Judensohne ein Künstler würde." Mit solchen Worten irritierenden Wohlwollens bereitete der Berliner Komponist Karl Friedrich Zelter den greisen Geheimen Rat Johann Wolfgang von Goethe in Weimar in seinem Brief vom 26. Oktober 1821 auf den Besuch eines 12 jährigen musikalischen Wunderkindes aus dem Hause Mendelssohn vor. Die rhetorisch mit allen Attributen von Aussergewöhnlichkeit beladene, letztendlich aber ergebnislos verbliebene Gleichung der Konstanten Jude, Taufe, Judensohn und Künstler verrät nicht, ob es sich um den Ausdruck einer ehrlich empfundenen Hoffnung oder um Anmaßung handelt.

Dessen ungeachtet erlag Zelter jedoch der Versuchung, mit der Feststellung vom Künstlertum aus jüdischem Hause als einer Causa von wahrhaft eppes rorer Art, die jüdische Sprechweise dezidiert zu karikieren.

"Hepp-hepp-hepp! Judenjunge!" rief ein debiles preußisches Fürstenkind den 10jährigen Felix Mendelssohn und die 14jährige Fanny auf den Strassen Berlins an, bevor er ihm ins Gesicht spie. „Hepp-Hepp! Judenjung! schrieen Straßenkinder in dem Küstenort Dobberan an der Ostsee den beiden entgegen, bevor sie sich aufs sie warfen. Heldenhaft und gleichmütig befreite er die Schwester aus der bedrohlichen Situation; sicher geleitete er sie heim – erst dort trieben Zorn und Scham ihm die Tränen heraus.

Im Jahre 1812 erließ König Friedrich Wilhelm III. von Preussen auf Anraten des Staatsministers Karl August von Hardenberg ein Emanzipationsgesetz. Es sollte Juden die preussische Staatsbürgerschaft gewähren und den lediglich vereinzelt an herausragende Persönlichkeiten öffentlichen Lebens vergebenen würdelosen Status der "Schutzjudenschaft" ersetzten.

"Gelingt es nicht, die Juden zur Taufe zu bewegen, dann bleibt nur eins: sie gewaltsam auszurotten!" (zitiert nach Arndt Richter, Felix Mendelssohn) empfahl indessen der Berliner Historiker und Historiograph des Preussischen Staates Friedrich Rühs im Jahre 1814. Er reflektiert so die wahrhaftig vorherrschende öffentliche Meinung gegenüber gleichgestellten jüdischen Bürgern.

Auf volkstümlicherer Ebene erregte zeitgleich die Aufführung der antisemitischen Posse "Unser Verkehr" auf einer Berliner Bühne Aufsehen, welche die jüdische Lebensweise zum Gespött zu machen suchte. Die Posse agitierte somit gegen das Hardenbergsche Unterfangen, Juden zu preußischen Staatsbürgern zu machen. Autor war der Breslauer Augenarzt Karl Sessa. Die Aufführungen von "Unser Verkehr" lösten Unruhen unter den Zuschauern aus; als der Berliner Komödiant A. A. Ferdinand Wurm sich auf der Bühne über die jüdischen Speisegesetze und den jüdischen Widerwillen Schweinefleisch gegenüber mokierte, wurde das Publikum gar handgreiflich gegen ihn. Flugblätter mit Aufrufen wie "Dass du in "Unserm Verkehr" die Juden verspottest, die Ursach, sie begreift sich so leicht: bist du selbst doch ein Schwein" straften Autor und Akteure ab.

Dennoch verfehlte die Populär-Komödie nicht ihre Wirkung auf breitere Schichten "gesunden Volksempfindens". In der Berliner Bevölkerung wurde somit die Forderung erhoben, jüdischen Freiwilligen im Preußischen Abwehrkampf gegen Napoleon künftig den Erhalt des Eisernen Kreuzes zu verweigern und ihnen vielmehr ein großes Geldstück an die Kopfbedeckung zu heften.

Nicht zuletzt die in den ersten Jahrzehnten des 19. Jahrhunderts dominante romantische Bewegung, altdeutschen, ja mittelalterlich paraphrasierten sowie christlichen Idealen huldigend, zählte zu den erklärten Gegnern staatsbürgerlicher Judenemanzipation. Berüchtigt in diesem Zusammenhang waren „Christlich-Deutsche", oder „Christlich-Germanische-Tischgesellschaften", welche die hochrangigen Literaten Achim von Arnim und Clemens Brentano, sowie der Publizist Adam Müller in Berlin unterhielten.

Während Rang und Namen gesellschaftlichen Lebens in Berlin, Persönlichkeiten wie Carl von Clausewitz, Johann Gottlieb Fichte, Savigny, Heinrich von Kleist, der preussische Staatsrat Sägemann, Karl Friedrich Zelter sowie die Fürsten von Lichnowsky und Radziwill, den Salon des Hauses von Arnim/ Brentano regulär frequentierten, war Juden nebst Franzosen und Philistern die Teilnahme an den "Tischgeselligkeiten" und "deutschen Fressgesellschaften" satzungsgemäß verwehrt....)

Die Romantiker lehnten jedwede Bestrebung zur Realisierung moderner Ökonomie strikt ab und sahen die Juden als treibende Kraft derselben an. Daher standen letztere im Zentrum übler Satiren und „Judenscherze" der „Tischgesellschaften". Bettina von Arnim schliesslich wandte sich vom Treiben Ihres Bruders und Ehemannes angewidert ab.

Allein für den Zeitraum des Jahres 1815 bis 1850 lassen sich 2500 Manifeste, welche die vermeintliche Judenfrage im Für und Wieder thematisierten, nachweisen.
  Letztere eröffnen bereits den ganzen Katalog vertrauter antisemitischer Demagogie des Kaiserreichs und des 20. Jahrhunderts. Das Spektrum reicht von der Zwangsassimilierung durch christliche Taufe, der „Veredelung" und Bekehrung mithilfe religiös-moralischer Vereine, über Seuchen- und Ungeziefermetaphorik, Betrachtungen hinsichtlich Sexualamputation, Ausweisung, Austreibung, Deportation nach Palästina bis hin zu Völkermordphantasien.
  Der seinerzeit viel rezipierte nationalistische Publizist und Dichter Ernst Moritz Arndt, der im 20. Jahrhundert vom rassebiologisch grundiertem Wahn des deutschen Nationalsozialismus als dessen "Vordenker" gefeiert wurde, konstatierte im Jahre 1814, das dass Volk der Deutschen es durch alle Zeiten vermocht habe, nicht zu "verbastarde(n), keine Mischlinge geworden" zu sein. Über Jahrtausende hinweg sei es vielmehr auf seiner "Urerde" rassisch "rein" geblieben. Nunmehr allerdings, führt Arndt des weiteren aus, sei das "germanische Wesen im höchsten Maße durch das Voranrücken der Franzosen und der Juden bedroht, welche letztere mit dem Prosperieren von "Ungeziefer" zu vergleichen sei. "Verflucht aber seien die Humanität und der Kosmopolitismus, womit ihr prahlet! Jener allweltliche Judensinn, den ihr uns preist als den höchsten Gipfel menschlicher Bildung." schliesst Arndt.

Der berühmte Zeitgenosse Freiherr vom Stein attestierte Arndt denn auch eine "Hühnerhundnase zum Aufwittern des verschiedenen Blutes". Arndt forderte die Unterbindung der Zuwanderung ausländischer Juden mit allen Mitteln sowie die Verwehrung des vollen Bürgerrechtes für die deutschen Juden und "getauften Judengenossen". Arndt plädiert im Gegenzug vielmehr für das "Aufgehen" alteingesessener deutscher Juden vermittels vollständiger Aufgabe der jüdischen Religion und Kultur und Amalgamierung mit der christlich-germanischen Umwelt. Das Verschwinden des "verdorbenen und entarteten" jüdischen Idioms wäre, Arndt zufolge, durch Konvertierung zum Christentum nach 3 Generationen somit möglich.

Neben Friedrich Rühs trat auch der Heidelberger Philosoph und Professor Jacob Friedrich Fries als Demagoge antisemitischer Vernichtungsphanta-sien hervor. In einem 1816 unter dem Titel: „Über die Gefährdung des

Wohlstandes und Charakters der Deutschen durch die Juden" veröffentlichten Pamphlet erging sich Fries in übersteigerten Gewaltmetaphern. In einem 1816 unter dem Titel: „Über die Gefährdung des Wohlstandes und Charakters der Deutschen durch die Juden" veröffentlichten Pamphlet erging sich Fries in übersteigerten Gewaltmetaphern

Er forderte: „Denkt nur an ihr Schicksal in Spanien, wie es dort allem Volke zur Freude wurde, sie zu tausenden auf den Scheiterhaufen brennen zu sehen, wie sie dort die Regierung (...) samt und sonders zum Lande hinausjagen musste. Fragt doch einmal Mann vor Mann herum, ob nicht jeder Bauer, jeder Bürger sie als Volksverderber und Brotdiebe hasst und verflucht"

Im Zenit fremdenfeindlich-menschenverachtender Ereiferungen aber stehen die Gewaltpathologien des Radikaldemagogen Hartwig von Hundt-Radowsky: Im "Judenspiegel - ein Schand- und Sittengemälde alter und neuer Zeit" aus dem Jahre 1819 regte er u. a. dazu an, die deutschen Juden den Engländern als Arbeitssklaven für die indischen Kolonien anzudienen. Neben der Zwangsarbeit auf den weitläufigen Pflanzungen, erböte sich des weitern die Deportation in die Erzminen. Von Natur aus über „ein herrliches Spürorgan für alle edeln Metalle und Steine" verfügend, wäre eine Tätigkeit dort, - sicherheitsverwahrt von „geheimen Polizeispionen" - gewinnträchtig.
    Die männlichen Juden wären sämtlich zu kastrieren, die Frauen hingegen in „gewisse weibliche Erziehungsinstitutionen" genannte Bordelle zu verbringen um dort den Machthabern gefügig zu sein. Hundt-Radowsky stellt in Schriften wie dem "Judenspiegel" oder der 1822/23 in der Schweiz erschienen "Judenschule" des weiteren hanebüchen-menschenverachtende Behauptungen über das Wesen der jüdischen "Rasse" auf:
    "Der Teufel ist barmherziger als ein Jude". Von Geburt an eigen sei den Juden auch "ihr specifischer Geruch, den sie sich durch ihre unnatürlichen Laster, als ein Allen gemeinschaftliches Erbgut, erworben haben." (...) "Eine...Annäherung oder Verschmelzung würde für jedes nichtjüdische Volk ein gänzliches physisches und sittliches Verderben zur Folge haben. (...) Was Grosses, Erhabenes und Göttliches an seinem (Jesu Christi) Leben und seinen Handlungen war, das können die Juden, welche ihn verfolgten und kreuzigten, nicht für sich anführen."

Des Weiteren ergeht sich Hundt-Radowsky in Gewaltphantasien und -forderungen hinsichtlich der vollständigen Austreibung und Vernichtung des jüdischen Volkes. Seine Schriften zählen somit zu den unmittelbaren Anfängen eines eliminatorischen Antisemitismus und nehmen dabei die deutsche Rassenpolitik und Judenvernichtung im 20. Jahrhundert; die

Geschehnisse des "III. Reiches" rhetorisch nahezu deckungsgleich vorweg. Der Historiker Peter Fasel schreibt bzw. zitiert dazu in der Wochenzeitung "Die Zeit" vom 22. Januar 2004" in seinem Aufsatz "Vordenker des Holocaust":

"Die Juden müssen, daran lässt er keinen Zweifel, vollständig eliminiert werden. (...) Am besten wäre es jedoch, (anstelle eines Verkaufs an die Engländer, welche Hundt-Radowsky wenig später als missliebige "weiße Juden" brandmarken sollte, Anmk. d. Verf.) man reinigte das Land ganz von dem Ungeziefer".

Die Juden sollten, das wäre Hund-Radovsky offenbar am liebsten gewesen, nach Abhaltung eines Tribunals ("ein peinliches Gericht") umgebracht werden. Oder aber, man verfrachte sie, vollständig enteignet, auf türkisches Gebiet, wo sie in unausweichlichen Kämpfen mit den Muslimen "vielleicht ganz (...) von der Erde vertilgt würden", ohne dass man sich selber die Finger schmutzig machen müsse!

Durch die in Aarau entstandene Theorie vom "Weißen" Juden (im Gegensatz zum "echten", "schwarzen" Juden, zu welchem Hundt-Radowsky auch die Zigeuner zählte, also einem, Hundt-Radowsky und seiner deutschen Leserschaft missliebiger Europäer, Anm. d. Verf.) wird das antisemitische Wahnsystem komplett."

Hundt-Radowsky verneint in seinen Schriften vehement die Möglichkeit, die Juden vermittels Taufe "verbessern" zu können. "Wer einen Juden tauft, der brennt der Sau nur ein anderes Zeichen auf den Hintern" schreibt der Demagoge. Die jüdischen "Schädlinge" blieben, Hundt-Radowsky zufolge, ihrem "zutiefst verderbten Charakter - ewig und unwandelbar gleich, was auch passiert, (...) bis sie endlich durch ein furchtbares Erdbeben von unten auf erschüttert und verschlungen werden". " (zit. n. Fasel

Der Judenspiegel wurde im Herbst des Jahres 1819 in Schwarzburg-Sonderhausen, einem damaligen thüringischen Kleinstaat, vom Verleger Bernhard Friedrich Voigt herausgegeben. Anstelle des waren Namens Joachim Hartwig von Hundt-Radowsky firmierte das Pseudonym Christian Schlagehart als Autor des Werkes. Das Buch erfuhr innerhalb von 3 Wochen zwei Auflagen von insgesamt 10 000 Exemplaren.

Der "Judenspiegel" wurde in Bayern und Preussen mit der Begründung einer Störung konfessionellen Friedens indiziert; Hundt-Radowsky sah sich als Volksverhetzer polizeilicher Verfolgung ausgesetzt. In Baden-Württemberg hingegen stand die Presse- und Meinungsfreiheit konstitutionell über dem Verfassungsrang konfessioneller Unversehrtheit, so daß die Schriften Hundt-Radowskys dort weiterhin publiziert wurden und wo der Judenspiegel in Reutlingen, Cannstadt und, gekürzt, in Ulm Neuauflagen erfuhr. Noch im Jahre 1848 erlebte das Pamphlet eine

Wiederauflage unter dem Titel "Die Naturgeschichte der Juden", welche in Wien herausgebracht wurde. Die 3bändigen Folgeschriften "Die Judenschule oder gründliche Anleitung, in kurzer Zeit ein vollkommener schwarzer oder weißer Jude zu werden", welche mit 1160 Seiten zu den umfangreichsten antisemitischen Pamphleten überhaupt zählt, erschien im Jahre 1822/23 in Aarau im Schweizer Exil Hundt-Radowskys. Auch dieses Werk erfuhr eine im Jahre 1830 wiederum in Reutlingen herausgegebene Wiederauflage, welche unter dem Titel "Die Juden wie sie waren, wie sie sind und wie sie seyn werden" erschien.

2. Heißt Du Mendelssohn, so bist Du eo ipso ein Jude

Zahlreiche jüdische Familien in Deutschland konvertierten zu Beginn des 19. Jahrhunderts zum Christentum. Sie folgten darin einer weithin verbreiteten Interpretation von Lehren der Aufklärer Moses Mendelssohn und Gotthold Ephraim Lessing, religiöse Fragen dem Prinzip der reinen Vernunft; die Orthodoxie der Vorstellung eines konfessionsübergreifenden Deismus anheimzugeben und erklärten sich somit bereit, an der bestehenden christlichen Mehrheitsgesell-schaft teilzunehmen.

(Dieser zeitgenössischen Interpretation der Schriften Moses Mendelssohns entgegen, weigerte sich der Philosoph entschieden, selbst zum Christentum zu konvertieren und wandte sich öffentlich gegen eine derartige Auslegung seiner Lehren, Anmk. d. Verf.)

Andere entschlossen sich zu diesem Schritt, um sich vor den bedrohlichen Folgeerscheinungen eines National-Fanatismus, zu schützen, den der Kantschüler Johann Gottlieb Fichte ab etwa 1790 propagierte.

"Germanomanie"; eine Philosophie elaborierten Nationalbewusstseins. Diese griff, in Ermangelung der Realität geeinter deutscher Nation auf Elemente wie "teutsches Volkstum" und "germanisches Christentum" als alleingültige Fundamente imaginierten deutschen Vaterlandes zurück. Die Hepp-Hepp-Unruhen, (nach der populären Strassen- und Gewaltparole "Hepp! Hepp!! Hepp!!! Aller Juden Tod und Verderben! Ihr müsst fliehen oder sterben!", Anmk. d. Verf.) welche im Jahre 1819, von der fränkischen Residenzstadt Würzburg ausgehend, in Deutschland und europäischen Nachbarstaaten Gewaltakte gegen jüdische Ansiedlungen und Bürger bedingten, nahmen zahlreiche jüdische Familienvorstände denn auch als eindringliche Warnung auf.

"Man kann einer gedrückten, verfolgten Religion getreu bleiben; man kann sie seinen Kindern als eine Anwartschaft auf ein sich das Leben hindurch verlängerndes Martyrium aufzwingen - solange man sie für die

Alleinseligmachende hält. Aber sowie man dies nicht mehr glaubt, ist es eine Barbarei. - Ich würde rathen, daß Du den Namen Mendelssohn Bartholdy zur Unterscheidung von den übrigen Mendelssohns annimmst."

Die Worte Jacob Salomons, Felix Onkel väterlicherseits, bestärkten die Eltern in dem Schritt, ihre Kinder Fanny und Rebekka, Felix und Paul im Jahre 1816 protestantisch taufen zu lassen. Lea und Abraham Mendelssohn folgten den Kindern erst im Jahre 1822 darin.

Im Jahre 1830 gemahnte der Vater, welcher sich hellsichtig gegenüber eines zunehmend judenfeindlichen gesellschaftlichen Klimas, nurmehr Abraham M. Bartholdy nannte, eindringlichst:
„Du kannst und darfst nicht Felix Mendelssohn heißen. Du musst Dich also Felix Bartholdy nennen. Einen christlichen Mendelssohn gibt es so wenig wie einen jüdischen Konfuzius. Heißt Du Mendelssohn, so bist Du eo ipso ein Jude, und das taugt Dir nicht, schon allein, weil es nicht wahr ist."

Der bereits zu Berühmtheit gelangte Felix folgte dem Rat Abrahams dennoch nicht. Der Sohn, dem Vater in allem übrigen ehrerbietig gehorsam, widersetze sich dies eine Mal.
Obgleich ein tiefgläubiger Protestant, war es ihm ausgeschlossen, die familiäre Tradition und Identität zu negieren. Es kam schliesslich zu der Übereinkunft, künftig beide Namen, parallel, gleichberechtigt einander gegenüberstehend; unverbunden zu nennen. Als Synonym einerseits für das familiäre Erbe und den Schritt in die von Abraham imaginierte Gewissheit potentieller bourgeoiser Geborgenheit andererseits. Im übrigen hatten die gepflegte Diffamie Carl Friedrich Zelters, dass Hepp-Hepp-Judenjung! - Geschrei, welches Felix und Fanny allenthalben entgegenschlug, also die beharrliche Ansprache eines Stigmas jüdischer Geburt Felix hinlänglich bewiesen: die bürgerlich-christliche Gesellschaft des 19. Jahrhunderts beabsichtigte keineswegs, Juden, ob getauft oder nicht, dauerhaft und gleichrangig in Ihre Reihen aufzunehmen.

Die falsche Schreibweise Felix Mendelssohn-Bartholdy bezeugt somit die Ahnungslosigkeit oder gar Bedenkenlosigkeit bezüglich diffiziler jüdisch-deutscher Befindlichkeiten. Oder schlimmer noch: es verbürgt das allgemein gepflogene antisemitisch bedingte Bestreben, den Schritt der Mendelssohns in die protestantisch geprägte Bürgerlichkeit nachhaltig zu negieren. Oder vielmehr, einen auch nicht durch den Versuch der Namensangleichung überbrückbaren Makel jüdischer Geburt, die Zugehörigkeit Mendelssohns zur jüdischen "Rasse" als untilgbares Stigma ein für allemal festzuschreiben.

Dennoch bekannte sich Felix Mendelssohn Bartholdy uneingeschränkt zu den kulturellen und historischen Traditionen, der anthropologischen Bewusstheit seines deutschen Heimatlandes.

Abraham Mendelssohn ließ seine Kinder durchaus im Geiste kosmopolitischer Bildung erziehen und gestattete dem musikalisch bewunderten Jüngling Felix ausgedehnte Bildungsreisen durch die Kulturnationen Europas. Dieser ging, nachdem Cherubini am Conservatoire de Paris die Begabung des Jungen geprüft und dem Vater die unbedingte Befähigung zu zukünftiger musikalischer Profession attestierte, daran, zu prüfen, ob ihm die europäischen Kulturzentren möglicherweise ebenfalls eine musikalische Heimat zu finden ermöglichten.

Das Ergebnis stand im Jahre 1832 endgültig fest. Noch aus Paris teilt er es zu Jahresbeginn seinem Mentor Carl-Friedrich Zelter mit:

"Wenn ich...nur von den Hauptpuncten meiner Reise Ihnen hätte schreiben wollen, so hätte ich es eigentlich aus Deutschland thun müssen. Denn wie ich jetzt nach alle den Schönheiten, die ich in Italien und der Schweiz genossen hatte,...wieder nach Deutschland kam, und namentlich bei der Reise über Stuttgart, Heidelberg, Frankfurt, den Rhein herunter nach Düsseldorf, da merkte ich, daß ich ein Deutscher sey und in Deutschland wohnen wolle...."

Einerseits beharrte er auf seinem jüdischen Geburtsnamen und der Bewusstheit seines jüdischen Großvaters, andererseits aber registrierte er die allgemein um sich greifende Verketzerung staatsbürgerlicher Habilitation deutscher Juden wachsam.

Somit erfüllte ihn das Bekenntnis zu diesem seinem Heimatlande unausgesetzt mit Befürchtungen. Und so schliesst besagtes Schreiben mit der Erwägung, zukünftig ja immer noch von den Möglichkeiten europäischer Musikzentren Gebrauch machen zu können, wenn denn: „die Leute mich einmal in Deutschland nirgend mehr haben wollen, dann bleibt mir die Fremde immer noch, wo es dem Fremden leichter wird, aber ich hoffe, ich werde es nicht brauchen.“

Dieser Wunsch zumindest wurde Felix Mendelssohn in Persona erfüllt. Wie es mit der Verankerung des Felix Mendelssohn Bartholdy in Heimat und Fremde insgesamt; der Ein- oder Ausbürgerung des „historischen Augenblicks“ Felix Mendelssohn (Hans Mayer) bestellt bliebe, an dieser Stelle zu resümieren, hieße vorzugreifen.

Bereits zu Lebzeiten fiel der Komponist und spätere Gewandhauskapellmeister Kritik anheim, welche sich nicht an der musikalischen Leistung, sondern an der jüdischen Abstammung Mendelssohns entzündete.

Als im Jahre 1833 nach dem Tode Carl Friedrich Zelters die Nachfolge in der Leitung der Berliner Singakademie zur Wahl stand, votierten 152 Mitglieder für den musikalisch als farblos überlieferten Kandidaten Carl Friedrich Rungenhagen und 88 für den Kandidaten Felix Mendelssohn. Obgleich dieser im Jahre 1829 die Akademie mit der Wiederaufführung der Matthäuspassion zu einem Musikereignis höchsten Ranges führte, erhoben sich innerhalb derselben Rumor wie: "...die Singakademie sei, durch ihre fast ausschließliche Beschäftigung mit geistlicher Musik, ein christliches Institut, es sei darum unerhört, daß man ihr einen Judenjungen zum Director aufreden wolle". (zitiert nach Eduard Devrient) "Sie wollten ihn halt nicht haben, den Judenjungen!" konstatiert Hans Mayer im Rückblick auf die Vorgänge der Berliner Chorwahl und Mendelssohns Demission vom Amte des Musikdirektors der Stadt Düsseldorf.

Das Votum gegen einen Chordirektor Felix Mendelssohn kann auch als gezielter, sublim antisemitisch motivierter Affront gegen die Familie Mendelssohn interpretiert werden. Diese war personell innerhalb des Chores zahlreich vertreten und trat darüber hinaus als Mäzen der Akademie auf; nach der Brüskierung Felix zogen sich die Mendelssohns vollständig von der Singakademie zurück.

Manfred Blumner, der Direktor späterer Jahre, führt hingegen zur Rechtfertigung des damaligen Wahlgeschehens heran: "...daß es vielen, namentlich älteren Mitgliedern Bedenken erregen musste, einem 23 jährigen Jünglinge an eine soviel persönliches Ansehen erfordernde Stelle (...) zu berufen" und "ahnten doch viele noch nicht seine ganze nachhaltige Größe und Bedeutung." (Berlin 1891) Auch von Intrigen, einer "unappetitlichen Rolle" der "raffgierigen" Doris Zelter (die Tochter Carl-Friedrich Zelters) und erheblichen Kabalen um die Direktionsnachfolge ist die Rede.

In Rückerinnerung an die Tage sensationell wiedererweckter *Matthäuspassion* im Frühjahr des Jahres 1829 berichtet Devrient weiter, das Felix nächtens mitten auf dem Opernplatz stehen bleibend, übermütig rief "daß es ein Komödiant und ein Judenjunge sein müssen, die den Leuten die größte christliche Musik wiederbringen!"

Es verweist auf die immens zutagetretende Fähigkeit des Jünglings, sowohl die unausgesetzt diffuse staatsbürgerliche und soziale Situation als auch das vertraut-inkriminierende „Judenjungen! Attribut zeitweilig ironisch zu kommentieren.

Die literarisch-politisch agierende "Jungdeutsche Bewegung" der 30ssiger und 40ziger Jahre des 19. Jahrhunderts; dieser gehörten u. a. die Literaten Heinrich Laube, Georg Büchner, Karl Gutzkow, Theodor Mundt, Ludwig Börne und Heinrich Heine an, kultivierte neben liberalen, föderalistischen und revolutionären Forderungen auch erhebliche antisemitische

Ressentiments. So sahen sich studentische und publizistische Aktivisten in den eigenen Reihen wie die Konvertiten Heinrich Heine und Ludwig Börne stetiger Diffamierung ausgesetzt; wurden beispielsweise als „jungpalästinensich" verhöhnt.

In den Jahren 1835 und 1841 wurde die Familie Mendelssohn zum unmittelbaren Objekt antisemitisch intendierter Intrigen. Diese hätten in der Folgewirkung beinahe zu Handgreiflichkeiten Felix Mendelssohns gegen den nachrangigen, den Kreisen der Zelter-Familie zugehörigen Publizisten Riemer, und somit zu einem Eklat geführt.
  Prof. Friedrich Wilhelm Riemer, ein Studienrat und Adept Johann Wolfgang von Goethes veröffentlichte im Jahre 1841 Reminiszenzen an den Dichterfürsten unter dem Titel: „Mitteilungen über Goethe". Als Herausgeber des Goetheschen Nachlasses provozierte Riemer aber bereits im Jahre 1835 mit der indiskreten Publikation der unzensierten, die Belange zahlreicher lebender Personen wie die Mendelssohns nunmehr der Öffentlichkeit preisgebenden Korrespondenz des Goethe-Altersfreundes Zelter.

Darunter befand sich auch jenes berüchtigte, bereits Eingangs zitierte Schreiben vom Judensohne und den Künstlern. Fanny und Felix Mendelssohn brachen, quasi als sie erfuhren, wie Zelter in Wahrheit über die Mendelssohns, die Juden oder beides im Zusammenhang dachte, daraufhin auch in der Erinnerung mit dem einstmals verehrten und geliebten Lehrer. Die innerfamiliäre Erregung angesichts der Affäre, Beschuldigungen hinsichtlich semitischer Machenschaften, mit welchen Riemer das Haus Mendelssohn überzog, führten möglicherweise zum unerwarteten Tod Abraham Mendelssohns durch einen Schlaganfall am 19. November 1835.

Doris Zelter, die einstmals unter der Protektion Abraham Mendelssohns stehende Tochter C. F. Zelters, wurde als intrigant, altjüngferlich und verbittert überliefert. Als Co-Initiatorin der Publikation des Goethe-Zelterschen Nachlasses, kommentierte sie den Vorgang in einem an Riemer gerichteten Schreiben verständnislos, aber mit abfälligem Unterton:

„Was nun die Persönlichkeit Zelters anbetrifft, so habe ich mir die ganze Synagoge auf den Hals geladen, und ich glaube kaum, daß der alte Tempel das Klagegeschrei und Gequatsche aushält (...) Mendelssohns benehmen sich wunderlich genug"

In seinen nunmehr im Jahre 1841 herausgegebenen „Mitteilungen über Goethe" nutzte Riemer indes das potentielle öffentliche Interesse am Sujet offenkundig zur Rhetorik in eigener Sache sowie zu aggressiver antijudaischer Agitation.

In Kapiteln wie jenem, „Juden" übertitelten, sind Ausfälle gegen assimilierte ehemalige Juden wie Abraham, Fanny und Felix Mendelssohn zu lesen:

"Das Prinzip, aus dem die ganze (jüdische) Nation hervorgegangen, aus dem sie gehandelt hat...ist indelibel; man denke also nicht Mohren Weiß zu waschen, auch dank der christlichen Taufe nicht, wie man etwa im Mittelalter den foetor judaicus (den Judengestank) dadurch zu tilgen glaubte..."

Des Weiteren griff Riemer demonstrativ auch die Abraham-Mendelssohn-Affäre des Jahres 1835 wieder auf. Eingangs verhöhnte er das Angedenken des Verstorbenen mit Phrasen, welche im Geiste dezidierter persönlicher Entwürdigung auf den Assimilierten-Status anspielten:

"Möge indessen der gute Schwiegerpapa (d. i.: Abraham Mendelssohn) sich durch das, was Börne und Heine (sic!) über Goethe vor den Augen des ganzen Deutschlands ausgegossen, zu seiner Satisfaktion mitgerächt, oder, wie man sagt, mitgerochen haben!"

Schwerwiegender erwiesen sich die erneut vorgebrachten Vorwürfe semitischer Zensurbestrebungen seitens der Familie Mendelssohn. Riemer behauptete in den „Mitteilungen" Abraham Mendelssohn habe ihn seinerzeit als Herausgeber der Zelter-Goetheschen Korrespondenz vermittels anonymen Schreibens unter Druck setzen wollen, unvorteilhafte Äußerungen des Dichterfürsten über die künstlerischen Fähigkeiten Wilhelm Hensels; Fannys Bräutigam, zu unterschlagen.

Wie wir aus einem Schreiben des Komponisten vom 3. Juli 1841 an den Bruder Paul Mendelssohn wissen, erregte sich Felix Mendelssohn über „eine so lieblose, mich empörende Weise", in welcher Riemer „über Vater gespöttelt und hergezogen" sei in hohem Maße.

Er erwog allem Anschein nach ernstlich, dem Angedenken des Vaters durch einen öffentlichkeitswirksamen Ohrfeigenauftritt Riemer gegenüber, Genugtuung zu verschaffen. Der Vorsitzende des Aufsichtsrates der Gewandhauskonzerte, Conrad Schleinitz, brachte den bereits zu hohem Ruhme und Ansehen gelangten Kapellmeister seines Hauses aber „ernstlich und besorgt" von diesem Unterfangen ab.

Mendelssohn schrieb dem Bruder des Weiteren:

„Lies übrigens das ganze Capitel „Juden" aus, um den Mann gehörig kennen zu lernen. Ich weiss wohl, dass der selige Vater mirs zum Gesetz gemacht hat, in keiner Weise von gedruckten Angriffen Notiz zu nehmen...aber dass einer den Namen unseres verstorbenen Vaters und unserer Ahnen auf so elende Art missbraucht, daß kann und darf ich nicht ungeahndet lassen."

In einer Rezension der Ballade Ahasver des Dresdner Dramatikers Julius Mosen (dieser hatte sich vor allem durch ein Rienzi-Drama namhaft gemacht, welches parallel zur 5-aktigen Erfolgsoper Richard Wagners entstand) aus dem Jahre 1838 dozierte Karl Gutzkow u. a. über vermeintlich semitische Grundwesenszüge der Titelfigur. Des Weiteren sprach er sich vehement gegen Bestrebungen staatsbürgerlicher Habilitation von Juden aus:

„Ahasver ist der Jude in seinem nichtigen Materialismus (...), ist der Jude in alledem, was ihn von dem Berufe, an der Geschichte teilzunehmen, ausgeschlossen hat, der Jude gerade in seiner Missionsunfähigkeit. Er ist das Schlechte am Judentum, das Lieblose, Parteiische, Hämische, Zersetzende, er ist gerade alles das, was noch immer die Emanzipation am meisten verhindert."

Im gleichen Zeitraum artikulierte sich erhebliches antisemitisches Ressentiment seitens junghegelianischer Philosophen und Frühsozialisten. Letztere vor allem stellten die Juden ins Zentrum radikalökonomischer Kapitalismuskritik und bezogen sich dabei auf das tradierte Klischee des Schacherers. Wortführer sozialistischen Antisemitismus waren Bruno Bauer, Arnold Ruge und Karl Marx. In der Publikation Judenfrage stellt Bruno Bauer im Jahre 1842 dem Programm staatsbürgerlicher Habilitation die Forderung entgegen, das die Juden sich vor dem Vollzug bürgerlicher Emanzipation erst zu „Menschen" zu emanzipieren, also ihr konfessionelles Bekenntnis aufzugeben hätten. Karl Marx paraphrasierte die Bauerschen Thesen im Herbst des Jahres 1843 bereits im Titel des Essays "Zur Judenfrage" und wiederholt darin sowohl die einschlägigen Stereotypen des berechnenden Finanz- und Machtjuden als auch die frühsozialistische These der Emanzipation, der Erlösung des Menschen aller Konfessionen von der Macht und Faszination des Geldes. Marx schrieb also:

„Welches ist der weltliche Grund des Judentums: (...) der "Eigennutz". Welches ist der weltliche Kultus des Juden ? Der "Schacher". (...) sein weltlicher Gott?

Das "Geld". (...) die Emanzipation vom "Schacher "und vom "Geld", also vom praktischen, realen Judentum wäre die Selbstemanzipation unserer Zeit. (...) Die "Judenemanzipation" in ihrer letzten Bedeutung ist die Emanzipation des Menschen vom "Judentum".

Eine Gegnerschaft ganz eigener Art erwuchs den Mendelssohns indes in der Person und Lehre des in jenen Tagen im Pariser Exil lebenden und wirkenden Dichters Heinrich Heine. Jener, welcher bereits im Jahre 1825 vom Judentum zum Christentum konvertiert war; sich somit das „Entréebilllet" zu der, den Juden seinerzeit verschlossenen europäischen Kultur verschaffte hatte, bereute diesen Schritt ein Leben lang, gab sich somit zwiespältigen, zwischen Judentum und Christentum widerstreitenden Empfindungen und allgemeinen Vorwürfen hin.

Umso schärfer als er selbst unter diesem Zustande leiden sollte, beobachtete er von Paris aus das Walten und Gebaren anderer Konvertiten wie Ludwig Börne und Felix Mendelssohn. Eifersüchtig gewahrte er die erklärte, ihm selbst verwehrte, vollgültige Hingabe und Hinwendung Mendelssohns zum protestantischen Glauben. In einem Akt von Selbsthass beargwöhnte Heine dabei eine, Mendelssohn unterstellte, hyperkritische evangelische Christianisierung des Konvertiten, welche sich auch beredt im Werk (Vertonung biblischer Texte und Psalmen) Ausdruck verschaffte.
  In jener episch-satirischen Dichtung, welche Heine dem verlorenen, aus politischen Gründen zwangsweise gemiedenen Vaterlande widmete und welche eben darum „Deutschland – ein Wintermärchen" heißt, führt Heine einen deftigen, spöttischen Seitenhieb auf den gefeierten, zeitgenössischen Komponisten, Es heißt also darum in Caput XVI, Vers21-24: „

„Der Abraham hat mit Lea erzeugt; ein Bübchen, Felix heißt er, er hatte es weit im Christentum, Ist schon Kapellmeister..."

Im Jahre 1842 schreibt Heinrich Heine über Mendelssohn und beschwört einen Konflikt heraus zwischen dem praktisch-musikalisch angewandten Christentum von Felix Mendelssohn und jenes Giaccino Rossinis, welche sich doch bei einem Treffen in Frankfurt am Main im Jahre 1836 persönlich, sehr gut verstanden hatten. Dabei vergleicht Heine das in der „Stabat Mater" zum Ausdruck gebrachte Christentum Rossinis als symbolisches, machtvolles Apeninnengebirge mit jenem in Mendelssohn Oratorium „Paulus", welches lediglich die Ausmaße eines kümmerlichen Hügels bei Berlin annähme.

Und so steht in der Pariser Zeitschrift „Lutetia", erschienen in der Mitte des Monats April 1842: (Erstveröffentlichung in der Augsburger Allgemeinen Zeitung, in englisch zitiert in dem und entnommen dem Aufsatz „1848, anti-Semitism, and the Mendelssohn Reception" von Donald Mintz) anlässlich einer religiösen Prozession in dem Ort Sète südlich von Montpellier:

Accordingly, the greatest artists in music as in painting have sought to decorate the overhelming horrors of the Passion with as many flowers as possible and to ameliorate the bloody seriousness with playfull tenderness – and this is what Rossini did, when he composed his "Stabat Mater". (...) I find the „Stabat „ by Rossini more truly Christian than „St. Paul", the Oratorio by Felix Mendelssohn-Bartholdy that is praised by Rossinis opponents as a model of Christianity. (...) I wish to civil about the christianity of the aforementioned oratorio, because Felix Mendelssohn-Bartholdy is by birth a Jew. But I cannot avoid indicating that at the age at wich Herr Mendelssohn adopted Christianity – he was baptised in his thirteenth year – Rossini had already left it and had plunged into the Secularity of the operatic world. (...) In the same series of concerts we heard the „St. Paul" of Herr Felix Mendelssohn-Bartholdy, who by this propinquity drew our attention to him and himself called forth the comparison with Rossini. In the view of the great public, this comparison in no way come out to the advantage of our young countryman. It is as if compared the Apennines with the Templower Hill in Berlin. (..)

Dabei behauptet Heine hartnäckig, dass Felix Mendelssohn im 13. Lebensjahre evangelisch getauft wurde. In Wahrheit fand die Taufe Felix Mendelssohns bereits im Jahre 1816, also in einem Alter von 7 Jahren statt.

In der Zeitung "Lutetia", im Anhang: Musikalische Saison von 1844 – Erster Bericht; Paris, vom 25. April 1844 referiert Heine über Mendelssohns Stil und seine Ästhetik, spricht dem Komponisten aber die Fähigkeit zu dramatischer Komposition und zu musikalischer Ergriffenheit durch sein Wirken vollständig ab. Dies Vorurteil sollte in wenigen späteren Jahren wieder aufgegriffen und publiziert werden. Heinrich Heine nimmt also eine Vorreiterfunktion der später um sich greifenden Mendelssohn-Ächtung an.

Es steht also in der „Lutetia, 1844":

"Mendelssohn always offers us the occasion to consider the highest Problems of aesthetics, that is, he always brings up the great question: What is the difference art and falsehood? In the case of this master, we admire especially his great talent for forms, for stylistics, his talent for making the most extraordinary his own, his charmingly beautiful writing, his tenderly filing horns and his serious – I might almost say passionate –

indifference. If we look for a parallel phenomenon in a sister art we shall find it in literature and it is called Ludwig Tieck. This master too knew how to reproduce the most advantageous qualities, whether in writing or declaiming, and he even understood how to manufacture the naive; yet he never produced anything that moved the masses and remained lively in their hearts. The more talented Mendelssohn would more likely succeed in creating something lasting, but not on the territory where truth, in spite of his most intense wishes never brought off a real dramatic contribution".

In der Ausgabe der "Neuen Zeitung für Musik" ("NZfM") in Leipzig vom 1. März 1846 agitierte die Meissner Schriftstellerin Louise Otto (1819-95) in einem Artikel namens "Parteien - Cliquen" gegen den Gewandhausdirektor und Komponisten Felix Mendelssohn. Ohne ihn namentlich zu nennen, stellte sie in anspielungsreicher Beschreibung dessen umfangreiches lokales und überregionales Musikengagement als reaktionäre Egomanen-, Cliquen- und Adeptenwirtschaft dar. Obgleich sich Louise Otto in der Attacke auf Felix Mendelssohn offenkundiger judenfeindlichen Attribute enthielt, umriss sie beispielhaft einen zentralen Aspekt antisemitischen Demagogie. Es sollte wenig später ganz unmittelbar zum Ausdruck kommen und bis in die rassenbiologisch ausgeprägte Rhetorik des Nationalsozialismus unverändert gebräuchlich sein: der vermeintliche Hang und die Fähigkeit "des Juden", sich vermittels Cliquenwesens Vorteile, Einfluss, Beherrschung und Vormacht gar in Kultur und Gesellschaft zu verschaffen. In der "NZfM" behauptet Luise Otto also:

" (...) die einen halten eigensinnig fest an dem Bestehenden, und möchten, daß immer Alles so bliebe, wie es gerade ist - so stehen sie in der Mitte zwischen denen, welche nur am Vergangenen sich erfreuen...und denen, welche das Dagewesene nur als Grundlage wollen gelten lassen, darauf das Neue aufzubauen, dem die Zukunft gehören soll. (...)
Da ist z. B. ein berühmter Componist, ein Kapellmeister, der organisiert sich aus den Mitgliedern der Kapelle ein förmliches Hülfschor, um nicht nur seine Kompositionen, sondern auch seinen Ruf und Namen hinausklingen zu lassen in alle Welt, und nur was diesem Zwecke dient, darf von der Kapelle geschehen. (...)

Die jüngeren Talente finden dann weder Anerkennung noch Ermunterung, es sei denn, daß sie eifrige Bewunderer des Meisters sind und in seinen Fußstapfen ihm nachtreten, ohne sich je beikommen zu lassen, einen anderen Weg zu gehen (...)

Untergeordneten Talenten bleibt vielleicht...gar nichts anderes übrig, als irgend einer solchen machthabenden Persönlichkeit sich zu unterwerfen und nach deren Gutdünken sich brauchen zu lassen. Solche und ähnliche Vereinigungen sind Cliquen und keine Parteien. (...)

Der somit als eigensüchtig und reaktionär dargestellten "Clique" stellt die Autorin in der Folge die Idealvereinigung einer "Partei" hochherzig Gleichgesinnter gegenüber. In eindeutiger Bezugnahme auf Mendelssohns Bemühungen um nachhaltigen Rückgewinn des Bachschen Werkes umreißt sie vorab die Entwicklung eines zielstrebig geschürten "Parteienstreites". Dieser sollte wenige Jahre darauf zum Ausbruch kommen und die deutsche Musikwelt bis zum Ausbruch des 1. Weltkrieges bewegen. Wie sich noch zu zeigen wird, hatte die "Neue Zeitung für Musik" im Benehmen eines maßgeblich tätigen publizistischen Aggressors an den künftigen Geschehnissen erheblich Anteil und bereitete demselben in Pamphleten wie diesem offenkundig die ideologische Grundlage.

Luise Otto führt also des Weiteren aus:

"Diejenigen, welche dem neueren Zeitbewusstsein huldigen, welche an den Fortschritt, an die nothwendige Weiterbildung der Kunst glauben, welche nicht in die Redensart der Kurzsichtigen einstimmen, als sei Alles, was zu erreichen möglich ist, erreicht durch die grossen Leistungen der alten Meister(...)"
    Alle diejenigen sollten sich durch festeres Zusammenhalten mit den Gleichgesinnten sich gewissermaßen als Fortschrittspartei organisieren, "um so leichter der ungleich stärkeren Schar derer entgegenzutreten, welche von keinem Vorwärts etwas wissen wollen (...) Diese Leute, welche nie von der Stelle wegzubringen sind, (...) halten (...), weil sie an gar kein Weitergehen denken, also auch keine verschiedenen Wege einschlagen können, weit einmüthiger zusammen, als die Freunde des Fortschritts, da es viele Wege gibt, welche weiterführen".

Im November des Jahres 1846 unterstellte das "Leipziger Tagblatt" Mendelssohn als Uraufführungsdirigenten von Robert Schumanns 2. Symphony in einer anonym verfassten Rezension diffuse "mosaische" Interessen.   Er habe im Verlaufe des Premierenkonzertes - dem begeisterten Drängen des Publikums nachgebend - seine fulminante Interpretation der vorangestellten Rossini-Ouvertüre "Wilhelm-Tell" demonstrativ wiederholt, bestrebt, die Uraufführung des Werkes eines deutschen Komponisten zu diskreditieren.

Der Anwurf verleugnet gezielt 2 wesentliche Umstände: die gängige zeitgenössische Konzertpraxis: d. h. Wiederholung von Darbietungen auf Akklamation hin; des weiteren die freundschaftlich kollegiale Beziehung zwischen Schumann und Mendelssohn.

Wenige Abhandlungen Schumanns/ Mendelssohns erwähnen diese anonym veröffentlichte, mit antisemitischem Affekt aufgeladene Rezension im Leipziger Tagblatt. Er findet sich mehr oder weniger ausführlich dargestellt lediglich bei Eric Werner, Walter Dahms und dem neuen Clara & Robert Schumann-Buch von Wolfgang Held.

Die Zielgenauigkeit solcherart Infamie, beweist die heftige Erregtheit Mendelssohns in Kenntnisnahme des Anwurfs. Er verweigerte inständig die musikalische Leitung der B-Premiere des Werkes und künftig jedweder Aufführung einer Schumann-Komposition.

Nur dem gütlichen Einwirken Cécile Mendelssohns und der als Gast im Hause Mendelssohn weilenden Clara Schumann war es geschuldet, daß das B-Konzert am 16.11.1846 planmäßig durchgeführt wurde.

Genannter Anwurf bezeugt vielmehr nachhaltigen publizistischen Einfluss Jungdeutscher Aktivisten im Vorfeld der Revolution von 1848. Studentische Männerbünde als maßgebliche Träger des Revolutionsgedanken, geschult an Fichte, von Hetzschriften Constantin Frantz und des Turnvaters Friedrich Ludwig Jahn angeleitet, formierten das Nationalideal zunehmend in fanatischer Abgrenzung allem vermeintlich undeutschem Einfluss gegenüber. Aber nicht die Präsenz europäischer Nachbarstaaten, des romanischen oder slawischen Kulturraums etwa stand im Zentrum „germanomanischen" Eifers: er konzentrierte sich auf das vermeidlich Fremde im eigenen Lande: den Juden.

Hochrangige Persönlichkeiten des öffentliche Lebens – exemplarisch für das Hardenbergsche Ideal vollendeter staatsbürgerlicher Judenemanzipation stehend – gezielt als „mosaisch" herabzusetzen, galt demnach als das nationale Gebot.

Im Todesjahr Felix Mendelssohns beschwor der Literat Heinrich Laube in einer von Konkurrenzneid motivierten Polemik gegen Giacomo Meyerbeer und dessen vermeintliche „Berliner Juden- und Cliquenwirtschaft" eine Gefahr kultureller „Überjudung" Deutschlands herauf. Im Vorwort der Erstauflage seines auf der Bühne erfolglos gebliebenen Dramas "Struensee" argumentierte er folgendermaßen:

"Ein fremdes Element dringt neuerer Zeit überall in unsere Bahnen, auch in die der Literatur. Dies ist das jüdische Element. Ich nenne es mit Betonung ein fremdes; denn die Juden sind eine von uns total verschiedene orientalische Nation heute noch, wie sie es vor zweitausend Jahren waren (...). Ein solches Etwas des fremden Judentums liegt hier vor und schiebt sich zudringlich in die deutsche literarische Welt, wie denn jeder Schriftsteller (...) mit Leichtigkeit (...) nachweisen könnte und (...)

nachweisen sollte, da(ß) der Überdrang des jüdischen Moments bedenklich wird für unsere nationalen Eigenschaften. Dies Etwas ist hier eine bereits tief verzweigte Maxime des Berliner Judentums (...) aus diesem Elemente des (...) Berliner Judentums im Besonderen stammt die Taktik Herrn Meyerbeers."

Die Parallelen zu der wenige Jahre später einsetzenden Debatte um eine vermeintliche semitische Dominanz Mendelssohnscher und Meyerbeerscher Kompositionen innerhalb der deutschen Musik sind unübersehbar.

Der Zeitgeist zunehmender Propaganda nachhaltiger Entfernung „semitischer Elaborate" aus dem kulturellen Kontext, der Bereinigung desselben vom Fremdelement wohnt den Worten Laubes exemplarisch inne.

Intermezzo I: Laß ihm auch den irdischen Lohn werden!

Wenige Stunden vor Mendelssohns Tod, schrieb Ignaz Moscheles am Morgen des 4. November 1847 im Hause Mendelssohn folgende Zeilen und lässt uns somit an einem meditativen Moment intimster, gleichwohl vergeblicher Betrachtungen teilnehmen:

"Dir, o Schöpfer, ist es bewusst, warum Du in dieser Seele des Gemüts angehäuft hast, die die zarte Hülle seines Körpers nur eine beschränkte Zeit zu tragen fähig ist (...). - Kann unser Flehen nicht diesen Menschen uns erhalten? - Dein Werk ist vollbracht. (...)

- Keiner ist Dir näher gekommen als er, für dessen Dasein wir zittern. - Laß ihm auch den irdischen Lohn werden! Laß ihn die Liebe zu seiner Lebensgefährtin, die Entwicklung seiner Kinder, die Bande der Freundschaft, die Verehrung der Welt genießen!"

3. Der größte, lebende Komponist

Die New York Tribune vermeldete am 13. Dezember 1847 der musikinteressierten Öffentlichkeit: "Am 4. November verschied Dr. Felix Mendelssohn Bartholdy – der größte lebende Komponist – in seinem 38. Lebensjahr; (...) Dieser vorzeitige Tod, der für die ganze musikalische Welt ein nicht wieder gut zu machender Verlust ist, wurde durch eine Gehirnerkrankung verursacht und ohne Zweifel durch schwere geistige Arbeit herbeigeführt. Seit 1835 lebte er in Leipzig, wo er (...) ein so lebhaftes und vornehmes Verhalten in sich vereinigte, daß er die Herzen aller gewann... Wahrlich – in ihm war ein hervorragender Geist..."

In jenen Zeiten war der Telegraph gerade erst erfunden, beschränkte sich dessen Anwendung noch auf Kurzstreckenverbindungen von Landeshauptstädten. Interkontinentale Informationen konnten also ausschließlich auf dem Seewege weitervermittelt werden; so nahm der Postweg London – Neu Delhi noch 30 Tage in Anspruch. Somit zeugt die Veröffentlichung eines Nachrufes auf Felix Mendelssohn Bartholdy in einem führenden amerikanischen Presseorgan, nur 5 Wochen nach dessen Tode veröffentlicht, von der grossen Wertschätzung des Genannten auch in den Städten der Neuen Welt.

Eigentümlich im Vergleich dazu bzw. geradezu medioker nahmen sich die Umstände aus, unter welchen die „Neue Zeitung für Musik" ihre Leserschaft vom Tode des Komponisten in Kenntnis setzte. Im Jahre 1835 von der Davidsbündlerschaft Robert Schumanns in Leipzig gegründet, hatte sich diese über das Ausscheiden des Initiators aus der Redaktion hinaus, zu einem führenden Organ des deutschen Musiklebens entwickelt.

Die „NZFM" erschien aktualitätsnah etwa alle 4 Tage und wurde den deutschlandweit zeichnenden Abonnenten über örtliche Buchhändler zugestellt. Obwohl örtlich unmittelbar präsent, schwieg sich das Musikorgan über 2 Nummern – die Ausgaben Nr. 38 vom 8.11.1847 und 39 vom 11.11.1847 - hinweg über den Verlust eines hochrangigen zeitgenössischen Tonschöpfers aus. Erst 11 Tage später, nunmehr in der Ausgabe Nr. 40 vom 15.11.1847 vermeldete die „NZFM" den Tod Mendelssohn Bartholdys unter Vermischtes.

Der etwa 1-spältige Artikel wird mit der lakonischen Verweis eingeleitet, daß ja: „der grosse Verlust, den Leipzig und die Tonkunst der Gegenwart betroffen hat, (...) schon allgemein bekannt geworden" sei. Ohne sich - in welcher Weise auch immer - ästhetisch wertend auf das Lebenswerk des Verstorbenen einzulassen, erschöpft sich die Meldung in penibel vorgenommener Darstellung der Todesumstände und des Leichenbegängnisses. Offenkundig am Gegenstande desinteressiert klingt der Artikel folgendermaßen aus: Was die Kunst an ihm verloren, das brauchen wir hier, die wir ihm stets mit wahrhaftem Interesse gefolgt sind, nicht auseinanderzusetzen."

Ernst Kossacks Nachruf auf Mendelssohn – erschienen in der Neuen Berliner Musikzeitung 1/45 (1847) listet befremdlicherweise die "Sommernachtstraum -Musik", die Bühnenmusik für Antigone, und die Oratorien Paulus und Elias als Mendelssohns bedeutsamste Werke auf.

Dese Listung als Vorrangigste Meisterwerke des Komponisten trägt der Bedeutung als notwendige Gebrauchswerke jener tage Rechnung. Die beiden Schauspielmusiken exklusive der "Sommernachtstraum"-Ouverture entstanden gar auf Bestellung also im Auftrag des königlichen Preussischen Hofes. (Mendelssohns Bühnenmusiken und Oratorien waren zu jener zeit bei Bühnen und den zahllosen Liebhaberchören der Liedertafeln sehr begehrt. Das Publikum in der Mitte des 19. Jahrhunderts indes betrachtete die Oper als höchste musikalische Kunstform. Kossack bezieht sich auf jene Tatsache, indem er bedauernd schreibt, dass Mendelssohn nur gerade an seinem Lebensende in der „höchsten Kunstform, der grossen tragischen Oper" begonnen habe zu wirken.

In den Nummern 45, 47 und 49 des Bandes 27 der „Neuen Zeitschrift für Musik" aus Leipzig vom Dezember des Jahres 1847 verübte Dr. Eduard Krüger einen publizistischen Anschlag auf Mendelssohns Oratorium „Elias" (Der Herausgeber des Organs, Franz Brendel sah sich dabei genötigt, anhänglich sein bedauern darüber zum Ausdruck zu bringen, dass jene Attacken so nahe am Tode des Komponisten geführt wurden.) Krüger setzt sich dabei verbissen mit der originär-kritisch einhergehenden Spekulation darüber auseinander, dass das Libretto indifferent in der dramaturgischen Entwicklung sei Des Weiteren gibt der Publizist seine Behauptung zu bedenken, dass die musikalische Charakterisierung es nicht ermögliche, zu erkennen, ob man jeweils einem Engel, Propheten, König, einer Königin, Witwe, einem Baals-Chor oder einem Fischer Gehör schenkt.

Wenige Monate nach Mendelssohns Tode bereits nahm die Wertschätzung des Komponisten unter den musikalisch gebildeten Bürgern Leipzigs rapide ab, schwand der öffentliche Zuspruch an Darbietungen seiner Musik im Gewandhause nachweislich.
  Am 3. Februar 1848, zur Wiederkehr von Mendelssohns 39. Geburtstage, fand daselbst – nunmehr unter Gades Leitung - die Leipziger Erstaufführung von Mendelssohns letztem grossen vollendeten Vokalwerk, des Oratoriums "Elias" statt. In Birmingham erlebte das Werk am 26. August 1846 die Uraufführung unter begeisterter Anteilnahme von 2000 Zuhörern. Anders als in Gedächtniskonzerten des Werkes, welche dem Gewandhausmemorial zeitgleich unter würdigeren Bedingungen in Berlin stattfanden, stieß das Werk in der sächsischen Musikstadt auf vergleichsweise wenig Interesse und Verständnis. Die örtliche Presse, ja bereits mehrfach im Benehmen hervorgetreten, eine Abkehr öffentlicher Wertschätzung Mendelssohns herbeizuführen, nahm den Vorgang sogleich als Bestätigung einer publizistisch konstatierter Überschätzung und folgerichtiger allgemeiner Abkehr des Publikums vom ehemaligen musikalischen Idol auf. Mendelssohns Freund, Weggenosse und Nachfolger in Konservatoriumsdiensten, der Komponist Ignaz Moscheles berichtet darüber:

"Das Konzert, zum Besten des Pensionsfonds gegeben, konnte sich unbegreiflicherweise nur eines zwei Drittel gefüllten Saales rühmen, die ehrfurchtsvolle Stille, mit der das Werk aufgenommen wurde, ließ einige Blätter behaupten, das Publikum sei nicht davon ergriffen gewesen.

Die ganze Sache rief bei uns und einigen Gleichgesinnten viel Entrüstung hervor".

Es ist schwer, die Ursachen des rapid vonstattengehenden, noch zu anderer Gelegenheit ersichtlichen Desinteresses der Leipziger Bildungsbürgerschaft zu räsonieren, ohne gleichsam in Spekulation zu verfallen. Immerhin erwies dieselbe dem Verstorbenen gerade 3 Monate zuvor beim Hochamt und Leichenzug noch zu tausenden posthume Reverenz.

Hatte der zunehmend aggressive Stil, welchen die „NZFM" im Bestreben dezidierter Propaganda musikalischer Avantgarde an den Tag legte, das unter den Musikfreunden Leipzigs vorherrschende Klima mittlerweile vollständig zugunsten aktueller deutscher Komponisten wie Schumann, Liszt und Wagner beeinflusst?
   Diese wirkten seinerzeit ja alle dominant in einem, von den Musikzentren Dresden, Leipzig und Weimar gebildeten, sächsischen Kulturgrossraum.

Angemerkt sei, daß, unausgesetzter persönlicher Bewunderung Mendelssohns durch Schumann zum Trotze, in Mendelssohns letzten Lebensjahre die Beziehungen zwischen den genannten, mehr noch: zwischen deren Anhängerschaften von „Mendelssohnianern" und „Schumannianern" merklich abkühlten. Irritationen unter den „Schumannianern", welche um die Uraufführung der 2 C-Dur Symphonie herum entstanden, teilweise von der Presse gezielt lanciert wurde, konnten durch den Einsatz Clara Schumanns und Cecile Mendelssohns ja noch bereinigt werden. Mendelssohn wiederum erklärte ein halbes Jahr später unmissverständlich im Freundeskreis, daß er, verbittert über nicht näher überlieferte, unerträgliche, abfällige Bemerkungen des Kollegen, mit Schumann und seiner Musik endgültig nichts mehr zu schaffen haben wünsche.

Hans von Bülow, von ihm an anderer Stelle mehr, kam im Jahre 1851 in dem Essay "Das musikalische Leipzig in seinem Verhalten zu Richard Wagner" im Rückblick auf die Wesensarten kulturellen Leipziger Lebens der späten 40ziger Jahre denn auch zu folgendem unrühmlichen Ergebnis:
   "Das musikalische Leipzig hatte sich indessen nach Mendelssohns Tode in verschiedene Fraktionen gespalten. Schumann ward der Abgott der Einen und bestieg den durch seines Vorgängers Tod erledigten Thron. Wir sind weit entfernt, dies nicht in der Ordnung zu finden,; doch wurde diese Erhebung von einer mindestens sehr überflüssigen Herabsetzung der Verdienste Mendelssohns begleitet., welche dem Leipziger Lokalpatriotismus , der wie schon den periodisch Abwesenden (wir erinnern an Gade) , in noch höherem Grade den auf immer Entfernten, den Todten, Unrecht gibt."

Die im März des Jahres 1848 ausbrechenden Revolutionsunruhen bedingten möglicher- weise die Abkehr eines Großteils bildungsbürgerlicher Bevölkerungsschichten von Überkommenem und deren Zuwendung zu radikalen Positionen auch in den Künsten.

4. Antisemitismus

Die unmittelbaren Revolutionsjahre 1848/49 brachten erneut judenfeindliche Exzesse hervor, welche von nahezu allen ins Revolutionsgeschehen eingebundenen Gesellschaftsschichten ausgingen. So sind Plünderungen, Misshandlungen, Enteignungen und Erpressungen aus den Deutschlanden Baden, Bayern, Hessen, Württemberg, Schlesien und Westpreußen sowie den Städten Berlin, Köln und Wien dokumentiert.

Ungeachtet des jeweiligen Standpunktes, wurden die Juden als verantwortlich für den Ausbruch der Unruhen, die gesellschaftlichen Umwälzungen, das Gedeihen oder Scheitern von Revolution und Demokratie betrachtet. Die Progressive beschuldigte die Juden, als Großbürger und Finanziers das Feudalsystem zu unterstützen oder als Polizeiagenten und –spitzel einer Rothschildschen Weltverschwörung zuzuarbeiten.

Die Konservative wiederum sah die Revolution als Werk „rothe(r) jüdische(r) Wühlerei" und der „Judenverschwörung" an. Das Kleinbürgertum und die Landstände sahen die Juden hingegen als revolutionäre Förderer und Urheber, bestrebt, der gemeinhin verhaßten staatsbürgerlichen Judenemanzipation endgültig zum Durchbruch zu verhelfen. Das publizistische Zentrum des revolutionären Antisemitismus befand sich in den Städten Wien und Berlin. Während die Agitatoren der in Berlin publizierten judenfeindlichen Pamphlete einen vergleichsweise gemäßigten Ton anschlugen, gaben sich die Publizisten Wiens zunehmend einschlägigen rhetorischen Vernichtungsorgien hin.
  Der Korrespondent Paul Eduard Müller-Tellering gelobte in der Broschüre: "Freiheit und Juden", sich „wie jeder Volks- und Freiheitsmann" über die „Mittel" und den „Zweck (...) Vernichtung des Judentums – in Österreich (...) ohne Schädeleinschlagen" zu bedenken und gemahnte des revolutionären Auftrags, das Deutschlands Freiheit nicht nur den Sturz der 34 Throne", sondern vielmehr die Beseitigung des Judentums voraussetzte, denn: „die Tyrannei steckt im Gelde und das Geld gehört den Juden".

Flugblätter, wie jenes nachfolgend zitierte anonym publizierte oder letzteres von „Schmidt" autorisierte, suchten im Wien des Jahres 1848 hingegen, unmittelbaren „Volkszorn gegen die Juden" zu entfesseln. Der Anonymus prophezeite in "Die Juden, wie sie waren, sind – und bleiben werden": „Judenblut wird in Strömen fließen" und verdeutlichte somit den potentiellen Opfern, daß ihre Hoffnung hinsichtlich „völliger Gleichstellung der Confessionen" auf „Jahrhunderte weit hinaus gerückt werden" würde.

„Schmidt" indessen verstieg sich in der „Bittschrift" unverhohlen zu Genozidvorstellungen: "Wenn das Christenvolk kein Christenthum und kein Geld mehr hat", und beides durch eure unablässige Bemühung so gekommen ist, dann, ihr Juden! lasst euch eiserne Schädel machen, mit den "beinernen" werdet ihr die Geschichte nicht überleben!"

Das erste demokratisch konstituierte Parlament Deutschlands, welches in den Jahren 1848/49 in der Paulskirche in Frankfurt am Main zusammentrat, sah erklärte Antisemiten wie den fanatischen Männerbündler und Chauvinisten Friedrich Ludwig Jahn in den Reihen der Abgeordneten.

5. Das Judenthum in der Musik

Im Januar 1850 erkannte auch die musikalische Rezension Mendelssohns erstmals dezidiert auf einen vermeintlich semitischen Aspekt in dessen Musik. Dr. Eduard Krüger bemängelte in der "Neuen Berliner Musikzeitung" (NBMZ) in seiner Beurteilung der aktuell herausgegebenen Drei Psalmen Op. 78, Nr. 6 posthum „sangreiche(n) Weiberstimmen" welche in Mendelssohns Vokalwerk "rabbinisch belehrend unisonieren" bzw. eine "in allen M´schen Werken wie eine Phrase hindurchziehende stumpfe Rhythmik, die unwiderstehlich an die Naivität rabbinischer Rezitation erinnert" („NBMZ" v. 2.1.1850). Der zeitgenössisch-musikalischen Resonanz der Psalmen und Oratorien biblischen Charakters Mendelssohns ungeachtet, spricht Krüger des Weiteren dem Komponisten die Berechtigung zu sakralem Schaffen generell ab. Die pauschale Herabsetzung der Kirchenmusik Mendelssohns ging Meinungen zahlreicher Musikpublizisten jener Tage konform.

Diese erregten sich u. a. bereits über die „Judaisierung" christlichen Kulturgutes oder die Dreistigkeit der Autorisierung einer Reformationssymphony durch den Enkel des ursprünglich ja Mausche-ni Dessau gerufenen Moses Mendelssohn.

Am 5. Februar des gleichen Jahres erschien in der „NZfM" der erste Beitrag polemischer Auseinandersetzungen um Werk und musikalische Ästhetik des bedeutenden zeitgenössischen Opernkomponisten Giacomo Meyerbeer. Für die Artikel, insgesamt den neuesten grossen Bühnenerfolg des Komponisten "Der Prophet" thematisierend, zeichnete stets der Musiker und Publizist Theodor Uhlig verantwortlich.

Hervorstechendstes Merkmal der partiell in Rezensionsform vorgebrachten Pamphlete ist eine Begrifflichkeit, welche wenig darauf den Basiswortschatz jener, das Werk Felix Mendelssohns als spezifisch jüdisch und somit pauschal wertloses Musikschaffen, indizierenden Publizistik darstellte.

In dem genannten Beitrag "Der Prophet von Meyerbeer" verweist Uhlig in mehrdeutigen Worten auf mögliche Ursachen vermeintlicher rhythmischer und harmonischer "Eigenthümlichkeiten" in der Opernpartitur, deren "Ursache" er weder offen zu legen noch anhand des vorgegebenen Material musikdramaturgisch zu verdeutlichen bereit ist.

"(...) Der Marsch nämlich, der sich sonst - wie sich von selbst versteht - in der schönsten Symmetrie 4- und 2-tactiger Rhythmen fortbewegt, beginnt mit folgendem Fünfer: (es folgt ein 5-taktiges Notenbeispiel vom Beginn des "Krönungsmarsches")

Der Demonstration eines Casus Lapsus folgt lediglich der Verweis auf eine kryptisch anmutende Ursächlichkeit absonderlicher Meyerbeerscher Tonsprache:

"Ohne sich in eigene Untersuchungen über eine Erscheinung einzulassen, die wie jede andere Ungewöhnlichkeit bei Meyerbeer zuverlässig eine tiefe Bedeutung hat, glaubte der Beurtheiler den Nachahmern des alleinseligmachenden Operncomponisten das vorliegende rhythmische Rätsel mit der nahe liegenden Aufforderung zur Lösung nicht vorenthalten zu dürfen."

Für sich genommen könnte das Beispiel als ironische Abstrafung angemuteter Wirrheit im musikalischen Entwurf eines missliebigen Zeitgenossen gelten. Im Zusammenhang mit den Folgeartikeln und ähnlichen, einmal mehr, einmal weniger zweideutig vorgebrachten Charakterisierungen besehen, erschließt sich angesichts von Begriffen wie "tiefer Bedeutung", "Rätsel" und "Lösung" die Perfidität sublim vorgenommener antisemitisch-dramaturgischer Steigerung in der publizistischen Inszenierung eines fatalen Niederganges der Musik jüdischer Komponisten.

Im weiteren Verlaufe des Artikels verlagert sich das demonstrativ geäußerte Unbehagen eines deutschen Rezensenten an der Musik Meyerbeers immer offenkundiger auf eine Schiene amusikalischer Mediokrität. So mit dem ominös vorgebrachten Hinweis auf eine "natürliche Erklärung" des monierten Sachverhaltes.

Im weiteren Verlaufe dieser Serie von Polemiken gegen Meyerbeers „Le Prophete" verdichtete Uhlig in der „NZFM" sein Ressentiment gegen das Werk auf ein als das   zentrale Problem anzusehende Argument von „ Gesangsweisen." welche „(...) einem guten Christen im besten Falle gesucht, übertrieben, unnatürlich raffiniert erscheinen" und erkannte auf eine „(...) mit solchen Mitteln betriebenen Propaganda des hebräischen Kunstgeschmacks".

Er pauschalisiert des Weiteren hinsichtlich „ (...) der Musik vieler jüdischer Komponisten" welche „alle nichtjüdischen Musiker (...) mit Bezugnahme auf die allgemein bekannte jüdische Sprechweise (...) als ein Gemauschele" empfinden.

Hans von Bülow, in späteren Jahren ein Dirigent von Weltruf, begann den von gravierenden Wechselwirkungen gezeichneten künstlerischen Lebensweg als jugendlicher Musikrezensent Berliner und Leipziger Publikationen.
Nicht von ungefähr sekundierte er im gleichen Monat in der Berliner „Abendpost, democratische Zeitung" den Bestrebungen Krügers und Uhligs. Er übertraf   dieselben noch in einem signifikanten Akt entschiedenen vorgenommener publizistischer Demontage des Komponisten Felix Mendelssohn .
In der Besprechung der „Zweiten Symphonischen Soiree der königl. Kapelle im Saale der Singakademie" vom 23. Februar 1850 ist also anlässlich einer Darbietung der A-Dur-Symphony zu lesen:
„Man hat Mendelssohn in seinem Leben überschätzt; keinem Künstler ist je alles so von Statten gegangen; keiner hat je bei seinen Lebzeiten so viel Zeichen der Verehrung und des Enthusiasmusses von allen Seiten erhalten (...) und er hat seinen Namen (Felix) im Superlativ getragen.

(...) Mendelssohn war kein Mann der Zukunft, er schuf für seine Zeit, für die Gegenwart; (...) (er) hat nie dem herrschenden Modegeschmack Concessionen gemacht, er hat ihn sogar geläutert und erhoben.
Mendelssohn war aber kein Genie, sondern nur ein außerordentliches Talent, dem Geschick und scharfer, praktischer Verstand, welches beides den Leuten seines Stammes in hohem Grade eigen ist, bedeutend zu Hülfe kamen. Der Unterschied zwischen Talent und Genie liegt (...) darin, daß (...) Talent stets bei seinem Auftreten mehr Beifall und wirkliche Sympathie antreffen (wird), als das Genie, das zuweilen abstößt und befremdet. (...)
Dafür ist aber dem Genie auch die Unsterblichkeit, d. h. die Popularität gewiss.

Doch diese Entwicklung würde uns zu weit führen, und wir wollen nur noch bemerken, daß die genannte Symphonie von Mendelssohn (...) weniger Anklang im Publikum zu finden vermochte, als wir ihr gewünscht hätten (...); im letzten Satze ist jenes neckische, elfenhafte Element vorherrschend, in welchem die hauptsächlichste Originalität Mendelssohns besteht."

Von Bülow komprimiert somit zweifelsohne kursierende zeitgenössische Vorurteile gegen Erfolgsautoren, Privilegierte und Erfolgsjuden erstmalig zu einem analytisch präzise umrissenen Bild des zur Kunst letztlich unberufenen, sich die Kunst lediglich vermittels diverser biographisch bedingter Privilegien anmaßenden Compositeurs.
Er legt gleichsam in Teilen den Katalog einschlägiger, stereotyp referierter Subjektivismen einer, in der Musikgeschichte wohl einzigartig bestehenden, rein biografisch hergeleiteten, rhetorischen Zersetzung der Substanz und Intention von Musik, der Musik Felix Mendelssohns vor. Weitere Publikationen, welche den Katalog entwertender Mendelssohn-Invektiven abrundeten und vervollkommneten sollten zeitnah folgen.

Da dieser Katalog sich über 150 Jahre hinweg bis in unsere Zeit hinein als wirksam erweisen und in Publikationen jüngeren, stellenweise jüngsten Datums ihren Niederschlag finden, seien hier die wesentlichen Stereotypen zusammengefasst:

Felix = Glück; lebenslanger Erfolg, einziger Siegeszug, lebenslange Sorgenlosigkeit, grosser Reichtum des Vaters, familiäre Geborgenheit, allseits geliebt, Jude, musikalisch empfindungslos und artfremd, Glätte, Kälte, perfektionistische Formelhaftigkeit, mangelnde Dramatik und Verweichlichung, Sentimentalität in der Musik.

Das die Polemik Uhligs in der „NZfM" gegen eine vermeintlich vorherrschende „musikalische Judenschule" und „Judenmusik" von Anbeginn auch eine Relativierung der Musik Felix Mendelssohns intendierte, offenbarte sich wenig später. Uhlig konstatierte, das das semitisch-musikalische Idiom sich durchaus in unterschiedlicher Intensität artikuliere, „je nachdem in dieser Musik hier der Charakter des Edlen, dort des Gemeinen überwiegt" oder „Eigentümlichkeiten (...) der metrischen Gestaltung, (...) in einzelnen melodischen Tonfällen der musikalischen Phrase (...) hier nur ganz wenig, dort ganz auffallend (...), bei Mendelssohn sehr gelind, bei Meyerbeer dagegen in höchster Schärfe, namentlich in seinen Hugenotten, nicht minder auch in seinem Propheten" zum Tragen kämen.

Die Rezension schliesst mit dem Verweis: „...Ebenso wenig wie die Ihnen analogen Sprechweisen (...) diese Tonweisen schön oder nur erträglich da finden zu können, wo sie (...) ganz unmittelbar an das erinnern, was ich nicht anders, denn als „Judenschule" zu bezeichnen weiss."

Uhlig ließ es nicht dabei bewenden, Felix Mendelssohn lediglich im Anhang einer Diffamierung Giacomo Meyerbeers pauschal herabzusetzen. In einer Rezension der im Jahre 1843 in Berlin uraufgeführten „Sommernachtstraum"-Schauspielmusik stellt er bereits die dramatische Wirksamkeit und musikalische Qualität des Werkes dezidiert in Frage: „(Mendelssohn) mutet dem Zuhörer nicht zu, aus einer Dichtung die Hauptwesenheiten herauszulesen...Als Mendelssohn die übrige Musik zum Sommernachtstraum noch nicht geschrieben hatte, wussten die kunstverständigen Leute bloß für das eine Tonbild der Ouvertüre die allerdings nahe liegende Erklärung aufzufinden und gaben die Musik desselben für „Elfengeflüster aus. Der Komponist hat diese Annahme später sanktioniert, zugleich aber auch gezeigt, was alles er in diesem Tonstücke gewollt und – nicht gekonnt hat..." (Th. Uhlig, Musikalische Schriften, Regensburg 1913; da der Autor bereits im Jahre 1853 im Alter von nur 30 Jahren an einer Lungenentzündung verstarb, handelt es sich wahrscheinlich um eine zeitgenössisch liegende Rezension der Schauspielmusik).

Die Autoren Dr. Eduard Krüger, Theodor Uhlig und Hans von Bülow betätigten sich neben der Erfüllung ihrer publizistischen Verpflichtungen in Berlin und Dresden in den Jahren 1850ff auch maßgeblich als Polemiker in der „NzfM" in Leipzig. Sie zeigten sich somit dem Umkreis der Weimarer Liszt-„Schule" und den daraus erwachsenden Fanatismen zugehörig. Dies lässt folgende Vermutung als legitim erscheinen: Die Publikation aggressiv oder verhalten antisemitisch agitierender Texte, zum Auftakt einer Pressekampagne gegen herausragende zeitgenössische Komponisten nahezu zeitgleich in mehreren Städten und Presseorganen erfolgend, war womöglich das Ergebnis einer konzertierten, auf Absprachen beruhenden Aktion.

Die Kampagne der „NZfM" gipfelte im September des Jahres 1850 schliesslich in der Veröffentlichung eines halbwissenschaftlich aufbereiteten Aufsatzes, welcher die bislang vereinzelt ausgestreuten Polemiken unter der Losung "Das Judenthum in der Musik" zusammenfasste.

Der Name Karl Freigedank unterzeichnete diesen, der Name eines der damaligen Öffentlichkeit bislang völlig unbekannten Autors freilich.

Im Jahre 1869 sollte er sich als Pseudonym eines aufstrebenden Musikers erweisen, welcher seinerzeit möglichem Imageverlust vorzubeugen beabsichtigte.

Das Pamphlet verbreitet u. a. folgende Thesen:
1. Alle Kunst hat ihre besten und stärksten Wurzeln im Volkstum; die künstlerische Leistung ist abhängig von der völkischen Verbundenheit des Künstlers.

2. Im Bemühen, sich in der harten, zischenden Sprechweise seines Volkes des Idioms deutscher Sprache zu bedienen, könne der Jude als Fremder lediglich Abstoßendes und Lächerliches hervorbringen. Vollends unerträglich sei der Versuch im Gesangsvortrag deutscher Sprache durch einen Juden. Der Artikulation im Idiom der Landessprache nicht befähigt, habe sich der Jude somit der Frage zu stellen, ob er in diesem Lande überhaupt kunstberechtigt sei.

3. Der Jude sei von unangenehm fremdartiger Erscheinung und erfülle daher den Europäer mit instinktivem Widerwillen gegen das jüdische Wesen. Daher habe sich der Jude, als Individuum sowie allgemeinhin seiner Gattung nach, als Objekt künstlerischer Darstellung in Malerei, der Musik und auf der Bühne von jeher als ungeeignet erwiesen.

Wer es aber innerhalb der deutschen Kunst niemals zu objektiver Relevanz gebracht habe; also der künstlerischen Darstellung enthoben blieb, dem könne man diesbezüglich auch keine subjektive Einbindung zugestehen; ist also zu kompetenter künstlerischer Betätigung nicht befähigt.

4. Der Jude suche sich vermittels Imitation in Kleidung, Bildung und Sprache der abendländischen Kultur zu amalgamieren. Der wahren Identität dennoch stets eingedenk, sei er somit von der nationalen Beseligung des Gastlandes ausgeschlossen. Daher seien ihm die Menschen des Gastlandes, auch im Versuch künstlerischer Artikulation, emotional nicht erreichbar. Der Rückschluss auf formal perfekte, aber von seelischer Kälte erfüllte Kopien der Muster nationaler Vorbilder läge somit auf der Hand.

5. Der Jude habe niemals autonom Kunst betrieben, daher stünde dem jüdischen Tonsetzer einzig das Idiom synagogaler Vokalisen zu Gebote. Dies habe sich ursprünglichen Adels, Reinheit und Erhabenheit längst enthoben und sei auf den Zeitgenossen nurmehr in allerwiderwärtigster Trübung überkommen. Daher bediene sich der Jude bevorzugt jener Elemente musikalischer Diaspora, welche er dem vertrauten Synagogenton missverständlich als verwandt erachte. Sich von jeher im Oberflächenbereich abendländischer Musik bewegend, zur Unkenntnis

innerster Beseligung des deutschen Kunstwesens nahezu verdammt, nähme der Jude gewisse gefälligste Äußerlichkeiten der Musik als deren Wesen hin und versuche sich nunmehr in vollendeter Kopie funkelnder Äußerlichkeiten des Originals. Die musikalischen Reproduktionen aus der Hand des jüdischen Tonsetzers erschienen dem abendländischen Hörer zweifelsohne fremdartig, kalt, gleichgültig, unnatürlich und verdreht.

Der Autor beließ es natürlich nicht bei allgemeingefasster Darstellung des heraufbeschworenen jüdisch-musikalischen Dilemmas.

Er befleißigt sich vielmehr, es am konkreten, fassbaren, nahe liegenden „Objekt" zu veranschaulichen. Daher lesen wir am Ende des Traktates vom „Judenthum in der Musik" eine Einschätzung von Person und Musik Felix Mendelssohns, welche sich als folgenschwer herausstellen sollte.
   Hier im Wortlaut: "An welcher Erscheinung wird uns dies alles klarer, ja an welcher konnten wir es einzig fast inne werden, als an den Werken eines Musikers jüdischer Abkunft, der von der Natur mit einer spezifischen musikalischen Begabung ausgestattet war, wie nur wenige Musiker (...) vor ihm? Alles, was sich bei der Erforschung unserer Antipathie gegen jüdisches Wesen der Betrachtung darbot, (...) alle Unfähigkeit desselben, außerhalb unsres Bodens stehend, dennoch auf diesem Boden mit uns verkehren (...) zu wollen, steigern sich zu einem völlig tragischen Konflikt in der Natur, dem Leben und Kunstwirken des frühe verschiedenen Felix Mendelssohn-Bartholdy.
   Dieser hat uns gezeigt, daß ein Jude von reichster spezifischer Talentfülle sein, die feinste mannigfachste Bildung, das gesteigertste (...) Ehrgefühl besitzen kann, ohne es (...) je ermöglichen zu können, auch nur ein einziges Mal die tiefe, Herz und Seele ergreifende Wirkung auf uns hervorzubringen, welche wir (...) der Kunst (...) fähig wissen, weil wir diese Wirkung zahllos oft empfunden haben, sobald ein Heros unserer Kunst sozusagen nur den Mund auftat".

Freigedank bemüht sich, eine naturgegebene musikalische Apathie des Juden Mendelssohn aus dessen Werken, genauer, deren spezifischen musikalischen Idioms heraus zu präzisieren.

Er konstatiert daher gemeinverbindlich eine diffuse allgemeine Empfindung von Oberflächlichkeit beim Anhören Mendelssohnscher, also dezidiert "jüdischer" Werke und sucht dabei den Rückhalt analytischen Sachverstandes bei "Kritikern vom Fach", ohne freilich solche konkreter benennen zu können:

"Kritikern von Fach, welche hierüber zu gleichem Bewusstsein mit uns gelangt sein sollten, möge es überlassen sein, diese zweifellos gewisse Erscheinung aus den Einzelheiten der Mendelssohnschen Kunstproduktion nachweislich zu bestätigen: uns genüge es hier, zur Verdeutlichung unserer allgemeinen Empfindung uns zu gegenwärtigen, daß beim Anhören eines Tonstückes dieses Komponisten wir uns nur dann gefesselt fühlen konnten, wenn nichts anderes als unsre, mehr oder weniger nur unterhaltungssüchtige Phantasie, durch Vorführung, Reihung, und Verschlingung der feinsten, glättesten und kunstfertigsten Figuren, wie im wechselnden Farben- und Formenreize des Kaleidoskopes, vorgeführt wurden , - nie aber da, wo diese Figuren die Gestalt tiefer und markiger menschlicher Herzensempfindungen anzunehmen bestimmt waren (...) Für diesen letzteren Fall hörte für Mendelssohn selbst alles formelle Produktionsvermögen auf, weshalb er denn namentlich da, wo er sich, wie im Oratorium, zum Drama anlässt, ganz offen nach jeder Einzelheit, welche diesem oder jenem zum Stilmuster gewählten Vorgänger als individuell charakteristisches Merkmal besonders zu eigen war, greifen musste. Bei diesem Verfahren ist es noch bezeichnend, dass der Komponist für seine ausdrucksunfähige moderne Sprache besonders unseren alten Meister Bach als nachzuahmendes Vorbild sich erwählte.".

Nicht allein, daß Freigedank mit den Schlagworten "unterhaltungssüchtige Phantasie auf Seiten des Publikums" sowie "Vorführung, Reihung von feinsten, glättesten und kunstfertigsten Figuren zum Erlebnis eines Farb- und Formenreizes eines Kaleidoskops vergleichbar" die Musik Mendelssohns und anderer Komponisten jüdischer Abstammung unmissverständlich zu Elaboraten kunstgewerblicher Manufaktur deklariert, ja dieselben quasi dem Bereich der Jahrmarktsattraktionen zuordnet. Im Zusammenhang mit der im allgemeintheoretischen Part des Traktates getroffenen, nachfolgend wiedergegebenen, Charakterisierung allgemeinjüdischer Kulturproduktion betrachtet, legte Freigedank somit eine folgenschwere Systematik negativer Schlagworte vor. Diese schlugen sich vor allem in Begriffen wie perfektionistischer Glätte, Kälte, seelenloser Formenhaftigkeit der vermeintlich in Kopie von Stil und Kompositionsmustern nationaler Vorbilder entstandenen Werke, mangelnder emotionaler Tiefe aber auch jenem übermäßig trivialer Sentimentalität mendelssohnscher Musik.

Diese sollte – wie sich noch erweisen wird - in schematischer und wortwörtlicher Repetition die publizistische Rezeption des Gesamtbildes mendelssohnscher Musik bis in die achtziger Jahre des vergangenen Jahrhunderts dominieren. Die entsprechenden Invektive sind leicht erkenntlich: "Was so der Vornahme der Juden, Kunst zu machen, entspricht, muss daher notwendig die Eigenschaft der Kälte, der Gleichgültigkeit, bis zur Trivialität und Lächerlichkeit an sich haben".
    Wulf Konold brachte das – kulturhistorisch wohl einzigartig dastehende – Phänomen im Jahre 1984 mit der Einschätzung treffenst zu Punkte, daß die Rede vom Judenthum in der Musik für einschlägig gesinnte

Musikpublizisten, „aber auch Autoren, die den Verdacht jeglichen Antisemitismus zu Recht von sich gewiesen hätten...eine Art „Sprachregelung" hinsichtlich musikgeschichtlicher Mendelssohnrezeption vorgab

Als Resultat vorgeblich objektiv, detailliert vorgenommener analytischer Betrachtung der semitischen Persönlichkeit und Musiksprache Mendelssohns referiert Freigedank seine Erkenntnis auf vollständige künstlerische Impotenz des Komponisten; genauer, auf konstant bestehenden Grenzen „alle(n) formelle(n) Produktionsvermögen(s)" im Mendelssohnschen Oeuvre. Er trachtet, dem Hörer stets die Unfähigkeit des Komponisten, literarisch-dramatischen Figuren „die Gestalt tiefer, menschlicher und markiger menschlicher Herzensempfindungen" zu verleihen, überdeutlich vor zu führen.

Freigedank definiert die, das Mendelssohnsche Werk prägende „ausdruckslose moderne Sprache" demzufolge als Resultat und zugleich Vorbild eines „neu-jüdischen Systems". Dies sei, auf diese Eigenschaft (dramatischen Unvermögens, Anmk. d. Verf.) Mendelssohnscher Musik, wie zur Rechtfertigung dieser künstlerischen Verkommenheit entworfen worden. Freigedank stellt die „ausdruckslose moderne Sprache" Mendelssohns in unmittelbaren Bezug zum nurmehr historistisch zu rezipierenden Formalismus des Bachschen Musikidioms. Dies müsse zweifellos als „formell, pedantisch" empfunden werden und sei nur durch das übergroße Genie Bachs „eben erst zum Durchbruche" zu „rein menschlichem Ausdruck" hin gebracht worden. Übergroßem musikalischen Genie also, welches einem Mendelssohn demzufolge keinesfalls gegeben sei.

Die Konstatierung eines von Mendelssohn in den Bereich der deutschen Musik implizierten und von seinen Nachfolgern perfektionierten „neu-jüdischen Systems", schliesst den Kreis zum ersten Teil Freigedankscher Allgemeinbetrachtung „musikalischen Judentums."

Dort war ja von verzerrter, oberflächlicher Wahrnehmung zeitgenössischen Musikschaffens aufgrund fragmentarisch im Bewusstsein verbliebenen Idioms der

Synagogenmusik, von Resultaten jüdischen Komponierens, welche „fremdartig, kalt, sonderlich, gleichgültig, unnatürlich" erscheinen, die „Eigenschaft der Kälte, Gleichgültigkeit" und „Trivialität" aufweisen würden, die Rede.

Im Zusammenhang betrachtet, bedeutet die Konstatierung des, auf vermeintlich vorväterlich überlieferter semitischer Unkenntnis und

Unfähigkeit zur Artikulation im Idiom europäischer Musiktraditionen beruhenden „neu-jüdischen Systems" in der Musik wohl schlichtweg folgendes:

Freigedank unterstellt Mendelssohn und seinen semitischen Mitstreitern Moscheles, Joachim, David etc. die zielstrebige Zersetzung völkisch-kultureller Basis vermittels „ausdruckslos"(er), also emotional kraftloser, musik-dramatisch uninspirierter „moderner Sprache". Also letztendlich den Versuch der, die Schwächung der Lebenskraft des deutschen Volkes bedingenden Verseuchung kulturellen Erbes mit dem semitischen Bazillus substanzieller künstlerischer Impotenz.

6. Ein antisemitischer Eklektizist

Damit war das Thesenpapier eines auf der hochrangigen Ebene vermeintlicher kulturwissenschaftlicher Erkenntnis rezipierten Antisemitismus gestellt.

Genauere Betrachtung freilich deckt auf, wie konstruiert sich der Thesengang Freigedanks insgesamt darstellt. Wie stark er, en Detail besehen, auf mangelnde oder verdrängte Sachkenntnis oder reine Spekulation verweisend, ex kathedra verkündeten, aber unbelegten Behauptungen geschuldet ist.

Allein die Haupttheorie von der angeblich naturgegebenen Unfähigkeit des Juden zur Kunst ist auch nach damaligem kulturwissenschaftlichen Kenntnisstand nicht haltbar. Als Freigedank im Judentraktat dieselbe exponierte, fortentwickelte und ultimativ festschrieb bewegte er sich vielmehr – ob in Kenntnis der Vorgänger oder unbeeinflußt, sei dahingestellt – in der Tradition berüchtigter antisemitischer Demagogen. So behauptete der bereits genannte Hartwig von Hundt-Radowski im "Judenspiegel" aus dem Jahre 1819 schlichtweg:

"Allein zu den schönen und bildenden Künsten, welche den Geist veredeln und das Auge erfreuen, hat kein Mauschel Talent....Selbst schaffen können die Juden, als Künstler vollends nichts, denn so stark auch ihre physische Zeugungskraft ist, so sehr fehlt es ihnen an aller geistigen Schöpfungskraft. Als Gott sein herrliches Bild, den Menschen schuf, wollte der Teufel ein Epigramm darauf machen, und fabrizierte einen Juden. Die Kinder Israel können nur nachäffen und nachahmen, allein ihre Nachäffungen sind, gleich Ihnen, gemeine widerliche Karikaturen."

Auch Karl-Friedrich Grattenauer, von ihm sei an anderer Stelle noch ausführlicher die Rede, erging sich bereits im Jahre 1803 in einer „Erklärung an das Publicum über meine Schrift "Wider die Juden" in Betrachtungen hinsichtlich Judentum und Kunst:„

„Grattenauer schreibt also: „Sind sie nicht in der Regel so wenig Produzenten als Künstler, und plündern sie dennoch nicht beide durch ihren Handel und Wucher?"

Der kirchliche Publizist und Verleger Johann Gottfried Herder schliesslich erkannte im Jahre zuvor in dem Essay "Bekehrung der Juden" in der "Anthologie Adrastea", Bd. 4, Leipzig 1802 auf eine Diskrepanz zwischen jüdischer Existenz im Speziellen und künstlerischer und ökonomischer Produktivität im Allgemeinen:

Es heißt bei Herder unter anderem: „ „Wären sie Seehelden, Künstler, Landcolone; bei den Reichtümern, die sie besaßen...hätten sie längst etwas Außerordentliches zu Stande gebracht, in Ländern und Zeiten, wo sie nichts hinderte, in jeder Kunst die Ersten zu werden! Die Kunst, worin sie die Ersten wurden, zeigen sie fortwährend."

Die pauschal ausgegebene Behauptung kreativen und besonders musikalischen Mangels des Judentums aufgrund originär tonloser jüdischer Sprechweise wiederum findet sich bereits in Werken des 18. Jahrhunderts und Zeiten zuvor. Vor allem in einer im Jahre 1788 von Johann Nikolaus Forkel in Leipzig herausgegebenen Allgemeinen Musikgeschichte erlangte der Aspekt im Kapitel "Musik der (alttestamentarischen) Hebräer" umfassende, abwertende Erörterung. Dennoch vergibt es sich der Autor keineswegs, von der frühgeschichtlichen Mediokrität rituellen hebräischen Vokalisierens zur adäquat unbefriedigenden Situation unmittelbarer Gegenwart des Jahres 1788 überzuleiten, wenn er schreibt:
„In den Synagogen selbst ist die heutige jüdische Musik nichts, als entweder ein musikalisches Beten, welches in einerlei Ton entweder gleichsam gebrummt oder gemurmelt wird, oder (wenn der Chor einfällt) ein fürchterliches Geschrei.

Wenn diese Art des Gesangs ein Überbleibsel aus alten Davidschen Zeiten ist, und sich bis auf uns (...) fortgepflanzt hat, so muss es um die Musik der Hebräer eine erbärmliche Sache gewesen sein".

Da Forkels Allgemeine Musikgeschichte musikalisch Professionellen auch in der ersten Hälfte des 19. Jahrhunderts als Standardwerk galt, Riemanns Lexikon der Tonkunst und der Enzyklopädie "Musik in Geschichte und Gegenwart" in unseren Tagen vergleichbar, könnte es möglicherweise, im Gegensatz zu den verstreut publizierten Schriften politischer Antisemiten, der Recherche zum "Judenthum in der Musik" gedient haben.

Das von Herder, Grattenauer, Hundt-Radowsky und Karl Freigedank gleichlautend gefällte Urteil gründet sich vornehmlich auf ein christlich-überhebliches Unvermögen, sich mit der spezifischen Relation jüdischer Konfession und Kultur in der Diaspora zu den musischen Künsten auseinanderzusetzen.

Oder besser gesagt: die Genannten überheben sich, im vollen Bewusstsein, die Traditionen jüdischer Kultur nicht zu kennen und auch nicht zur Kenntnis nehmen zu wollen, dennoch zu verallgemeinernder Abrede jüdischer Kreativität. Die überkommene Relevanz jüdischer Musik zu Konfession und Ritus, das auch im arabischen Raum bestehende Verbot der Abbildung menschlichen Konterfeis, die grosse Tradition im literarischen Bereich der Mythen und Sagen, deren erstes und nachhaltigstes Werk sicher bereits in der Vorlage des alten Testamentes zu definieren wäre. All diese anthropologischen Faktoren blieben der christlich-chauvinistisch vorgenommenen Analyse der Frage, dass das Judentum in der Diaspora zeitweilig keine Kunstwerke im strenggefassten abendländischen Sinne hervorbrachte, schlichtweg außen vor.

Im Rückblick auf eine nunmehr 200jährige Geschichte demagogischen Publizierens gegen das Judentum in Politik, Kultur und bürgerlicher Gesellschaft offenbart sich eine fatale Gepflogenheit, eine Tradition, welche allen diesen Demagogen gemeinsam ist, deren Schrifttum wie ein Leitfaden durchzieht:

Vom Ressentiment gegen das jüdisch-fremde angeleitet, übernahmen die Autoren pauschale diffamierende Resümees von Vorgängerpublikationen, gaben anthropologische Theorien und vermeintliche historische Fakten bereitwillig und ungeprüft wieder, wenn dieselben sich der eigenen inkriminierenden Sichtweise einfügten.

Wie wir noch sehen werden, gaben zahlreiche Musikkundler des Wilhelminismus und des 20. Jahrhunderts die rhetorischen Negationen Mendelssohn Bartholdys Hugo Riemanns u. a. in wortwörtlicher Anlehnung wider, schrieben die Rassenfanatiker und Kulturwissenschaftler des Nationalsozialismus satzweise aus Freigedanks Pamphlet ab.

Damit stellt sich auch die Frage, ob die selbsternannten Experten des Fachgebiets kultureller Traditionen innerhalb des Judentums, die beurteilte Materie jemals authentisch erfuhren. Ob Forkel und Freigedank beispielsweise im Verlaufe eines Synagogenbesuches den rituellen Kantus eigenständig erlebten oder sich musiktheoretisch mit demselben auseinandersetzten. Die ersichtliche Häme karikierender Darstellungen jüdischer Sprache und Gesangs lassen eher auf lustvoll transportierte und überzeichnete Aversionen schließen, welche sich seit Beginn der Neuzeit längst im Bewusstsein deutscher Kultur und Lebensweise festgeschrieben hatten.

Anbetrachts konkreter Vorleistungen Theodor Uhligs, Hans von Bülows und Dr. Krügers; in Kenntnis rückwärtigen Katalogs antisemitischer Rhetorik, welcher sich dem Zeitgeist der Jahre 1848 – 50 andiente; lässt sich nunmehr mit grosser Sicherheit annehmen: Freigedank erwies sich auf dem Gebiete kulturanthropologischen Antisemitismus als genau das, was er „dem Juden" auf dem Gebiete der Kunst und vor allem der Musik per se vorwarf. Als Eklektizist!

Das Pamphlet vom „Judenthum in der Musik" animierte wiederum zu weiteren einschlägigen Polemiken und verschärfter Propaganda von Kunst als nationaler Frage und Ersatzreligion eines erstarkenden Ideals deutscher Vereinigung im Geiste Fichtes.

7. Eine exceptionell exclusive Menschen-Race

Dr. Krüger, der – aus dem Umfeld der „NZfM" in der Ära Robert Schumann hervorgegangen - nunmehr als Pionier publizistisch-antisemitischer Analyse von Mendelssohnscher Musik gelten muss, ließ Freigedanks "Judenthum" denn auch "Gedankengänge über Judentümliches" folgen. Er begrüßte zu Anfang die „wiedergewonnene Preßfreiheit, denn 1846-48 war es zwar sehr leicht, Schriften gegen das Christentum (...) zu bringen, aber sehr schwer, ein offenes Wort über die Juden zu sprechen." Er beklagt des weiteren, daß das deutsche Volk „den Eindringlingen nicht wehrt, (...) Tagesgötzen bejubelt, die es selber verachtet (...) ihm (...) das Mark der Väter verloren gegangen, vor dem die moderne Windbeutelei nicht bestanden hätte". („NZfM" vom 1.10.1850)

Eduard Bernsdorf hingegen entlarvt am 15.10.1850 wiederum in der „NZFM" eklatante Schwächen in Freigedanks analytischer Beweisführung und erhebt infolgedessen den Vorwurf mangelnder anthropologischer Seriosität und der Demagogie.

„Der grosse Gelehrte Freigedank (...) spricht" (Mendelssohn) „in der Tat künstlerische Fähigkeit und Bildung nicht ab (...); aber die Wirkung, die unsere Kunstheroen auf ihn hervorgebracht haben, hat er beim Anhören seiner Sachen nicht finden können (....) Wie aber dieser Mangel an Wärme (...) mit seinem jüdischen Ursprunge im Zusammenhang stehen soll, das hat uns der Verfasser durchaus nicht bewiesen. Er spricht...nicht über den jüdischen Komponisten (...) bei ihm hat er nichts jargonierendes nachgewiesen, ihm wirft er die Synagoge nicht vor, nur den Meister Bach..."

Schwerwiegender noch ist der am 25.1.1851 in der "Illustrierten Zeitung" (Leipzig) erhobene Verweis des Musikers und Musiktheoretikers Johann Christian Lobe auf einen wesentlichen protorassistischen Aspekt der in der „NZfM" begonnen Debatte:

„Daß die christliche Taufe dem Juden nichts hilft, zeigt Freigedank ja dadurch, daß er Mendelssohn stets als einen Juden behandelt, der doch als Christ geboren, getauft, erzogen und begraben worden ist."
Judentum musste sich, Freigedank zufolge, demnach letztendlich durch andere Aspekte als jenem „mosaischen" Bekenntnisses definieren. Durch die geburtsmässige Zugehörigkeit zu einem fremden, nichteuropäischen Volk oder vielmehr: geburtsmässige Zugehörigkeit zu einer fremden, nichteuropäischen Rasse!

Freigedank argumentiert dabei in der Tradition des Urhebers der im frühen 19. Jahrhundert verkündeten Gewalt- und Vernichtungsmetaphorik, Karl Wilhelm Friedrich Grattenauer.

Dieser publizierte bereits im Jahre 1791, also dem Beginn der germanomanischen Kampagne Fichtes zeitlich konform gehend, Vertreibungsdemagogie in der Studie: "Über die physische und moralische Verfassung der heutigen Juden, Stimme eines Kosmopoliten, Germanien 1791". (Das Buch wurde in Leipzig verlegt.) Im Jahre 1803 konstatierte er in der Schrift: "Wider die Juden. Ein Wort der Warnung an alle unsere christlichen Mitbürger" erstmalig: „Daß die Juden eine ganz besondere Menschen-Race sind, kann von keinem Geschichtsforscher und Anthropologen bestritten werden."

In unmittelbarer zeitlicher Nachbarschaft zum "Judenthum in der Musik" erörterte ein A. Escherich "Die Judenemancipationsfrage vom naturhistorischen Standpunkte aus" besehen in der renommierten "Deutsche(n) Vierteljahresschrift", Heft 4 von Oktober des Jahres 1848. Auch Escherich kommt darin zu dem Schluß, daß „Die Juden...eine exceptionelle Bevölkerung (bilden) und zwar nicht als (...) Varität einer bestimmten Race, sondern mit exceptionellen, exclusiven Eigenschaften unter allen Racen. Und diese auszeichnenden Eigenschaften sind (...) constant durch alle Jahrhunderte und Klimate, charakterisieren...Stamm und (...) Individuum, (...) erstrecken sich auf die Naturgeschichte dieses Volkes, (...) seine körperliche Gestalt, seine Fruchtbarkeit, (...) seine Lebensdauer, (...) seinen geistigen und moralischen Charakter."

Des Weiteren stellt Escherich dann auch die Frage nach der künstlerischen Berufung dieser "exceptionell exclusiven Race" im Allgemeinen und besonderen.

Während die Juden üblicherweise als eifrige und geschickte Sammler und Eklektizisten in Erscheinung träten, welche sich des Fundus kulturellen Erbes des Abendlandes zugunsten eigenen Elaborierens zielstrebig bedienten, sei Mendelssohn Bartholdy im Besonderen als der bedeutendste Komponist des Jahrhunderts anzusehen. Allerdings sei er als grosse Ausnahmeerscheinung aufzufassen, sein Wirken hinsichtlich mosaischen Irrens in künstlerischen Gefilden vollkommen atypisch.

Die von Freigedank zum Ausdruck gebrachte protorassistische Tendenz war bis dato gemeinhin ungebräuchlich, die Pamphlete Grattenauers und Escherichs stellten Ausnahmen in den von konfessionellen oder ökonomischen Standpunkten dominierten antisemitischen Publikationen dar. Lobe interpretierte daher die Metapher von der „Erlösung Ahasvers" durch „den Untergang" des "Juden" am Ende des Traktates "Das Judenthum in der Musik" bereits ironisch als Aufforderung zum Judenmord:

„Also weg mit allen Juden. Wenn dann. (..) die Juden alle erschlagen vor uns liegen, und wir übrig gebliebenen Christen als triumphierende Mörder mit blutigen Fäusten dastehen, dann sind wir wahrhafte Menschen und (...) „einig und untrennbar verbunden – untereinander und mit den Juden."

Im Juli 1851 resümiert der damalige Herausgeber der „NZfM", Franz Brendel den „wahren Sturm" in der zeitgenössischen Medienwelt, welchen die Veröffentlichung der Freigedankschen Thesen in der hauseigenen Zeitschrift hervorgerufen habe.

Um den Ruf der „NZfM" scheinbar doch etwas besorgt, impliziert er der Publikation nachträglich eine Relativierung bezüglich gebildeter und ungebildeter Juden; letztere vor allem wären doch der Gegenstand Freigedankschen Theoretisierens gewesen. Im Text des „musikalischen Judenthums" hingegen findet sich dafür allerdings keinerlei Anhaltspunkt, da ausschließlich „der Jude" veranschaulicht; von „den Juden" gesprochen wird.

Obgleich sich die unmittelbaren publizistischen Reaktionen, welche das Pamphlet hervorrief, Mitte des Jahres 1851 scheinbar legten, war die These gestreut. War die in einer der renommiertesten Publikationen zeitgenössischen deutschen Kulturlebens vertretene antisemitische Kulturtheorie nunmehr salonfähig, unter gebildeten Kreisen diskussionswürdig.

So erkennt beispielsweise Wilhelm von Lentz, Beethovenkapaziät und Staatsrat des russischen Zaren im Jahre 1852 auf ein „hebräisches Element, das in den Gedanken Mendelssohns erkennbar ist, (das) ihn hindern wird, die ganze Welt ohne Unterschied von Zeit und Ort zu erobern." Ferner rücken erneut „die psalmodierenden Gesänge der Synagoge" als „Typus, der in der Musik Mendelssohns nachklingt, wie in seinem Denken der jüdische Geist eine Rolle spielt" ins Zentrum von Betrachtungen.   (v. Lentz, Beethoven und seine 3 Stile, 1852, Kassel 1855).

Da der Traktat auch massiv kontroverse Reaktionen provozierte (vergl. Johann Christian Lobe), verlegte sich die „NZfM" wieder vermehrt in die Unverbindlichkeit "objektiv"-musikalisch betriebener Agitation gegen den Opernfürsten Giacomo Meyerbeer.

Nichts desto Trotz streute die Publikation auch in den Folgejahren unausgesetzt Ressentiments gegen Felix Mendelssohn aus, so in den oftmals in lakonischen Tonfall vorgenommenen Rezensionen der posthum veröffentlichten Werke.

Was beabsichtigten die Initiatoren einer lancierten öffentlichen Semitismus-Debatte im Musikbereich?
   Es war ihnen um eine Verschiebung der realen Machtverhältnisse im zeitgenössischen Musikbetrieb zu tun. Musikalische Avantgardisten suchten quasi auf gewaltsamen Wege, mit publizistischen Mitteln, Einfluss innerhalb der musikalische Hemisphäre zu erlangen. Was die avantgardistisch-musikalische Wortmeldung allein nicht bewirkte, sollte schleichende Erschütterung des Fundamentes bewirken, auf welchem das Ansehen der Erfolgsmusiker Felix Mendelssohn Bartholdy und Giacomo Meyerbeer beruhten.

Die Synthetik in der Konzeption des, hinsichtlich Ursache und Wirkung vollendet konstruierten, aber vor allem spekulativ untermauerten Medienunterfangens "Das Judenthum in der Musik"; die Schizophrenie der auf Ebenen öffentlicher und intimer Subjektivität vielfach aufgespalteten Urheber lässt ein Schreiben des hinter dem Pseudonym Karl Freigedank verborgenen Komponisten Richard Wagner an Felix Mendelssohn vom 6./7 .Juni des Jahres 1843 erkennen.

Wagner versichert sich darin dem Komponisten gegenüber u. a. des Stolzes darüber: „...der gleichen Nation anzugehören, die Sie und Ihren Paulus hervorgebracht hat."

Meyerbeer, musikalisch im fernen Paris residierend, war den nihilistischen Bestrebungen nahezu entzogen.

In der zeitgenössischen Rezeption des vermeintlichen Antipoden im eigenen, deutschen Bannkreis, schlug sich der publizistische Gewaltakt hingegen nachhaltig nieder. Erheblich bestärkt durch ein diffuses Klima feudaler Restauration, postrevolutionär germanomanischen Einheitsfanatismus und traditionell kultiviertem Antisemitismus einer Generation opportunistisch-neokonservativer Leistungseliten aus dem Umfeld ehedem jungdeutscher Männerbünde. Das europäische Ausland kommentierte die den Ruf Felix Mendelssohn Bartholdys beschädigenden publizistischen Invektive befremdet. So resümiert der englische Kritiker Henry Fothergill Chorley im Jahre 1853 - also nur sechs Jahre nach Mendelssohns Tod:

"Traurig, aber wahr ist's dennoch, daß seine Landsleute ihrer Reputation für Ehrlichkeit, Treue und Verehrung von Genie und Tugend keine Ehre gemacht haben; denn in der Zwischenzeit haben sie ihre Haltung (...) geändert, einem Mann gegenüber, den sie zu seinen Lebzeiten geehrt und umschmeichelt hatten...."

Und Donald Tovey merkt in seinem phänomenalen, bedeutsamen Mendelssohn-Artikel in der gewichtigen Enzyklopaedia Britannica, 1911 verfasst, trocken an:

And in the early Wagner-Liszt reign of terror his was the first reputation to be assassinated. That of the too modest and gentle „Romantic" pioneer soon followed; but as being more embarrassing to irreverence and conceit, it remains a subject of controversy. Meanwhile, Mendelssohn's reputation, except as the composer of a few inexplicably beautiful and original orchestral pieces, has vanished."
Sir Donald F Tovey §"Mendelssohn" the encyclopaedia britannica 11th edition Cambridge 1911, XVIII.p 124

8. Von der Neudeutschen Schule

"Zum einen ist das Mendelssohn-Bild...geprägt durch eine Bewertung, deren Basis nicht kompositionstechnische Einwände gegen seine Musik oder sich wandelnder Geschmack ausmachen, sondern in der der musikalische Parteienstreit der zweiten Hälfte des 19. Jahrhunderts mit mehr oder weniger verhüllt vorgetragenen antisemitischen Vorurteilen vermengt ist. (...)

Eine Aufarbeitung der Mendelssohn Rezeption hat zugleich eine quasi aufklärerische Aufgabe: zu zeigen, wie sehr sich (...), knapp vierzig Jahre nach dem Ende des Dritten Reiches, in dem die schon zuvor betriebene Verteufelung Mendelssohns ihren Höhepunkt fand, die Urteile auf sachfremde "Argumente" stützen" schreibt Wulf Konold in seiner Studie "Felix Mendelssohn und seine Zeit" aus dem Jahre 1984.

Was heißt das im Einzelnen:
Das Werk Mendelssohns verfiel einer eklatanten musikalischen Fehde, die sich ab 1850 zwischen "Neudeutschen Musikern" und "Traditionalisten" entwickelte. Die "Neudeutschen Musiker", welche sich in Weimar um die Komponisten Franz Liszt und Richard Wagner sammelten, forderten die Radikalität des musikalischen Ausdrucks entgegen formalistisch akademischen Beschränkungen ein. Die "Traditionalisten" um Robert Schumann und Johannes Brahms, propagierten hingegen die Bewahrung, aber stetige Reformierung überkommener musikalischer Formen von Symphonie, Quartett, Oratorium etc.

Unter Federführung des Musikkritikers und Redakteurs Franz Brendel - dieser übernahm im Jahre 1845 die Redaktion der renommierten "Neue Zeitung für Musik" von Robert Schumann - zog ein chauvinistischer Geist in das bislang unabhängige Organ imaginärer Davidsbündler ein.

Während sich Schumann als Musikpublizist auf die Erörterung musiktheoretischer Fakten beschränkte, ohne die ästhetische Reserviertheit gegenüber Kompositionen der "Neudeutschen" zu verhehlen und Mendelssohn es generell ablehnte, sich Presse zunutze zu machen, öffnete Brendel die Musikzeitung führenden Polemikern wie Karl Freigedank, Theodor Uhlig, Hans von Bülow und Felix Draeseke.

In einem Editorial, zum Ende des Jahrgangs 1852 verfasst, verlieh Brendel dem Ziel, welchem sich die "NZfM" fürderhin gänzlich widmen sollte, unmissverständlich Ausdruck: "Diese Blätter haben fortan die Aufgabe, die Umgestaltung, welche der Kunst bevorsteht, nach allen Seiten entschieden zu vertreten." (...)

Theodor Uhlig, geboren im Jahre 1821, wirkte ursprünglich als Violinist im Dresdner Hofopernorchester. Dort machte er die Bekanntschaft mit dem von Februar des Jahres 1844 – bis Mai 1849 als Dresdner Hofkapellmeister agierenden Richard Wagner, dessen Intimus er vor allem in den Jahren nach 1849 wurde. In der Zeit des Schweizer Exils des in die Dresdner Maiaufstände verwickelten Komponisten war Uhlig somit ein wertvoller Kontaktmann Richard Wagners zu den Musikzentren Dresden, Leipzig und Weimar.

Da Uhlig fest in den Freundes- und Wirkungskreis des Hofoperndirigenten Wagner eingebunden war, trat er ab 1849/ 50, neben Franz Liszt und Hans von Bülow, verstärkt als Publizist und Propagandist Wagners und der "Neudeutschen" hervor.

Herausgeber Franz Brendel, geboren im Jahre 1811, gestorben im Jahre 1868, war von Hause aus Philosoph und widmete sich erst ab 1840 musikalischen und musiktheoretischen Fragen. Als nahezu fanatischer Verfechter der Prinzipien musikalischer Fortentwicklung und Moderne, erhob er den obligaten Verzicht auf die Errungenschaften der Barockzeit, der Klassik oder Romantik eines Mendelssohn oder Schumann zum Dogma.

Er ernannte, der Funktion eines Chefideologen der Neudeutschen Schule entsprechend, die „romantischen Realisten" (Robert Gutman) Franz Liszt, Hector Berlioz und Richard Wagner zu deren Leitfiguren. Brendel übertraf somit die progressiven Forderungen Schumanns und der in den Jahren 1833 bis 1844 versammelten "Davidsbündler" bei weitem. Diese agitierten seinerzeit vordringlich gegen die Seichtigkeit musikalischer Tagesware und die Schludrigkeit eines Konzertbetriebes, der vor allem planlos zusammen gestellte Potpourri-Konzerte nach dem Prinzip des Prima-Vista-Musizierens hervorbrachte. Die von Brendel 1859 im Verlaufe einer Tonkünstlerversammlung im Leipziger Schützenhof initiierte Gründung einer "Neudeutsche Schule" verhalf dem Musiknihilismus schliesslich zu bedeutsamem institutionellen Rang.

Im Jahre 1852 gab der Komponist Richard Wagner; somit eine Schlüsselfigur des neudeutschen musikalischen Dogmas, die Denkschrift „Zum Vortrag Beethovens" heraus, in welcher er Felix Mendelssohn, als Dirigenten besehen, jedwede innere Anteilnahme bei der Interpretation Beethovenscher Kompositionen absprach.

Es heißt dort: „Mendelssohns Ausführung Beethovenscher Werke bezog sich stets auf die nur rein musikalische Essenz derselben, nie aber auf deren dichterischen Gehalt, den er gar nicht fassen konnte – sonst hätte er ja auch selbst etwas ganz anderes zutage bringen müssen. Mich hat Mendelssohns Direktion, trotz seiner grossen technischen Feinheit, immer in der Hauptsache unbefriedigt gelassen, es war mir immer, als ob er sich nicht getraute, das sagen zu lassen, was Beethoven sagen wollte, weil er selbst mit sich nicht im reinen darüber war, ob da eigentlich etwas gesagt sei, und was? So hielt er sich immer mit dem feinsten musikalischen Witze an den Buchstaben, und glich darin unseren Philologen bei ihrer Auslegung der griechischen Dichter, an denen diese immer nur den Buchstaben, die Partikeln, die Lesarten usw. auszudeuten haben, nie aber dem Gehalt."

Wagner sah sich selbst in Überhöhung der Tatsachen in der Rolle als Beethovens einziger und wahrer Dirigent und Interpret und konnte somit einen jüdisch-stämmigen Konkurrenten, gleichwohl jener ja nicht einmal mehr unter den Lebenden weilte, nicht neben sich dulden. Er zerstörte somit zielstrebig den herausragend Ruf den sich Mendelssohn zu Lebzeiten als Leiter der Gewandhauskonzerte und Symphonischen Interpreten erworben hatte auf rhetorischen und publizistischem Wege. Inhaltlich knüpft er dabei an die in „Das Judentum in der Musik" konstatierten Thesen von der vermeintlichen Unmündigkeit der Juden, den wahrsten innersten Wert urdeutschen Erbes, sei es als Autor, sei es als Interpret, zu erfassen an.

Was auch Wunder: bei Karl Freigedank und Richard Wagner handelte es sich doch um ein und dieselbe Person. Erst später, erst im Jahre 1869 sollte Wagner den Mut finden sich, als Autor jener umstrittenen Judenschrift öffentlich zu zeigen.

Anfangs des Jahres 1852 äußerte sich auch der Publizist G. A. Keferstein in der Neuen Berliner Musikzeitung kontrovers in Sachen Mendelssohn-Rezeption.

Er bezog sich dabei unter anderem auf die Musik zu „Ödipus in Kolonos", die Rezitative und Chöre des unvollendeten Oratoriums „Christus" und das Finale der gleichsam unvollendeten Oper „Loreley". Keferstein blickt dabei auf sein zehn- bis zwölfjährige Bemühen eines permanenten Verweises darauf zurück, das mendelssohn letztendlich überschatzt würde

Nichts desto Trotz gibt der Autor den Tatbestand zu Erkennen, dass „the excellent services of a man, who in every thing in art that a fortunate talent can learn and achieve through iron dilegence stands honorably beside the best of recent times (zitiert nach Donald Mintz.) und nähert sich damit dem Gesichtspunkte Heinrich Heines vom elaboriert zu Werke gehenden und dadurch fruchttragenden Talente anstelle des produktiven spontanen Genies, an, welchen dieser 1844 in der Zeitschrift Lutetia niedergelegt hatte, an.

Keferstein verweist darin unter anderem auf den spekulativen Umstand, dass das Libretto des Christus-Fragmentes elaboriert, ohne innere organischer Notwendigkeiten zusammengestellt worden sei und damit jenem des Paulus gleiche. Schliesslich giebt der Publizist immerhin zu bedenken, dass „a great deal can be learned from the study of Mendelssohn's works whatever posterity's final Judgement would be. (Mintz)"

In den Jahren 1848 bis 1852 legt Brendel das Wollen und die Zielrichtung der, von der Revolution des Jahres 1848 beflügelten, neudeutschen Welle in mehreren Aufsätzen, welche in der Neuen Zeitung für Musik erschienen, fest Er bezieht sich darin explizit auf die Notwendigkeit eines Nationalen-neudeutschen Erwachens der Musik und der Komponisten und wendet sich erklärtermaßen gegen „Kosmopolitische Deutsch- französisch-italienische Komponisten wie Meyerbeer. Damit legt Brendel die Zielrichtung der musikalischen Expression vor, welche die zweite Hälfte des Jahrhunderts dominieren sollte.. „Tastes and interests had turned toward the issues of expression and characterization as the second half of the century understood them. For these Tastes, much of Mendelssohn's Music was simply irrelevant. Despite the growth of the historical repertory, this irrelevanz was fatal". Mintz verweist dabei auf das beethovensche Musikalische Erbe und stellt dabei fest, das jenes durch die jeweilige Re-Interepretation und Neu-Interpretation späterer Generationen modern geblieben sei. Aber jene Zeitgenossen Brendels standen vor der scheinbaren Unmöglichkeit, Musik zu reinterpretieren, deren Ausdrucksformen obsolet geworden sei. So stellten die Zeit- und Weggenossen Brendels die von Mendelssohn oft gebrauchte Form des Chorals in der Kirchenmusik vollständig in Frage. Es waren die Zeiten um 1850 herum, in denen Wagners Theorien, Schriften und Kompositionen erheblich an Einfluss gewannen. Es ist ein Kuriosum der Geschichte, das Wagners Judentumpamphlet erst mit der um 1848 erkämpften Pressefreiheit zu publizieren möglich war. Mintz schliesst seine Betrachtungen zu Mendelsohns Rezeptionsgeschichte mit der Feststellung, das Mendelssohns oftmals in Formen und Genres gegossen war, in Musik, welche von der musikalischen Revolution überholt und erledigt worden wäre. „Because this is so, the Mendelssohn Reception mirrors the conflicts and trends at mid-Century: questions about the future and utility of the established musical-genres to be sure, but also about the nature and direction of religion and its role in life. And behind varying views about this matter there are great complexes of social attitudes for which the religous arguments in part a surrogate. To this mix we need to add German and general European anti-Semitism, a sentiment that grew to a movement and culminated in the Holocaust.

Mendelssohn's reputation was tosses about by these currents and counter currents, perhaps more than that of any of his significant contemporaries, and so it is not surprising that his reputation declined so rapidly in the eyes of the advanced public soon after his death".

1860 machte sich der Musikhistoriker August Wilhelm Ambros Gedanken um den Zwiespalt zwischen aktuellem neudeutschen Fortschrittsstreben hin zum musikalischen Drama auf der einen und einer Position konservativer Verharrung in den mendelssohnschen Idealen der absolut verstandenen Tonkunst auf der anderen Seite.

Er fragt sich dabei also: „ob die Richtung Wagner-Liszt zu der Bedeutung gelangt wäre und soviel Terrain gewonnen hätte, als sie tatsächlich gewonnen hat, wenn nicht Mendelssohn in der Blüte seiner Kraft und seines Wirkens der Welt durch einen plötzlichen Tod entrissen worden wäre. Mendelssohns Wirken, Streben und Schaffen lässt annehmen, dass er als ganz entschiedener Gegner aufgetreten wäre."

9. Von der musikalischen Wahrheit

Der Musikwissenschaftler und Publizist Adolph Bernhard Marx wiederum agitierte im Zeichen einer schwerlich zu fassenden musikalischen "Wahrheit" nachhaltig gegen "Verweichlicher" der Musik, "Nachbildner" und " unwahre Komponisten". Marx war seit dem Jahre 1830 als Dozent für Musikgeschichte an der Universität Berlin und später als Herausgeber der "Berliner Allgemeinen Musikalischen Zeitung" tätig, in welcher Dr. Eduard Krüger im Jahre 1850 die Kampagne dezidiert antisemitisch intendierter Musikrezeption eröffnete. Marx war einstmals ein enger Jugendfreund Felix Mendelssohns mit eigener, aber glücklos verbleibender kompositorischer Ambition. Da Marx sich dem Komponisten durch eine zunehmend abstrahierend musikphilosophische anstelle einer angewandten Beschäftigung mit der Tonkunst entfremdete; diesen des Weiteren um Geld und musikalische Protektion bedrängte, zerbrach die Freundschaft im Jahre 1839. Marx vernichtete daraufhin die gesamte in seinem Besitz befindliche Mendelssohn-Korrespondenz. Inwiefern sich eine etwa 10 Jahre später massiv bezogene Position des „nachkantischen Ästheten" (Werner) gegen das Oeuvre Felix Mendelssohns auch der enttäuschten Freundschaft verdankt, ist nicht geklärt.

In Publikationen wie "Die Musik des 19. Jahrhunderts", im Jahre 1855 in Leipzig herausgegeben, stellte Marx Mendelssohn nun als Prototyp solcherart „Verweichlicher" etc. der Musik heraus. In genannter Musikgeschichte konstatiert Marx u. a. das diesem: „(...) die eigentliche Macht und Höhe des Dramas nicht gegeben (...); ja, seinem fein zurückhaltenden, mehr anempfindenden als ursprünglich schöpferischen Wesen im Grunde widersprechend (war.)

Er führt weiterhin aus, daß – „im wahren Gegensatze" zum Genie ein Talent wie Mendelssohn „den (meist beglückterm) Beruf (habe), auszubilden und nachzubilden, auch einseitig zu verbessern und zu verschönen oder annehmlicher zu machen, (also) den dämonisch hochaufgerichteten Gedanken des Genius mit der Schwäche und Furcht der Welt durch vermittelnde Zwischengestalten, die Nachbildungen sind, auszugleichen.".

Folgerichtig reüssiere Mendelssohn vornehmlich im "glücklichen Salonwort" der "Lieder ohne Worte", in dem "ein mädchenhafter Hang (...) jedes kleine Gefühlchen" musikalisch transponiere.

Auch hier wird ein später so folgewirksamer Titanen- & Heroenanspruch an Kunst bedeutungsvoll vorformuliert. Freigedank spekulierte in seinen Ausführungen schlichtweg auf diesen Anspruch und Mendelssohns naturgegebene Unfähigkeit, demselben gerecht werden zu können.

Marx indessen versucht, keineswegs frei von polemisierendem Tonfall, den seinerseits vorgenommenen Abgleich von heroischem Anspruch und konkreter musikalischer Wirklichkeit zu Mendelssohns Ungunsten, ästhetisch und psychologisch, also wissenschaftlich methodisch nachzuweisen. Marx muss also als Autor einer Mendelssohn-Demagogie von musikwissenschaftlich-spätromantischem Gesichtspunkte aus gelten. Diese sollte sich spätestens Mitte der 60ziger Jahre bis zur Unkenntlichkeit der einzelnen Komponenten mit der dezidiert antisemitisch intendierten Mendelssohn-Rezeption der Neudeutschen vermengen. Das der erste Protagonist letztgenannter Argumentationsweise, Dr. Krüger, ein Autor der von Marx editierten Berliner Allgemeinen musikalischen Zeitung war, ist dabei ein Detail von Interesse und Pikanterie.

Des Weiteren gibt Marx den Stereotyp des schwächlichen, feinnervigen, emotional überregbaren Musikers Mendelssohn vor, welchen zahllose Musikhistoriker und Publizisten bis in die 80ziger Jahre des 20. Jahrhunderts als verfestigtes Klischee kolportieren sollten.

Die Erkenntnis vom Drama, welches nicht in erster Linie für Mendelssohns Schaffen prägend war, ist faktisch korrekt, verkennt aber vollständig die Motivation dieser Zurückhaltung dramatisch-musikalischen Affektes gegenüber. Während Marx die Gründe in der vermeintlich schwächlichen Ausprägung des Charakters und der Unfähigkeit dramatischen Empfindens sucht, stand Mendelssohn in Wahrheit der dramatischen Entäußerung in der Kunst mit ästhetischem Vorbehalt gegenüber.

Mendelssohn war durch die strenge, stetig zu Fleiß, Pflichterfüllung, sittlicher Läuterung und Contenance anhaltende Erziehung im Elternhause vollständig vom verinnerlichten und dem grossen Vorbilde Johann Wolfgang von Goethe vorgegebenen humanistisch-klassizistischen Ideal menschlicher und gesellschaftlicher Erhebung durch erhellendes, läuterndes kulturelles Gut durchdrungen,

Dies ließ Mendelssohn die Komposition von Erregtheit, dramatischer Entäußerung, romantischer Zerrissenheit, Nachtseiten der Seele und expliziter emotionaler Abgründe letztendlich suspekt, möglicherweise unanständig erscheinen. Dramatik vollzieht sich in Mendelssohns Kompositionen stets anschaulich, wenn das, ethischen Belangen verpflichtete musikalische Sujet seinerseits einen dramatischen Verlauf nimmt, wie im alttestamentarischen Epos "Elias" vorliegend.

Gleichsam regte das Erlebnis der Naturgewalten, geschichtlicher Orte und Augenblicke wie im Falle Schottlands und der gleichnamigen Symphony; oder diese der Dichtung und dem Volksmärchen implizite Spannung, welcher wir beispielsweise die Ouvertüre von der Schönen Melusine verdanken Mendelssohn zu hochrangiger dramatisch-musikalischen Äußerungen an. Andererseits ließ Mendelssohn einer dramatischen Entwicklung freien Lauf, wenn sich das musikalische Material absolut aufgefasster Kompositionen in der Durchführung zu höchster formaler und emotionaler Binnenspannung verdichtete.

Diese vollzieht sich dann allerdings aus Momenten höchster geistiger und musikalischer Konzentration und ist oftmals - vorausgesetzt, Meisterdirigenten und Pianisten vermochten es, dem hohen musikalischen Gehalt Mendelssohnscher Werke vollends zu entsprechen - daher in ihrer Spannung fast nicht erträglich.

Man mag diese humanistische Haltung zu Fragen der Musik und der Kunst , den ideal verstandenen Anspruch ästhetischer Zucht und Selbstzucht teilen und kultivieren. Man mag ihn subjektiv ablehnen und anderen Ansprüchen und Erfahrungen innerhalb der vielfältigen Möglichkeiten musikalischer Artikulation nachgehen.

Mendelssohns Auffassung vom Ziel musikalischen Wirkens ist zweifellos genauso wenig „wahr", wie es die von den "Neudeutschen" erstrebte Symbiose von Musik und Drama oder die spezielle absolute musikalische Wahrheit Bernhard Adolph Marx jemals war und ist. Als intimer Jugendfreund noch aus den Tagen der bei Carl Friedrich Zelter genossenen Singschule trug Marx mit dramaturgischem Rat maßgeblich zur Konzeption der immerhin als genial apostrophierten "Sommernachtstraum-Ouvertüre bei. Im Gegensatze zu manch nachgeborenem, inkognito urteilendem Kollegen, hätte er zumindest die authentischen Ursachen einer spezifisch Mendelssohnschen Verhaltung gegenüber einer Relation von Musik und Drama besser kennen müssen.

Eine bemerkenswerte Abhandlung der Problematik adäquater Mendelssohn-Nachbereitung vollzog die „Berliner Feuerspritze" im Jahre 1855 in ihrer Rezension vom 12. November einer Festaufführung des Oratoriums „Elias", welche der Sternsche Gesangverein Berlin

Mendelssohn zum Gedenken ausrichtete. Hans von Bülow zeichnet dafür wiederum als Verfasser. Kunstfertig entledigte er sich dabei einer offenkundig ungeliebten Aufgabe in einzigartig glückreichem Vollzug des Paradoxons einer Quadratur des Kreises. Genauer: der repräsentativen Würdigung eines Komponisten und seines Werkes zu akklamieren und des Weiteren den Anlass zur Herabsetzung des musikästhetischen Spektrums aus der Neudeutschen Sicht einer Musikdramatiker -Partei desselben zu missbrauchen.

Von Bülow schreibt also:
"Die Tonkunst sollte ihren eigenen Festtagskalender haben. Die schöne und würdige Feier. welche der Sternsche Gesangverein dem Gedächtnisse Felix Mendelssohns und sich selbst zu Ehren durch die Aufführung des "Elias" am 8. November veranstaltete, erweckt den Wunsch, auch andere grosse Tondichter der Vergangenheit in ähnlicher Weise gefeiert zu sehen. Merkwürdig, dass sogar ein Institut, dem der genannte Meister, oder vielmehr sehr bewusst absichtlich sich ferne hielt, dass das Königl. Opernhaus durch eine Vorstellung des "Sommernachtstraumes" einer solennen Anspielung ganz ausnahmsweise sich - unschuldig machte. Es war kein Zufall, dass Felix Mendelssohn in seines Genius` Irrtum von diesem durch den Tod entrissen wurde, als er dem - Irrtum der modernen "Oper" sich zuzuwenden begriffen war.

Was hätte Mendelssohn, - von dessen specifisch musikalischer Begabung auch der Gegner zugeben muss, dass er der nächste ist nach Mozart, - in dem musikalischen Drama Vollendeteres leisten können, als Mozart im "Don Juan" schon geleistet? Einem solchen, immerhin nur genialen Reproduzieren würde aber eine ästhetisch-historische Berechtigung im höheren Sinne gefehlt haben".

Schließlich begibt sich von Bülow gar in die Rolle des Propheten und verkündet dem zeitgenössischen Auditorium in allwissender Vorausschau, das auch ein in den Jahren gereifter Komponisten niemals substantielles, dem Anspruch neudeutschen „Fortschrittsprinzips" gemäßes , zu vollbringen fähig gewesen wäre:
"Diese flüchtige Andeutung soll nur der in der posthumen Verehrerschaft des grossen Musikers ziemlich verbreiteten sentimentalen Ansicht entgegen, als ob Mendelssohn, wenn ihn nicht ein frühes Ende erreicht, noch Höheres, Unvergänglicheres geleistet haben würde, als wir von ihm besitzen. Diese Ansicht steht auf einer Stufe mit der bekannten Aufgabe, welche ein Pensionsvorsteher seinen Zöglingen stellte: "Würde Egmont Klärchen geheiratet haben, falls er nicht hingerichtet worden wäre?"

Wir glauben dem Genius weit freier und begeisterter zu huldigen, wenn wir aussprechen: "Der Elias ist das den hohen Geist seines Schöpfers am umfassendsten und resümierendsten darlegende Werk, in welchem er seine Mission erfüllt und vollendet hat".

Zunehmende Öffentlichkeitswirksamkeit und Publikumserfolge der Werke "neudeutscher" Tonsprache (vor allem der Bühnenwerke Richard Wagners und der Oratorien und symphonische Rhapsodien Liszts) bewogen die Ideologen der "Neudeutschen Schule", ihren Kreuzzug gegen alles dem Fortschrittsprinzip vermeintlich im Wege stehende zu verschärfen. Nachdem man Felix Mendelssohn als vormalige Leitfigur bekämpfter traditionalistischer Ästhetik plangemäß „erledigt" hatte und Meyerbeers Bühnenwerke sich bis auf weiteres resistent gegen das Unterfangen rhetorischer Unterhöhlung erwies, rückten nun die „konservativen" Romantiker Robert Schumann und Johannes Brahms ins Blickfeld neudeutschen Interesses. Mitte der 50ziger Jahre des 19. Jahrhunderts bemühte man sich intensiv, Schumann der Neudeutschen Idee einzuverleiben; ja ihn neben Opernreformer Richard Wagner gleichsam zu einer neudeutschen Leitfigur des symphonischen Sektors aufzubauen.

Hans von Bülow stellte Schumann im November 1853 noch ganz selbstverständlich als Repräsentanten einer „neuen(n) romantischen Schule" Wagner und Berlioz gleich („NZfM" 11/12/1853), Franz Liszt propagierte von Weimar aus Schumanns Vorkämpfertum „musikalischen Fortschritts". Im Jahre 1860 richtete die Neudeutsche Schule ein Schumann-Fest in Zwickau aus.

Clara Schumann, im Vernehmen, es mit einer Propagandaveranstaltung zu tun zu haben, auf der das Angedenken Ihres Mannes zu ideologischen Zwecken missbraucht würde, lehnte eine Teilnahme als Pianistin und Ehrengast ab.
„Ich kann doch nicht dahin gehen, um ein solches Fest mit den Menschen zu begehen, die ich aus tiefster Seele (als Musiker) verachte". Joseph Joachim bestärkte sie in dem Entschluss, indem er ihr eindringlich mögliche publizistische Folgewirkungen einer Teilnahme der Witwe Schumanns vor Augen hielt. Er gemahnte, es könne im Nachhinein als Beweis dessen herangeführt werden, „dass Schumann mit den neuesten Fortschritten zur Unmusik gemeinsame Sache gemacht habe".

Nachdem Reflektionen der Neudeutschen auf Robert Schumann im Jahre 1860 im Eklat endeten, schlug die publizistische Stimmung seitens der "Neudeutschen" schlagartig um. Führende Repräsentanten der Schule wie Hans von Bülow und Felix Draeseke bedachten das musikalische Angedenken Schumanns mit offenkundiger Häme.

Es überrascht wohl kaum noch, daß die biographische und musikalische Relevanz zu Person und Werk Felix Mendelssohns als Leitfaden und Begründung musikalischer Mittelmäßigkeit des Schumannschen Oeuvres herangeführt wurde. Bereits im Jahre 1856 schloss ein im Berliner Echo veröffentlichter Nachruf, daß mit dem Tode Robert Schumanns ein „Ausläufer der Mendelssohnschen Richtung" zum Ende gelangt sei. „Vorwiegend Eklektiker und scharf kritisch sichtender Verstandesmensch, konnte man ihn (Schumann) mit Recht den musikalischen Lessing nennen." resümiert der Nekrolog des Weiteren.

Geflügelte Worte brachte die neudeutsche Publizistik in die Schumann-Rezeption ein. So verdankt dieselbe Felix Draeseke jenes viel strapazierte Verdikt: „Schumann hat als Genie angefangen und als Talent aufgehört." Hans von Bülow wiederum prägte die signifikante Metapher des Felixschülers Robert Schumann heraus und streicht somit den von Felix Mendelssohn ausgeübten Einfluss vermeintlicher klassizistischer Stagnation hervor, in dessen Leipziger Fangstricken sich Schumann zeitlebens verfangen habe, schlimmer noch: welcher Schumann „verdorben" habe. Bülow konstatierte im Jahre 1860 also resignativ: „War der Mensch genial, bevor er bei Felix in die Schule ging, Leipziger Kaufleute zu hüten.

Des Weiteren geißelte von Bülow die „Schumannsche Intervallheulerei" als unerträglich und verkündete demonstrativ, jedwede „Halbdillettantenmusik lieber als eine Schumannsche Symphonie (aufzuführen), deren bloße Lektüre ihm eine Tortur (sei)". Bülow kündigte des weiteren einen grossen Schlag, die Veröffentlichung einer Broschüre an, welche die gegen Berlioz agitierende „Instrumentationsleere" der verhaßten Schumannianer-Partei ins Lächerliche ziehen und daher „die Form einer kleinen Handgranate" erhalten solle. Walter Dahms zufolge, ließ sich Hans von Bülow, seinem Vorbild Richard Wagner dabei nicht unähnlich, von emotionalen Wallungen oftmals zu Pauschalmeinungen hinreisend. Und nur so erklären sich Aussagen und Zeugnisse, welche sich in Bewunderung und Zuneigung einerseits, scharfer Ablehnung und Diffamie andererseits zeitweilig vollständig widersprechen. Was einmal in Zynismus und Häme abgetan, findet zu anderer Gelegenheit wiederum zu Worten warmherziger Verehrung. Neben den Faust und Genoveva–Kompositionen Robert Schumanns, sowie dessen frühen Klavierwerken beispielsweise Musik und Wirken Felix Mendelssohns!

Man kann sagen, daß sich im Falle Robert Schumanns eine rezeptionsgeschichtliche Entwicklung anbahnte, welche derjenigen Felix Mendelssohns zeitweilig ähnelte.

Nicht in der gleichen Intensität und Nachhaltigkeit; da der entscheidende Aspekt fremdenfeindlichen Ressentiments im Falle Schumanns nicht zur Verfügung stand.

Dennoch prägten sich in jener Zeit Fehlrezeptionen seines Werkes heraus, welche sich im musikalischen Bewusstsein und musikgeschichtlich allgemeingültig verfestigten und noch heute um Schumanns Oeuvre herum irrlichtern. In der Hauptsache prägte sich seinerzeit das unsinnige, spekulative Argument heraus, dieser „habe nicht instrumentieren können", die Symphonien „seien schlecht, intransparent und zählebig instrumentiert".

Überhaupt habe Schumann ja am originärsten fürs Piano geschrieben, habe sich dem symphonischen Satz vom Pianistischen her genähert und für die Symphonik kein rechtes Empfinden aufgebracht.

Diese Stereotypisierungen fanden zu einiger musiktheoretischer Erörterung, an Versuchen, die Symphonien durch nachträgliche Retuschen (Mahler) zu „korrigieren" und somit für das Repertoire zu „retten", fehlte es nicht. Angesichts synonymer Abfolge rezeptionsgeschichtlicher, Parallelitäten, von Intention und Argumentation, Ursache und Wirkung traditionalistischer Musiker wie Mendelssohn und Schumann, stellt sich nun die Frage, warum es das Werk des einen zu „retten" galt, während dasselbe des anderen brachlag. Die Gründe dafür dürften wohl kaum im Bereich des Musikalischen zu suchen sein!

Dennoch waren die Anhänger traditionalistischer Ästhetik den Umtrieben aggressiv neudeutscher Rhetorik keineswegs gänzlich rückhaltlos ausgesetzt. Neben den genannten Schumannianern um Joseph Joachim, Clara Schumann und dem Publizisten Herrmann Grimm verfügten dieselben mit der von Mendelssohn ins Leben gerufenen Musikakademie über einen gewichtigen, einflussreichen Stützpunkt. Des Weiteren erbot sich in der Person des berufenen zeitgenössischen Komponisten Johannes Brahms ein respektabler Widerpart gegen den in den 7oziger und achtziger Jahren des 19. Jahrhunderts erdrückend übermächtigen Schatten des neudeutschen Musikdramatikers Richard Wagner, welcher mit dem brillanten Feuilletonisten Eduard Hanslick einen einflußreichen publizistischen Mitstreiter an seiner Seite hatte. Joseph Joachim hatte im Herbst des Jahres 1857 brieflich mit dem ehemaligen musikalischen Weggefährten Franz Liszt gebrochen und begründete seine Weigerung, an einer Tonkünstlerfeier zum 100. Geburtstag des Weimarer Großherzogs Carl August teilzunehmen folgendermaßen:

"Die Beharrlichkeit Deiner zutrauensvollen Güte, mit der Du (...) Dich zu mir neigst, um mich dem Verein der von Deiner Kraft bewegten Freunde angefügt zu sehen, hat für meinen bisherigen Mangel an Offenheit etwas beschämendes. Hätte ich nicht dass tröstende Bewusstsein, dass dieser Mangel an Offenheit nicht Feigheit sei, und vielmehr mit dem besten

Gefühl verwandt war, das (...) die tiefe Wahrheitsliebe und die Tiefe Neigung zu Dir (...) ein Stachel für Dich zu werden (...) imstande sein könne. (...)

Ich bin Deiner Musik gänzlich unzugänglich; sie widerspricht allem, was mein Fassungsvermögen aus dem Geist unserer Grossen (...) als Nahrung sog.

Wäre es denkbar, dass ich je dem entsagen müsste (...) was ich als Musik empfinde, Deine Klänge würden mir nichts von der ungeheuren, vernichtenden Öde ausfüllen. Wie sollt ich mich (...) da mit denen verbrüdert sehen - die die Verbreitung Deiner Werke mit allen Mitteln zu ihrer Lebensaufgabe machen? (...)

Ich kann euch kein Helfer sein und darf Dir gegenüber nicht länger den Anschein haben, die Sache, die Du mit Deinen Schülern vertrittst, sei die meine. So muss ich denn auch Deine liebe Aufforderung zur Teilnahme an den Festlichkeiten in Weimar unbefolgt lassen: ich achte Deinen Charakter zu hoch, um als Heuchler (...) gegenwärtig zu sein."

Die Funktion des Konservatoriums als Reservoir des humanistisch inspirierten, musikalisch absolut ausgeprägten Kompositionsideals Mendelssohns erwies sich vor allem in der zweiten Hälfte des 19. Jahrhunderts allerdings als eine zweischneidige.

Einer vielfach überlieferten kulturgeschichtlichen Erfahrung entsprechend, wonach Adepten kaum jemals die vom Initiator eines Reformwerks vorgegebenen Idealvorstellungen auf gleicher Höhe weiterzuführen in der Lage waren, agierten demzufolge auch die Getreuen des ehemaligen Leipziger Generalmusikdirektors und Hochschulleiters. Diese waren vor allem Ignaz Moscheles, Moritz Hauptmann, Ferdinand David, Julius Rietz, und Niels W. Gade; letzterer ein zeitgenössisch hochangesehener Komponist dänischer Herkunft.

Lassen wir noch einmal Hans von Bülow als Zeitzeugen und Kommentator zu Worte kommen:

"Eine andere Partei hielt dagegen treu an dem Todten fest, aus Pietät, aus persönlicher Freundschaft, aus musikalischer oder nationaler (d. h. semitischer, Anmrkg. d. Verf.) Sympathie, und weihte nun den überlebenden Quasischülern (Nachbetern) Mendelssohns eine größere Beachtung als früher. Dahin gehörten namentlich die Praktiken, denen an einem Nachfolger des Dirigenten Mendelssohn gelegen war und die einen solchen in Rietz fanden..." (Zitiert aus dem Aufsatz "Das musikalische Leipzig in seinem Verhalten zu Richard Wagner")

Als Vorstände des Konservatoriums trachteten die Genannten, den von Felix Mendelssohn authentisch ausgeprägten Istzustand ideal angeleiteten ambitionierten Musizierens mustergültig festzuschreiben.

„Er hat mich an das ihm so liebe Institut berufen; ein Wirken daran mit ihm wäre mir eine tägliche Freude und Genugtuung gewesen, das Wirken daran ohne ihn bleibt mir Pflicht und heiliges Vermächtnis. Ich muss nun für uns beide arbeiten."

So beschied Ignaz Moscheles - im Oktober des Jahres 1846 von Felix Mendelssohn ans Konservatorium berufen - seine Gattin Charlotte in ihren Erwägungen einer Rückkehr nach England nach Mendelssohns unerwartetem Verscheiden. Treffender lassen sich Vorstellungen und Geisteshaltung kaum zusammenfassen, mit welchen die Nachlaßverwalter vermeintlich Mendelssohnschen Gründungs- und Arbeitsgedankens am Leipziger Musikkonservatorium an diese Aufgabe heran-gingen.

Ausdrücke wie "Pflicht" und "heiliges Vermächtnis" legen den Verdacht auf ein gewisses Maß von Fundamentalismus, Dogmatik, „konservierende", ein Ideal für alle Zeiten festschreibende, formal in sich erstarrende Gralshüterschaft bei der Bewältigung dieser Aufgabe nahe. In diesem Bemühen übersahen die Repräsentanten eines expliziten Leipziger Konservatoriumsstils jedoch das Bestreben Mendelssohns, die propagierten musikalischen Formvorgaben konzeptionell, harmonisch und klangsprachlich um eigene Erfahrungen und Einsichten zu erweitern. Bereits in den 50ziger und 60ziger Jahren des 19. Jahrhunderts verfestigte sich, dem hohen Ruf und weitreichenden kompositionstheoretischen Einfluss des Institutes zum Trotze dort ein Akademismus substanzarmer unflexibler Musikkonservative. Im Sinne der charakteristischen Adorno-Maxime: „Mendelssohn – gegen seine Liebhaber verteidigt!" bedingte diese Haltung die fehlgeleitete Vermächtnispflege eines Klischees, welches sich auf die zeitgenössische Einschätzung der originären musikalischen Kompetenz des Konservatoriumsgründers im Nachhinein unglückselig auswirken sollte.

Zum einen firmierte das im Akademismus verharrende Konservatorium zu Leipzig in verallgemeinerter öffentlicher Wahrnehmung als „Mendelssohn-Schule", galten Absolventen desselben – gleich dessen, ob es sich um heute möglicherweise zu Recht vernachlässigte Kompositeure wie Martin Blumner, Friedrich Kiel, Ludwig Meinhardus, Karl Reinecke und Robert Volkmann Joachim oder wahrhaft inspirierte Tonschöpfer wie Max Bruch oder Edvard Grieg handelt - pauschal als „Mendelssohnianer" und Epigonen.

Des Weiteren unterfing sich das Konservatorium - vor allem unter der Ägide des Thomaskantors Moritz Hauptmann - in der musikästhetischen Diskussion gegen die Bestrebungen "neudeutscher" Avantgardisten zu polemisieren.

Hauptmann trachtete danach, Repräsentanten Neudeutscher Musik dem Konservatoriumsbetrieb so weit als möglich fernzuhalten, um den bestehenden Ruf zentralen traditionalistischen kompositionstheoretischen Lehrens in Deutschland und Europa keinesfalls zu gefährden.

Dies gab selbstredend Anlas zu aggressiv vorgetragenen publizistischen Retouren neudeutscher Ideologen auf das Konservatorium als „Mendelssohn-Schule"; ließ somit den Konservatoriumsinitiator erneut zum Ziel rhetorischer Attacken werden.

Das Wort von den epigonalen „Mendelssohnianern" machte die Runde, der nazarenisch-erbaulichen Kleinmeisterei postbachscher und - Mendelssonscher Oratorien, der pianistischen Kleinwerke, welche bei Mendelssohn noch mit wahrer poetischer Empfindung erfüllt, sich nunmehr in kitschigem Sentiment ergössen; die Begriffe „Geschmacksgefährlichkeit des Mendelsohnschen Vorbildes" (Riemann) oder der pianistischen „Salonmusik" kamen auf.

Dem spezifischen Unterfangen einer Konsolidierung des Mendelssohnschen Erbes zumindest dienlicher erwies sich die publizistische Tätigkeit Hanslicks. In der Rezension einer Veranstaltung der Wiener Singakademie in der Zeitungsrubrik "Aus dem Konzertsaal" aus dem Jahre 1858 entlarvt er, neben einer erwartungsgemäß vom traditionalistischen Standpunkt aus geführten Suada gegen die Verrottung musikästhetischer Gepflogenheiten, hellsichtig die Intention des gegen Mendelssohn betriebenen "neudeutschen" Nihilismus:
    „Die Degradierung Mendelssohns zu einer „falschen Zwischenbildung" in der Geschichte der Musik muss wohl die Ansicht in sich schließen, daß wir ohne diesen Auswuchs viel weiter wären. Darauf ist zu erwidern, daß im Gegenteil in Mendelssohns Erscheinen gerade zu dieser Zeit und in diesem Zusammenhang eine der weisesten Fügungen der Kunstgeschichte liegt. Ohne seine Formschönheit, sein reines, klares Gestalten wäre (...) die Verwilderung, die wir gegenwärtig in der „Zukunftsmusik" erleben, viel früher und ungleich verderblicher eingebrochen."

Im Jahre 1869 gab sich der Komponist Richard Wagner öffentlich als Verfasser einer zweiten, überarbeiteten Fassung des "Judenthums in der Musik" zu erkennen. Unter der Protektion des Bayernkönigs Ludwig II. hatte er mit den Uraufführungen von "Tristan und Isolde" und den "Meistersingern" in München endgültig die Anerkennung eines Opernreformers und Musikdramatikers gefunden.

Mit der wachsenden Popularität seines musikalischen Werkes nahm auch der Einfluss des Theoretikers Richard Wagner auf das kulturelle und geistige Leben des späten 19. Jahrhunderts zu.
Somit griffen auch dessen antisemitischen Ansichten um sich, welche er in weiteren verschärft argumentierenden Schriften erhärtete.

10. Der letzte Deutsche

Jens Malte Fischer vertritt in seiner fulminant recherchierten und verfassten Schrift „Richard Wagners „Das Judenthum in der Musik" (welcher die Fakten zur Gestaltung aller dem Judenpamphlet gewidmeten Abschnitte hiesiger Ausführungen entnommen sind) die These, das erst die Zweitpublikation des Traktates „der eigentliche Sündenfall" des Wagnerschen Antisemitismus gewesen sei.

Im Gegensatz zu dem perfiden und feigen Versteckspiel des jungen mittellosen exilierten, weithin verkannten Musikdramatikers um das Pseudonym „Karl Freigedank" herum, unterzeichnete ein nunmehr erstarkter und breitgefächert akzeptierter Richard Wagner mit dem eigenen vollen Namen. Das Pamphlet erschien im März 1869 als Broschüre im J. J. Weber Verlag in Leipzig. Wagner versah es mit einem kurzen Vorwort und einer langen Erläuterung im Nachsatz.

In den Jahren zwischen der gescheiterten Revolution von 1848 und den siebziger Jahren des 19. Jahrhunderts hatte die allgemeindeutsche Judenemanzipation und Konfessionsgleich-stellung rasche Fortschritte gemacht. Wagner sah sich im Jahre 1869 mit einem Ausmaß „drohenden" Einflusses von gleichgestellten Juden in der Gesellschaft gegenüber, welches seine wiedererstarkten antisemitischen Aggressionen und Aversionen dem Judentum gegenüber hervorrief.
Die Neupublikation von „Das Judenthum in der Musik" muss also als unmittelbare Reaktion auf diesen Gleichstellungsschub im Jahre 1869 gesehen und verstanden werden. Einen wesentlichen Einfluss auf die antisemitischen Eruptionen Wagners im Jahre 1869 hatte der Aufsatz „Was ist deutsch?", welcher dem Briefwechsel Wagners mit König Ludwig II. entnommen ist. Darin versuchte Wagner mit allen ihm zu Gebote stehenden publizistischen Mitteln den König (allerdings völlig ergebnislos) für seine antisemitische Einstellung zu gewinnen.
Noch im Jahre 1882, im Zuge von Querelen zwischen Wagner und Ludwig II. um die Überlassung der Königlich Münchnerschen Hofkapelle und deren jüdischen Leiters für die Uraufführung von Parsifal in Bayreuth, schreibt Wagner an den König prophetisch vorausgreifend:
„Der ich mit mehreren dieser Leute freundlich mitleidsvoll und teilnehmend verkehrte, konnte ich dies doch nur auf die Erklärung hin

ermöglichen, dass ich die jüdische Race für den geborenen Feind der reinen Menschheit und alles Edlen in ihr halte: dass namentlich wir Deutschen an ihnen zu Grunde gehen werden, ist gewiss, und vielleicht bin ich der letzte Deutsche , der sich gegen den bereits alles beherrschenden Judaismus als künstlerischer Mensch aufrecht zu erhalten wusste".

Überhaupt machte Richard Wagner anlässlich des von ihm selbst und seiner künstlerischen, finanziellen und politischen Maßlosigkeit verschuldeten Scheiterns seiner Münchner Pläne und den erneuten Gang ins Exil nahezu fiktiver „jüdischer Verschwörer" in München verantwortlich.

Dies stachelte den in der zweiten Hälfte der 1860ziger Jahre angewachsenen Zorn Wagners gegenüber der insgesamt als feindlich imaginierten „jüdischen Race" auf, welcher in der Aufsehen erregenden Neupublikation des „Judenthums in der Musik" eben am Ende jener 1860ziger Jahre einmündete.

Die zersetzende, Wagners Text und Musik als Ingredienzien eines gewaltigen Bluffs verortete Rezension der Uraufführung der „Meistersinger" in München durch den Kritiker Eduard Hanslick ließ das Fass antisemitischer Aggression in Wagners Denke sprichwörtlich überlaufen und gab somit einen letzten Anschub der Neuedition des Judentraktates.

Der Wiener Rezensent Eduard Hanslick hatte sich von der anfänglichen Bewunderung des jungen Richard Wagner zum nunmehr schärfsten und gefährlichsten Gegner des selbsternannten Musikdramatikers entwickelt. Die Tatsache, dass Hanslick Jude war, stachelte Wagner zu besonderem Hass gegenüber dem mächtigen Rezensenten auf und verleitete ihn dazu, diesen mit der Figur des Merkers (also Kritikers) Sixtus Beckmesser in dem Personenstab der „Meistersinger" zu karikieren. (Die Figur sollte anfangs sogar Hans Lick heißen.)

Hanslick schrieb also: „Nicht die Schöpfung eines echten Musikgenies haben wir kennengelernt, sondern die Arbeit eines geistreichen Grüblers , welcher - ein schillerndes Amalgam von Halbpoet und Halbmusiker – sich nach der Spezialität seines in der Hauptsache lückenhaften in Nebendingen blendenden Talentes ein neues System geschaffen hat, ein System, das in seinen Grundsätzen irrig, in seiner konsequenten Durchführung unschön und unmusikalisch ist".

Hanslick legt dabei die beiden zentralen eklatanten Schwächen im Getriebe von Wagners gesamten musikdramatischen Wirken bloß. Die Tatsache das der „Halbpoet" Wagner die Poesie stets nur zweckdienlich, anhand der Massvorgabe seines dramatischen Anliegens betrieb, bedingt, das solche sklavisch linear aufgefasstes Versgeschmeide sich niemals zu der Wirkmächtigkeit eines unbedingten freien Aufschwungs an einem entgrenzten, poetischen Horizont fähig sein kann.

Des weiteren verdeutlicht Hanslick, dass der „Halbmusiker" Richard Wagner, beschwert auch von seiner mangelhaften musikalischen Ausbildung, eine wiederum nur der tonkünstlerischen Entsprechung eines verbalen und dramaturgischen Leitfadens, oder besser: eines Konstruktes dienende, ohne Ansehen harmonischer Gesetzmäßigkeiten und des formalen Gestaltungswillens, geschaffene lineare Musik vorlegte, welche rein musikalisch besehen, schlichtweg nichts taugt.

In der Neupublikation ereiferte sich Wagner unter anderem über die Heimat- und Musikstadt Leipzig und schmäht dabei auch wieder das Andenken Mendelssohns, welcher der Stadt eine „eigentliche musikalische Judentaufe" erteilt und jene dadurch zur „Judenmusikweltstadt" gemacht habe. Ausfälle wie jene gegen das „moderne Israel", den „Judenjargon", das „Musikjudentum" und die „Musikjuden" folgten.
Wer sich angesichts dieser Schlagworte unwillkürlich an die verbürgte Hetzsprache des Nazi-Regimes erinnert fühlt, tut dies zu recht: so unglaublich vieles war schon bereits von Wagner aus- und vorformuliert worden und brauchte nur aufgegriffen und angewandt zu werden.
Zentraler Punkt des Schreibens ist die Suggestion einer abwegigen paranoid empfundenen „jüdischen (Musik-) Weltverschwörung gegen Person, Werk- und Ruhm Richard Wagners". (J. M. Fischer)

Was Wagner in Wahrheit selbst mit nachhaltigem Erfolg betrieb, die umfassende Zerstörung des Werkes und Ruhmes eines angesehenen Komponisten mit publizistischen Mitteln, wähnt er mit pathologischem Eifer, quasi wie ein Schattenboxer, auch gegen sich selbst gerichtet.

Er schrieb also: „Denn über Eines bin ich mir klar: so wie der Einfluss, welchen die Juden auf unser geistiges Leben gewonnen haben, und wie er sich in der Ablenkung und Fälschung unserer höchsten Kulturtendenzen kundgibt, nicht ein bloßer, etwa nur physiologischer Zufall ist, so muss er also auch als unleugbar und entscheidend anerkannt werden. Ob der Verfall unserer Kultur durch eine gewaltsame Auswerfung des zersetzenden fremden Elementes aufgehalten werden könnte vermag ich nicht zu beurteilen weil hierzu Kräfte gehören müssten, deren Vorhandensein mir unbekannt ist."
Wagner blickt also dabei prophetisch in die Zukunft und sieht dort Kräfte heraufdämmern, welche er in seinen Schriften mit gewaltigen Worten wiederum selbst heraufbeschworen hatte.
Wagners Person geriet denn in den späten 1860ziger und in den 70ziger Jahren auch zu einem Empfänger von quasi umfassendem, unbedingtem, royalem Anspruch zahlloser antisemitischer Denk- und Hetzschriften oder wurde, besser gesagt, darüber hinaus gar zum geistigen Führer einer neuen antisemitisch-politischen Bewegung in Deutschland.

Im Privatleben Wagners, welches sich so treffend in Cosimas Wagners Tagebüchern überlieferte, herrschte denn auch die Meinung vor, mit der Neupublikation des Judentraktates den Anfang der Antisemitismusbewegung der 1870ziger Jahre gegeben zu haben und so reflektierte Cosima Wagner im Tagebuch stolz und frohgemut: „Wir lachen darüber, dass wirklich, wie es scheint, sein Aufsatz über die Juden den Anfang dieses Kampfes gemacht hat".

Jens-Malte Fischer fasst im Abschluss seines Kapitels „Die Wirkung der Broschüre von 1869" denn auch folgerichtig zusammen: „Er (Wagner) gab der zehn Jahre später ausbrechenden massiven Antisemitismuswelle eine Art Anschubfinanzierung, und so ist seine und Cosimas Befriedigung darüber, daß die Broschüre den Anfang gemacht habe, leider von der historischen Wahrheit nicht sehr weit entfernt."

Und so schrieb Eduard Dühring im Jahre 1881 in seinem Pamphlet „Die Judenfrage als Rassen-, Sitten- und Kulturfrage", welches sich zu einem maßgeblichen Werk innerhalb des deutschen Antisemitismus der Kaiserzeit entwickelte (in der 5.ten Auflage aus dem Jahre 1901: (So) „soll ihm das Verdienst nicht bestritten werden, als selbstständiger Schriftsteller schon früh in die Judenfrage eingegriffen und einige mit der Kunst zusammenhängende Eigenschaften sowie die geheime literarische Verfolgungssucht der Juden zur Sprache gebracht zu haben".

Das Fatale an der Neupublikation der Judenschriebs ist doch jenes: In einem Umfeld des obskuren Publizierens antisemitischer Wirrköpfe, welche die zeitgenössische Intelligenz nicht akzeptierte oder ernst nahm, werden hier die antisemitischen Thesen von einer gewichtigen, weithin berühmten Musikpersönlichkeit deutschen ja europäischen Ranges öffentlich vertreten.
    Der von Wagner und seinem Gefolge initiierte, von der Gründung Wahnfrieds an bis zum Untergang Bayreuths im Jahre 1945 bestehende Bayreuther Kreis, verbreitete unausgesetzt über das Sprachrohr der Bayreuther Blätter die von Wagner und seinem Ruhm so fatal geadelte, in den Rang eines deutschen und europäischen Diskurses erhobene antisemitische Denke Wagners.
    Jens Malte Fischer gemahnt in dem Kapitel „Die Nachwirkung" aus „Richard Wagners Das Judentum in der Musik" eindringlich die Gefährlichkeit dieser zersetzenden, alle Bindungen bürgerlicher Ordnungen bis zum Ausflocken der einzelnen Bestandteile und Gesetzmäßigkeiten agierenden oder reagierenden Thesen.

Und somit ist eine allgemeine „meist ausgesprochene, gelegentlich auch unausgesprochene Traditionslinie der Berufung auf Richard Wagner in allen Aspekten der Judenfeindschaft vom Ende des 19. Jahrhunderts ungebrochen bis ins „Dritte Reich" hinein feststellbar, und vor allem im Zusammenhang von Kunst und Kultur, speziell von Musik" (Fischer).

Um 1870 herum trat auch der Leipziger Publizist August Reißmann; ein ehemaliger Konservatoriumsschüler Felix Mendelssohns mit Schriften an die Öffentlichkeit. In diesen vermochte er es kaum, das Werk dieses Komponisten im Stande gebotener ästhetischer Eigenständigkeit zu beurteilen. Vielmehr unterwarf er es erneut dem alleinigen Maßstab musikalischen Fortschritts. Es verdeutlicht sich erneut, wie dominant sich dieses von der "Neudeutschen Schule" kultivierte Dogma in jenen Jahren gebärdete – wie sehr die sachlich ästhetische Analyse von Musik als eines Sprachrohrs nur in eigener Sache damals verunmöglicht war.

Reissmanns Mendelssohn-Traktat ist allein durch sein Benehmen bemerkenswert, die antisemitischen Theorien und speziell auf Mendelssohn gemünzten abfälligen Invektiven einer angeblich oberflächlichen angekränkelten jüdischen Psyche sowie synthetischen künstlerischen Empfindens aus Wagners "Judenthum" nahezu identisch in den unverdächtigeren Tonfall "objektiv" musikwissenschaftlichen Theoretisierens übertragen zu haben. Er gab somit einer Entwicklung eines Kataloges musikalisch absolut vorgetragener, scheinbar von den offenkundigen antisemitischen Stossrichtung des Wagnerschen Traktates gänzlich befreiter, negativer Mendelssohn-Stereotypisierung erheblich Vorschub.

Reissmann schreibt also:
"Mendelssohns ganze Erziehung hatte in ihm früh jenen genialen Sinn für Formvollendung ausgebildet, der es im Grunde verhinderte, dass seine Individualität sich wirklich selbstschöpferisch und neu gestaltend vertiefte (...) Früh leitete ihn das Bewusstsein von der idealschönen Form, in welche er seine Individualität zu ergießen strebte, diese aber war weder sehr tief noch überaus reich ausgestattet (...) Mit rastlosem Fleisse (...) hatte er sich die unumschränkte Herrschaft über alle Mittel der musikalischen Darstellung angeeignet, aber er verwendet diese immer nur nach dem durch seine Individualität beschränkten Maße (...) Er stellt seine leichter entzündbare Phantasie, sein rascher und mächtiger erregtes Interesse unter die Herrschaft fremder Einflüsse.

Bach und Händel, Mozart und Beethoven (...) gewinnen Anteil an seiner Innerlichkeit aber nur so weit sie eben Raum darin finden, sodass diese selbst nicht gerade gewaltiger und tiefer wird. (...) Mendelssohns Phantasie wird von der des Dichters nur angeregt; der Meister empfindet die fremde Dichter-Individualität nur in dem beschränkten Rahmen seiner eigenen und vermag sie daher auch nicht umzudichten (...) Selbst jetzt, nachdem uns der ganze Mendelssohn bekannt ist, wird es nicht leicht, in den Liedern op.

8 und 9 die besondere Weise seines Empfindens zu erkennen, weil hier das Fremde und Angelernte überwiegt. (..) Sie sind alle im Sinne und Geiste der größten Meister empfunden, aber der Ausdruck ist auf jenes Maß zurückgeführt und abgeschwächt, das ihm für die ganz grosse Allgemeinheit Giltigkeit gibt und daher den Liedern die weiteste Verbreitung sichert. Die Lyrik Mendelssohns wurde so (...) zur Massenlyrik. (...)

Mendelssohn führte mit seinen "vierstimmigen Liedern im Freien zu singen" auch dem Chorliede alle die in seiner Individualität abgeklärten Elemente des Musikempfindens seiner Zeit zu (...) Der vierstimmige Liedergesang stellt nirgends Anforderungen, die außerhalb der Individualität unsres Meisters liegen. Subjective Vertiefung wie die Verdichtung zu grossen und weit angelegten Tonbildern sind dem Chorliede ebenso fremd wie unserem Meister. Die besonderen Feinheiten des Empfindens finden natürlich nur so weit Berücksichtigung als sie sich im Chorliede darstellen und dem Gesamtempfinden vermitteln lassen - und hierin ganz besonders liegt Mendelssohns unübertroffene Meisterschaft. " ("Die drei grossen Meister der musikalischen Lyrik" in "Die Tonhalle", Leipzig vom 9.11.1869)

In Erörterungen der "Kunst- und Kulturgeschichtlichen Bedeutung" Mendelssohns verweist Reissmann zwar auf den hohen Rang der "ewig gültigen Kunstwerke, welche" Mendelssohn in "schöpferischer Wirksamkeit für die gesamte Kulturentwicklung", hervorgebracht habe, gibt aber des gleichen zu bedenken, daß man Innovation vergleichbaren Ranges hinsichtlich "Weiterbildung der Kunst" und eines "neuen Ton(es)...der zur Weiterverfolgung anregte" nicht zu erkennen vermöge.

Verblümt, in umsichtig, taktvoll erwogener Formulierung, wird hier der Einschätzung Vorschub geleistet, das Mendelssohns Musik zwar unbestreitbar den Geschmack zeit-genössischer Hörerschaft vollgültig befriedigte, Hörern künftiger Generationen aber wohl kaum noch wesentliches zu sagen vermöchte.

Solch Ausmaß nachhaltig um sich greifender Mendelssohn-Verfemung riefen Freunde und Weggefährten wie den Komponisten und Dirigenten Ferdinand Hiller zur Verteidigung von Namen und Rang Mendelssohns auf.

Hiller veröffentlichte im Jahre 1874 ein Gedenkbändchen, welches der Öffentlichkeit "Briefe und Erinnerungen" zugänglich machte. Im Vorwort machte Hiller aus dem Anlass der Publikation keinen Hehl und schrieb daher:

"Verehrer Mendelssohns haben es mir vorgeworfen, nicht schon vor längerer Zeit mit Mitteilungen über ihn hervorgetreten zu sein. Vielfache Gründe hielten mich davon ab. (...)

Jetzt aber trete ich um so freier mit diesen von dem Dahingeschiedenen so liebenswerte Züge enthaltenen Blättern hervor, als er, einer der schönsten und hellsten Sterne am Himmelsgewölbe deutscher Kunst, gerade in seinem Vaterlande, von dem Unverstand, der Urtheilslosigkeit und dem Neide Angriffe erfährt, welche nur denen, von welchem sie ausgehen, zur Unehre gereichen; denn der Glanz, in welchem sein Name erstrahlt, zu verdunkeln wird ihnen nimmer gelingen. Das Gold widersteht dem Roste. ("Felix Mendelssohn-Bartholdy, Briefe und Erinnerungen, Köln 1874)

In den 70ziger Jahren des 19 Jahrhunderts verfielen Rezensenten zunehmend darauf, Mendelssohns Klavierwerke explizit in den Rang oberflächlich brillanten Demonstrationsrepertoires pianistischer Fähigkeiten von Nachwuchskünstlerinnen zu erheben. So schrieb die "Tonhalle" im April des Jahres 1870:

"Fräulein Mehlig spielte die Pianopartie des schönen Es-Dur Trios, Phantasiestücke von Schumann, Präludium und Fuge von Mendelssohn (...) Hier war ein großes Feld reicher Kontraste! Schumanns tief innerliches Phantasiestück neben Mendelsohns maßvollem und glattem Präludium".

Am 2.ten November heißt es ebenda:
„ Wenn wir in dem herrlichen Bachschen Präludium und Fuge, (...) von den großartig unruhigen Tonwellen und dem markigen Fugenthema fortgerissen wurden, so war auch die Klangwirkung des Mendelssohnschen Adagios von dem weichesten Charakter durchweht."

Am 7. Dezember schrieb die "Tonhalle" wiederum:
"Einen höchst erfreulichen poetischen Reiz gewährten die Claviervorträge der sechzehnjährigen Frl. Emma Brandes aus Schwerin. Wenn eine so jugendliche Persönlichkeit sich an ein Stück wagt, wie das G-Moll-Concert von Mendelssohn, (...) so will das viel sagen. (...) Wir mussten uns bei dem Spiel der Frl. Brandes gestehen, was zu ahnen noch kein Künstler bei uns veranlasst hatte, daß das G-Moll-Concert dem Ausführenden, wenn er von musikalischer Intuition durchdrungen ist, bei dem Spielen dieses scheinbar mehr für die glänzende Entwicklung wahrer Technik geschriebenen Stückes Gelegenheit giebt, alle Vorzüge eines vortrefflichen Clavierspielers zu offenbaren.

Abschließend sei die Ausgabe vom 14.12.1870 zitiert:

"Die noch im kindlichen Alter stehende Pianistin Laura Kahrer, welche sich bereits in mehreren bedeutenden Städten mit Erfolg produziert hat, gab ein Concert, das in vieler Beziehung Staunen zu erregen geeignet war. (...)

Die Handgelenke (...) sind auffallend elastisch und befähigen zu erstaunlich leichtem und graciösem Octavenstaccato und überhaupt leise über die Tasten hingehenden so genannten Mendelssohnschen Clavierfiguren."

11. Glücklicher Mensch! Dich erwartet wohl nur ein kurzes Ephemeren-Leben!

"Glücklicher Mensch! Dich erwartet wohl nur ein kurzes Ephemeren-Leben, aber Liebe Glück und Kunst haben es aus Licht und Wärme Dir gewoben! Zieh hin und sinke, wenn es sein muss, wie alles Schöne im Frühlinge dahin!"

Euphemistisch belegt Adele Schopenhauer die außerordentlichen Wirkung, welche der 12-jährige Knabe Felix auf die Schwester des Philosophen und allgemein ausübte.

Darüber hinaus nimmt sie prophetisch die Geschicke Felix Mendelssohns in zwiefacher Hinsicht vorweg. Den Lebensweg des Komponisten zum einen; äußerlich wahrnehmbar scheinbar ein einziger Höhenflug.

Zum zweiten: den stereotypen Rückschluss von privilegierter Biographie auf die musikalische Substanz von Kompositionen, welcher sich in zunehmend veräußerlichter Betrachtung des Sujets durch Musikologen in der 2. Hälfte des 19. Jahrhunderts herausbildete. Vom 3. Weg, dem inneren Weg des musikalischen Humanisten in eine substantielle emotionale und musikalische Melancholie hinein, in die Gewissheit um das Vergehen einer Epoche, welche entscheidende gesellschaftliche Veränderung durch Kultur und Bildung für möglich hielt; in die finale Gewissheit, versagt, das Hauptziel, vermittels Musik die Menschen innerlich zur Vervollkommnung und Erkenntnis anzuleiten, nicht erreicht zu haben, konnte Adele Schopenhauer nichts vorausahnen, wollten besagte Musikologen nichts erahnen.

Sie überlagern sich mit der sachfremden Argumentation einer Musikwissenschaft späterer Zeiten, welche die idealisierte Gleichsetzung der Betrachtung von Werk und Person eines Komponisten zum Dogma erhob.

Bedeutsame Musik: komponiert von einem Menschen, dem es, frei von materiellen Sorgen, geliebt, künstlerisch von jeher gefördert und vorbehaltlos akzeptiert, nachweislich immer wohl erging? Wie wäre das möglich?

In einer übersteigert-romantischen Vorstellung jener Jahre von Kunst als entsagungsvoller Verpflichtung rang das wahre Genie - der Heros des Judenaufsatzes - abseits von Anerkennung oder Lebensglück um meisterliche musikalische Wahrheit.

Erst spät oder niemals fand so das Werk bedeutender Künstler zu Lebzeiten Anerkennung. Das persönliche Leid des Künstlers als zuverlässigster Indikator künstlerischer Größe, dem Maßstab einer beinahe mathematisch vorgenommenen Relativierung unterworfen: Je mehr persönliches Leid, desto bedeutsamer das Werk.

Wies nicht allein der Vorname Mendelssohns symbolträchtig darauf hin, wie sehr sich Gedanken an Genialität und Meisterschaft hinsichtlich seines Werkes ausschlossen: "Felix" - "der Glückliche"!

Intermezzo II: "Felix! Tust Du nichts?!"

rief Mutter Lea stets, wenn der Knabe sich ins Plaudern verstieg und er sich somit des Müßiggangs hingab. Auch der zum Manne herangereifte Felix Mendelssohn mochte diesen zu unablässigem Bildungsfleisse anspornenden Ruf innerlich noch oftmals vernommen haben.

"Nun ist Glückhaben noch kein persönliches Verdienst; entscheidend ist, wie einer sein Glück empfängt und verwaltet (...) Betrachten wir also die Lebensstationen dieses in der Tat vom Glück begünstigten Künstlers, der (...) das ihm Zugefallene täglich in harter Arbeit bis zur Erschöpfung sicherte, (...) der mit der Bürde "Glück" in einem nur kurzen, sich selbst verzehrenden Leben fertig werden musste." gibt Eduard Kleßmann in "Die Mendelssohns - Bilder einer deutschen Familie" im Hinblick auf die tiefschichtiger erkennbaren Aspekte eines Felix Mendelssohn Bartholdy zuerkannten Übermaßes glücklicher Lebensumstände zu bedenken.

Das stereotyp wiedergegebene Genrebild vollendeter Sorgenlosigkeit ignoriert demzufolge das Desinteresse Mendelssohns an potentiellem großbürgerlich-materiellem Müßiggang.

Allein die Leipziger Jahre zeigen Momente einer Schaffensverpflichtung auf, welche nahezu etwas Getriebenes, Psychopathologisches in sich tragen. Die Vermutung, daß die Ruhelosigkeit eines im innersten Wesen zutiefst unsicheren Menschen, die sich auch in leichter Reizbarkeit, den verbürgten raschen Dirigiertempi und der Häufigkeit der Tempovorgaben Presto, Molto vivace, Molto allegro con fuoco in den Kompositionen äußerte, zu Überarbeitung, Depression und vorzeitigem Tode des Komponisten beitrugen, liegt nahe.

Das Klischee schmerzgeboren titanesker Kreativität des Genies, welchem ein in pastoral-ätherischer Idyllik dargestellter "Felixissimus" nicht zu genügen vermochte, wurde von der Musikpublizistin La Mara in ihrer Darstellung von "Musikalischen Studienköpfen" trefflichst bedient. Auch hier firmiert nicht der wahre Name einer Autorin; die eigentlich auf den Namen Marie Lipsius hörte. Gleich zu Beginn ihrer Darstellung heißt es:

"Auf lichten Höhen wandelte er sorglos dahin, unangefochten von Nöthen und Bedrängnissen des gemeinen Lebens, frei von Zwiespalt und Kampf, wie sie die Künstlerseele so häufig beschweren".

Als ob ästhetisches Räsonieren und kreatives Handeln den Anforderungen des Kriegsfalles unterworfen sei, der Künstler sich in Wahrheit also am Maßstab vaterländischen Gemeindienstes als substantiell erzeigte, behauptet La Mara Lipsius in wahrhaft martialischer Gestimmtheit:

"Ein Heldencharakter freilich wird nicht im Sonnenlichte gezeitigt, er bedarf der Schatten und Kämpfe von grossen Schmerzen. So ist auch Mendelssohn kein Heldencharakter geworden, nicht das, was man einen Heros der Töne nennt. Ihm fehlt die genialische Überfülle, die himmelanstürmende Kraft, die kühne Ursprünglichkeit, die jenen macht.

Nicht in die nächtigen Tiefen innerlichen Ringens und Kämpfens ist er hinabgestiegen, eine Welt in sich befriedeter Schönheit und wolkenloser Klarheit ist es, darin seine Muße zu verweilen pflegt".

Aus solch Zerrbildnis heraus betrachtet, überzogenen Ansprüchen an Allgemeinverbindlichkeit kulturellen Wirkens sowie Versäumnissen hinsichtlich biographischer Wahrheitspflicht geschuldet, war wohl kaum noch angemessene Darstellung des Oeuvres eines so beschriebenen Kompositeurs vorstellbar.

La Mara leistet viel eher einem verhängnisvollen Kulturdarwinismus vom Schlage Wagners Vorschub, welcher die Künste dem Gesetz des Pathos unterwarf. Das Pathetische allein ist diesem zufolge groß und wahr; nur der Künstler, welcher des Lebens Mühsal den Pathos abrang.

Das von La Mara vorgestellte Bild gemahnt an die symbolträchtige Fabel von der Grille und der Ameise. Letztere bemüht sich im Verborgen und finsteren um überlebenswichtiges Gut, während die Grille sich Sommers tändelnd, musizierend im flüchtigen Beifalle sonnt und den Winter nicht zu überstehen vermag.

12. Von der E-Musik und der U-Musik

Auch die Kluft zwischen den Ebenen Populärmusik und Hochkultur bestärkte eine Musikwissenschaft, welche Werk- und Rezeptionsästhetik von Musik als selbst-verständliche Einheit auffasste, in ihrem Vorbehalt, es letztendlich nicht mit einem E- sondern mit einem U-Musiker zu tun zu haben. Die akademische Musikpflege durch Musikologen, Rezensenten und professionelle Instrumentalisten begann das Bild Mendelssohns als "Epigonen, faden "Klassizisten" und "schwindender Größe" festzuschreiben. Die Präsenz seiner Werke auf den Konzertpodien schwand. Chorgesänge und Klavierkompositionen erfreuten sich in der Haus- und Volksmusik hingegen ungebrochener Beliebtheit.

Nun offenbart sich darin eine aus allen kulturellen Traditionen vertraute Tendenz intellektueller akademischer Erhabenheit, welche sich mit Heranbildung und dem wachsenden gesellschaftlichen Einfluss bildungsbürgerlicher Strukturen ausprägte.

Es war im 18. und frühen 19. Jahrhundert weniger Ausnahme als Regel, daß Kompositionen der bedeutendsten Tonschöpfer Volkstümlichkeit erlangten oder gar gezielt für den populär- oder semipopulärmusikalischen Bereich entstanden. Mozart hatte keinerlei Schwierigkeiten, neben den erschütternden psychischen Vertiefungen des "Requiem" und der Titusoper auch Vogelfängerarien für die Wiener Vorstadt zu schreiben. Mozart-Kompositionen wie das nurmehr volksliedhaft rezipierte „Komm, lieber Mai und mache....", das berückende „Rondo alla turca" für Klavier sowie die Streicherserenade „Eine kleine Nachtmusik" gingen ins bürgerliche Populärmusikgut ein.

Auch das Schaffen Haydns („Meine Mutter schickt mich her, ob der Kaffee..." nach der Symphony Nr. 94 „Mit dem Paukenschlag" und jenes Beethovens ("Für Elise") blieben nicht ohne Einfluss darauf.

Melodien aus Carl Maria von Webers „Der Freischütz" wurden bereits Tage nach dem überwältigenden Premierenerfolg in den Strassen Berlins nachgesungen und –gepfiffen. Lieder wie „Der Lindenbaum", „Das Wandern ist des Müllers Lust" von Franz Schubert oder „Guten Abend. Gute Nacht" von Johannes Brahms zählten im 19. und frühen 20. Jahrhundert zum Volksliedgut. Die Musikforschung hantiert hier in der Abstrafung populären mendelssohnschen Volksgutes gegenüber jenem von Mozart, Haydn oder Brahms offenkundig mit zweierlei Maß.

Der Vorwurf bezeichnender, exorbitanter Popularität einzelner Mendelssohn-Kompositionen lässt vielmehr Subjektivismus, Voreingenommenheit erkennen.

So bleibt nur noch eines von Interesse: wann der gemeinhin sanktionierte Bruch zwischen populär- musikalischer und neuzeitlich professionell aufgefasster Musiktradition exakt einsetzte; wen der akademische Bannstrahl traf, wen er verschonte. Eric Werner definiert die Auflösung gemeinschaftlicher Verwurzelung von „Kunst" und „Gebrauchsmusik" in der Tradition höfischen Musizierens in der sich zunehmend verbürgerlichenden Ägide Franz Schuberts, also den Zeiten des Metternichregimes in den Jahren um 1820. Die Instrumentalmusik spaltete sich demzufolge in die nunmehr unvereinbaren, autonom sich fortentwickelnden „Ebenen der „reinen" Kunst, die klassisch-romantische Kammer- und Symphoniemusik sowie die Ebene des Populären jedweder Operetten- und Tanzmusik jener Zeit und der Salonmusik für Klavier, Harfe oder das kleine Ensemble der Gartenrestaurants"

Die auf solch chronologischer, kulturgeschichtlicher Betrachtung beruhende Analyse musste also resümieren, das Mendelssohn als „seriöser" Musiker den „Fehler" beging, diverse, nurmehr „Kleinmeistern" zuerkannte, Populärmetiers wie romantische Männerchöre, „Lieder, im Freien zu Singen", Duette und Quartette, Klavierminiaturen etc. weiterhin bedient zu haben. Möglicherweise mit dem Drang zu solchen Formen gar seinen wahren künstlerischen Gehalt aufgedeckt zu haben. Aber auch dieser Weg führt in der Frage: definitive Einschätzung eines Komponisten aus seinem kleinteiligen Füllwerk heraus keineswegs weiter. Andere Komponisten haben eine Unzahl von Gelegenheitskompositionen geschrieben oder mit ihrem Werk dezidiert auf Populärformen Bezug genommen, ohne im Ansehen im Mindesten Schaden genommen zu haben.

Schubert, Schumann und Brahms haben gleichwohl Vokalduette und – Quartette und Männer-, Frauen-, Gemischtchorsätze a capella bzw. instrumental minimal begleitet komponiert, Klavierpoesien schätzen wir vergleichbar bei Robert Schumann. Gerade das Oeuvre Richard Wagners weist einen immensen Bestand von Gelegenheitskompositionen, Repräsentativ-Chören und –Märschen etc. auf; Werken, welche dem musikalischen Niveau des eigentlichen Musikdramatikers in keiner Weise entsprechen und demzufolge heute vergessen sind. Das kammermusikalisch als hoch stehend eingestufte „Siegfried-Idyll" entstand nachweislich als improvisiert, im Treppenhause dargebotenes Geburtstagsständchen an Wagners Gattin Cosima.
„Sowohl der „Pilgerchor" und der „Einzug der Gäste auf Wartburg" aus der Oper „Tannhäuser", als auch die Chorensembles des „Fliegenden Holländer", die Vasallenchöre in „Lohengrin" orientierten sich unmittelbar am Vorbild Mendelssohnscher Männerchortableaus;

der von Mendelssohnscher Feiermusik inspirierte Brautchor im 3. Akt Lohengrins zählt neben dem Hochzeitsmarsch aus der "Sommernachtstraum"-Musik zum Archetyp romantischer Hochzeits-piècen.

Des Weiteren gehören die „Holländer" und „Tannhäuserchöre" zumindest noch heute zum Kernrepertoire größerer Feuerwehr-, Polizei- und Volkschorvereinigungen. Welche seriöse Musikrezeption sähe den Wert zahlreicher Opern vor allem der mittleren Periode von Verdis Schaffen dadurch geschmälert, daß sie sich exzessiv des hochpopulären Idioms italienischer Banda-Musik bedienten. Der grosse Johann Strauss II hat kaum anders als für populär- oder repräsentativmusikalische Anlässe geschrieben und gehört selbstverständlich zum Repertoire führenden Symphonieorchester aller Länder und Kontinente. Die Beliebtheit der Mendelssohn-Chöre: Oh, Täler weit, oh Höhen...", „Wer hat Dich, Du schöner Wald...", der Lieder: „Es ist bestimmt in Gottes Rath.", „Auf Flügeln des Gesanges...", des „Frühlingsliedes" und anderer nachträglich mit Texten versehenen "Lieder ohne Worte" sowie des anrührend-ätherischen Weihnachtsliedes „Hark, the herald angels sings." verliehen Mendelssohns Schaffen in den Augen der Musikwissenschaft in steigendem Masse etwas anrüchiges.

Das Phänomen ist erneut dem Heroisierunggedanken von Kunst in der zweiten Hälfte des 19. Jahrhunderts geschuldet. Musikern, die als "deutsch", als "Heros" geschätzt wurden, die um ihr Werk "gerungen", "gelitten" hatten, gestand man den „reinen Volkston" in den Populäräußerungen als wahre und authentische Äußerung bedeutender Meister zu. Die Populärnummern derselben wurden quasi durch den idealen Tiefgang reinen absoluten Schaffens kanonisiert. Wie wenig zuvor dargestellt, stellte man Mendelssohns Musik seinerzeit in Gesamtheit als „fein-empfindsam, „sentimental", „weibisch", „geschmacksgefährlich" und somit „jüdisch" dar. Da dem Konzertwerk Mendelssohn Bartholdys die genannten Attribute „Genios" etc. weitestgehend abgesprochen wurde, mochte man die Populärwerke demzufolge für die übelsten sentimentalsten Auswüchse eines in sich fragwürdigen, seichten Schaffens nehmen.

Hellsichtig verwies der Musikpublizist Wilhelm Heinrich Riehl bereits im Jahre 1850 auf jene Aspekte einer kultursoziologische Biographie Mendelssohns, welche dessen postmortale Reputation durch „sachfremde" Erörterung und Rückschlag auf das musikalische Resultat zu gefährden imstande waren.

Riehl veröffentlichte in diesem Jahre innerhalb seiner Anthologie von Musikalischen Charakterköpfen den Essay "Bach und Mendelssohn aus dem socialen Gesichtspunkte", welcher sowohl als Nachruf auf Felix

Mendelssohn als auch eine Würdigung des Thomaskantors Bach zu dessen 100. Todestag verfasst wurde. Riehl zählte eingangs als Unbefangener wahrheitsgemäß die humanen und soziologischen Vorzüge des Tonschöpfers Mendelssohn auf. Diese wurden später in den Werken anderer Autoren, in vergleichbarer rhetorischer Konzentrierung oder besser; Überspitzung vorgebracht und sollten der musikbiographisch stereotyp vorgebrachten Entwertung, ja Karikierung des Vorbildes dienen. Mendelssohn war somit „ein vielseitig gebildeter, gesellschaftlich gewandter, wohlhabender, fein gesitteter Mann, in fast ganz Deutschland bekannt, in allen auserlesenen Zirkeln gesucht."

Wenngleich Riehl auch die Darlegung, wie sich „jüdelnde Schreibart" jener Tage musikalisch darstellte, schuldig bleibt; umreißt er doch schlüssig die integrale Position Mendelssohns innerhalb eines zunehmend von bildungsbürgerlichen Idealen ausgeprägten und getragenen Musiklebens des frühen 19. Jahrhunderts.
Riehl schreibt also:

„Er war der erste Musiker, welcher so recht für die „feine" Gesellschaft – im guten Sinne des Wortes musizierte. (...) So schrieb auch Mendelssohn im Geiste dieser gebildeten Gesellschaft, die sich jetzt ausgleichend und vermittelnd über alle Stände hinzieht (...)
     Es war bei seinem Auftreten etwas ganz neues, einem modern eleganten Musiker zu begegnen (...), der Lieder setzte, ohne sich die einfältigsten Texte zu wählen, der Kammermusik schrieb, ohne langweilig, und Salonmusik, ohne frivol zu sein, einen Tondichter jüdischer Abstammung, der nicht jüdelte, während fast alle christlichen Lieblingskomponisten des Tages jüdelten. (...) Keine andere Kunst hat einen Mann aufzuweisen, der in seinem künstlerischen Schaffen so ganz inmitten des sozialen Lebens unserer gebildeten Kreise gestanden hätte und wiederum so von diesen verstanden und gewürdigt worden wäre wie Mendelssohn".

Die augenscheinliche Affinität Mendelssohns zu seiner bildungsbürgerlich-musikalischen Umgebung, erweist sich auch in der fruchtbaren Tätigkeit des sich dezidiert als Humanisten und Citoyen verstehenden Komponisten in Leipzigs Klima aufgeklärten bürgerlichen Selbstbewusstseins. Im Gegensatz dazu sollte das Modell einer zentralen, königlich preußischen Musikdirektion in Berlin, welche Friedrich Wilhelm IV. von Preussen dem Komponisten andiente, so gar nicht funktionieren. Nicht allein daher, weil diese den aktuellen Entwicklungen im Kulturbetrieb nicht mehr entsprach.

James Webster legte das primitiv konstruierte Schema, aufgrund dessen sich im späten 19. sowie im 20. Jahrhundert in semantischer Deckungsgleichheit bildungsbürgerliche relevante Vorurteile gegen Felix Mendelssohn herleiteten, in einem präzise erstellten Diagramm dar:

Vorstellungen, die zum "Problem Mendelssohn" beitragen:

Kultur und Ideologie; Herkunft bzw. Persönlichkeit
    Bürgerlichkeit
    Reichtum; begünstigter sozialer Status
    Zugang zu bedeutenden musikalischen Persönlichkeiten
    Harmonisches Leben, ohne Kampf und Leid
    Jüdische Abstammung

    Wunderkind; Leichtigkeit beim Komponieren

    Erfolg
    Bemühungen um Erfolg; Anpassung an die
    Zuhörer
Ideologie der Bejahung; Aufrichtigkeit; christliche
    Frömmigkeit

Musikgeschichte
    Klassizistisch im Stil bzw. in der Wahl der Gattungen
    Gründliche konservative Musikerziehung; Pflege alter Musik

Analyse (=Ästhetik)
    Thematische Konstruktion
    Melodisch; gleichmäßig; korrekter, kunstvoller Satz
    Mangel an Prozessualität bzw. Problematisierung, Pflege alter Musik

Rhythmus
    Periodengebunden; einheitlich
    Einförmig bzw. undynamisch

    Form
    traditionell; übersichtlich
    Überkommen; bloßes "Gehäuse"; undra-
    matisch; unklassisch

    Kammermusik
    Faktur zu orchestral (z. B. Tremolo)
    Innenstimmen "zu viel", dem bescheidenen
    Inhalt bzw. Dynamik gemäß

Folgerungen für die Beurteilung von Mendelssohns
Musik
Oberflächlichkeit; konventionell; sentimental
Mangel an künstlerischer Authentizität (Gewicht, Ausdruck, Tiefe)
Mangel an historischer Authentizität (unzeitgemäß; epigonal)
Naiv (im Schillerschen Sinne); Mangel an Besonnenheit

Gattungsunterschiede
Nur kleinere bzw. periphere Gattungen ganz erfolgreich;
"Elfenmusik, Scherzi, Programmouvertüren, Lieder ohne Worte
"Zentrale" Gattungen nur bedingt erfolgreich: Sinfonie, Konzert,
Kammermusik,
größere Vokalwerke

"Weiblich" und/oder "jüdisch" eingestuft

13. Der schönste Zwischenfall der deutschen Musik

Was mag in der Psyche derjenigen, welche dieses auf pseudorevolutionär genialisch ausgeprägter Kulturdoktrin beruhende Schema konzipierten sowie derer, welche es in allgemeiner Übereinkunft bereitwillig rezipierten, eigentlich vor sich gegangen sein?

Im Vorwurf mangelnder künstlerischer Substanz Mendelssohns, welche sich angeblich vermittels Anbiederung an herrschende Gesellschaftsschichten und den vorherrschenden Publikumsgeschmack zu kompensieren trachte, manifestierte sich vor allem folgendes: ein Dilemma stetigen Missverhältnisses zwischen künstlerischem Anspruch und dem Zustand bürgerlichen Seins neudeutscher Musiker und deren Umfeld.

Wie die Biographien führender Repräsentanten derselben zeigen, waren jene materialistischer oder politischer Konformität keineswegs abhold (Wagner, Liszt). Waren zu jener wahren Höhe, welche man einem Mendelssohn – genanntem Schema folgend – insistierend absprach, selbst nicht berufen. (Dr. Eduard Krüger, Dr. Franz Brendel, Theodor Uhlig, Hans von Bülow, Cosima Wagner).

Eine Systematik egozentrischer Schizophrenie deutet sich an: diejenigen, welche Kunst in der Funktion unausgesetzten gesellschaftlichen Widerstandes begriffen, auf ästhetischen Fortschritt, politische Umwälzung drängten, zielten gleichzeitig aber auf künstlerische Akzeptanz und Vormacht sowie stetige mäzenatische Förderung durch kulturbewegte Bourgeoisie und das Feudalsystem ab.

Mit der symbolträchtig systematischen Anprangerung mendelssohnscher Gesellschaftsrelevanz leisteten jene vor allem eines: die öffentlichkeitswirksame Aufarbeitung eines Problems ästhetischer und gesellschaftlicher Arriviertheit, welches sie letztendlich nur mit sich selbst auszuhandeln hatten.

Der Dirigent Hans von Bülow, einstmals ein Pionier gezielter Mendelssohn- und Schumann-Attacke, wurde in dem Masse zum erklärten Propagandisten Mendelssohnschen Orchesterwerkes (ab Mitte der 70ziger Jahre d. 19. Jhdts.), wie er sich aus dem Schatten Wagners zu lösen vermochte. Und so ist in den Frankfurter Notizen des Klavierschülers Vianna Da Motte aus dem Frühjahr des Jahres 1887 ein so viel milderes Mendelssohn-Wort von Bülows als jene in stürmischer Jugendzeit geäußerten verbürgt:

"Ein Lied ohne Worte von Mendelssohn ist für mich ebenso klassisch, wie ein Gedicht von Goethe".

Die Musikpublizistik jener Jahre, als Genre nicht eigentlich künstlerisch tätig, war zu dieser Zeit in einem existentiellen Dilemma expandierender musikalischer Expressivität und strikter bürgerlicher Konventionen befangen. Dem großbürgerlichen Hörer entsprechend war sie, angesichts des Phänomens Mendelssohn Bartholdy, mehr denn je einer Situation signifikanter Schizophrenie unterworfen.

Elementen wie materieller Sicherheit, einer penibel nach Ständen und Schichten separierenden Sozialordnung und gesellschaftlichen Zwängen ausgesetzt, erwartete der großbürgerliche Musikbetrieb vom Künstler als pittoresk präsentiertem Enfant Terrible in staunender, erschauernder Ergriffenheit genialische Extraordinarität und soziale Nonkonformität. Folgerichtig ward dem „Künstler" Mendelssohn also verargt, vermittels glücklich geführter Ehe, beschaulichem Hausstande und umfassender gesellschaftlicher Integrität exakt die Dinge zu symbolisieren, welche in sonstigen Lebensbereichen als Dogma bürgerlicher Lebensführung sanktioniert wurden.

Uneingestandenen, unartikulierten Ansprüchen geschuldeter Zwiespältigkeit unwillkürlich hingegeben, war sich das bis zum Anbruch der "Informationsgesellschaft" tonangebende Grossbürgertum über seine Erwartungshaltung an den Künstler und Musiker aber scheinbar niemals gänzlich im Klaren.

Den aktenkundigen Finanzschmarotzern, Schürzenjägern und Umstürzlern in Persönlichkeiten wie Richard Wagner; eigenbrötlerisch verschrobenen, bindungsunfähig lebenswandelnden Komponisten wie Beethoven,

Schubert und Bruckner bis zum heutigen Tage frenetisch ergeben, verwehrte das bourgeoise Publikum dem Generalmusikdirektor König Friedrich Wilhelms IV. von Preussen und des Gewandhauses, Ehrendoktor der Universität Leipzig und Familienvater den Einzug in den musikalischen Olymp. Desgleichen bescheidet es einer grossen deutschen Mimin wie Elisabeth Flickenschild, welche sich auf Wohnungssuche befand, wie seinerzeit jener Hamburger Honoratior und Hausbesitzer: An Kaspers vermieten wir nicht!

Im Jahre 1886 gab Friedrich Nietzsche in der Denkschrift: *Jenseits von Gut und Böse* demzufolge ein folgenschwer-geflügeltes Mendelssohn-Wort vor:

" Diese ganze Musik der Romantik war überdies nicht vornehm genug, nicht Musik genug, um auch anderswo Recht zu behalten als im Theater und vor der Menge; sie war von vornherein Musik zweiten Ranges, die unter wahren Musikern wenig in Betracht kam. Anders stand es mit Felix Mendelssohn, jenem halkyonischen Meister, der um seiner leichteren, reineren, beglückteren Seele willen schnell verehrt und schnell vergessen wurde: als der schönste Zwischenfall der deutschen Musik."

Nietzsche führt Mendelssohn dabei als Belastungszeugen gegen die Romantik Webers, Spohrs, Marschners, Schumanns und Wagners heran, zeigt aber wahrhaftig, wie nachhaltig sich das von „Neudeutschen" lancierte Bild des heiteren Sentimentalisten, der nur die Aufgabe wahrnahm, die Überleitung vom Genie Mozarts und Beethovens zum Genie Wagner herzustellen, damals bereits einprägte.

14. Geschmacksgefährliche Lieder und Duette

"Diese gewisse Weichheit bildet einen Grundzug von Mendelssohns Wesen, dem nur das Graziöse, Capricciöse und Brillante soweit den Widerpart halten, daß es nicht als Weichlichkeit und Sentimentalität erscheint. (...) Im kleinen Rahmen (...) nicht nur mit seinen "Liedern ohne Worte", sondern auch mit seinen Liedern, besonders aber den Duetten (...) ist Mendelssohn unleugbar sogar geschmacksgefährlich geworden."

Als Herausgeber einer neben "Musik in Geschichte und Gegenwart" (MGG) bis zum heutigen Tage führenden Enzyklopädie des Musiklebens schreibt die Autorität Hugo Riemann im Jahre 1901 eine Sichtweise voller Widersprüche fest.

Bezüglich des Instrumentalwerkes beruft Riemann sich zwar auf Robert Schumanns Eloge vom "Mozarts unseres Jahrhunderts", brandmarkt andererseits aber "Weichlichkeit und Sentimentalität" der "im kleinen Rahmen" der Hausmusik verdächtig erfolgreichen musikalischen Aussage Mendelssohns, welchen Wagner in seinem zuvor als "überscharf" und "ungerecht" eingestuften Pamphlet dankenswerterweise Einhalt geboten habe.

Darüber hinaus trägt Riemanns Beurteilung der Tendenz romantisierenden Musizierens jener Tage "vermittels starker Verbreiterung der Tempi, agogischer Verzögerungen in den Kadenzen" (K.-H. Köhler) keinerlei Rechnung. Jene ließen durch Überbetonung chromatischer Stilistiken in Melodieführung und Harmonik die Musik Mendelssohns fernab kompositorischer Absicht sentimentalisiert-persiflierend erklingen. Riemanns Einschätzung prägte gleichsam als Kathederwort die Mendelssohn Rezeption innerhalb der deutschen Musikwissenschaft für Jahrzehnte.

15. Denkmäler

Im Jahre 1868 trat in Leipzig anlässlich des 125 jährigen Bestehens der Gewandhauskonzerte und der 25 jährigen Gründungsfeier des Konservatoriums ein Komitee für „die Errichtung eines dem Gedächtnis Felix Mendelssohn Bartholdys gewidmeten Denkmals" erstmalig zusammen. Es eröffnete damit ein wenig rühmliches Kapitel in der Beziehung dieser hochrangigen Musikstadt zu ihrem entschiedensten Mentor.

Da es sich um eine Privatinitiative Leipziger Honoratioren handelte, standen keine öffentlichen Mittel für Planung und Durchführung des Projektes zur Verfügung, dessen Kosten auf 45000 Taler veranschlagt wurden. Der Vorstand des Komitees stellte daher einen Finanzplan auf, welcher vorsah, die Summe u. a. durch die Erträge lokal und überregional ergehender Spendenaufrufe sowie durch die Veranstaltung von Benefizkonzerten und Vermögensveranlagungen aufzubringen. Spendenaufrufe wie jener wurden somit in der regionalen und überregionalen Presse als repräsentative Annonce abgedruckt:
„Das Interesse für den Mann, dem die ganze musikalische Welt zu so großem Dank verbunden ist, findet also seinen Mittelpunkt in dem Leipziger Leben des Künstlers und Menschen, dessen Bedeutung die Nachwelt durch ein dem Wirken desselben angemessenes Denkmal zu würdigen die Pflicht hat.

Um diese längst erkannte Ehrenschuld abzutragen, sind die Unterzeichneten zu einem Verein zusammengetreten und fordern alle Freunde des Meisters auf, in zweckdienlicher Weise die beabsichtigte Errichtung einen Felix Mendelssohn-Bartholdy-Denkmals in Leipzig fördern zu helfen. Insbesondere werden Chor-Gesellschaften und Gesangsvereine ersucht, zu dem angegebenen Zwecke Aufführungen zu veranstalten und den Ertrag derselben an den unterzeichneten Verein einsenden zu wollen".

Die Finanzierung des Vorhabens vollzog sich schleppend; im Verlaufe eines 24 jährigen Prozesses von der Stiftungsinitiative bis zur Denkmalseinweihung offenbarte sich ein trübes bürgerliches Klima, welches die einstmals liberale Bürgerstadt Leipzig zunehmend prägte.

Am Ende dieses quälenden Vorgangs war deutlich, das der Zeitgeist die Verbundenheit der lokalen Bürgergesellschaft einem wesentlichen Repräsentanten großbürgerlicher Kultur gegenüber aufgekündigt hatte und sich einer vom Komitee per Annonce konstatierten „Ehrenschuld" nicht mehr bewusst war.

Im Jahre 1869 waren erst 1400 Taler eingegangen, welche sich kaum aus Bürgerspenden zusammensetzten, vielmehr von der vereinsnah einzuschätzenden Konzertdirektion des Gewandhauses und Erlösen eines Benefizkonzertes eingebracht wurden.

Die vollständige Abkehr des Leipziger Publikums vom Werke Mendelssohns in den 70ziger Jahren verdeutlicht kaum eine Begebenheit trefflicher als jene: Hans von Bülow absolvierte im Jahre 1872 als Pianist eine Tournee, welche von Berlin über Warschau, Hamburg, Hannover und Düsseldorf bis nach Aachen zahlreiche deutsche Städte umfasste. In Berlin und Leipzig gab von Bülow jeweils einen dem Klavierwerke Felix Mendelssohns gewidmeten Konzertabend. Frithjof Haas schreibt dazu in seiner von Bülow-Biographie: "Zu seiner (von Bülows) grossen Enttäuschung hatte der Komponist seit seinem Tod gerade in Leipzig, dem Ort seines Wirkens, an Beliebtheit verloren. In der Presse war zu lesen, kein Pianist außer von Bülow könne es heute wagen, zwei Stunden lang nur Mendelssohn zu spielen!"

Die darauf folgenden Jahre führten zu keinem erhöhten Stiftungsaufkommen aus der Stadt Leipzig selbst heraus, vielmehr engagierten sich Musikliebhaber aus ganz Deutschland vermittels Personenspenden oder Benefizinitiativen. Sogar in den Metropolen London und Paris wurden durch Benefizkonzerte Gelder zugunsten des Denkmals eingeworben. Ein betrüblicher Aspekt am Rande der Konzertinitiativen zugunsten eines Denkmals des Komponisten ist zweifellos, daß erst jene auch dessen Musik wieder stärker in den Vordergrund zu stellen vermochten.

Der Hausverlag Felix Mendelssohns, das renommierte Unternehmen Breitkopf & Härtel suchte im Jahre 1875 helfend einzugreifen und publizierte eine Sonderbeilage. Diese wurde allen Neuauflagen der Kompositionen Mendelssohn beigefügt und warben im Namen des Komitees um Zuwendungen.

Im Jahre 1878 entspann sich ein Presseeklat in Leipzig um die Arbeit des Komitees und brachte das lokale Spendenaufkommen vorerst vollends zum versiegen. Die Presse thematisierte dabei u. a. den merkwürdigen Umstand, dass die dem Komitee verpflichteten Honoratioren zwar allenthalben um Gelder warben, selbst aber bisher nichts dem Fond beigesteuert hatten.

Angesichts dessen nimmt es nicht verwunder, daß Felix Mendelssohn Bartholdy die erste Gedenkstätte denn auch anderwärts errichtet wurde; es entstand bereits im Jahre 1860 in England, wo die Bürger der Stadt Snydenham ein Standbild des Komponisten auf der Terrasse des dortigen Kristallpalastes errichteten.

Waren es Ende der 60ziger Jahre des 19 Jahrhunderts noch Gründe verminderter Wahrnehmung des Komponisten aufgrund der von der Neudeutschen Schule geschürten Querelen um dessen Musik, lässt sich das Desinteresse der 70ziger und 80ziger Jahre eindeutig auf den unverhohlenen Judenhass zurückführen, welcher sich der Bürgerschaft zunehmend bemächtigte. Leipzig sollte sich in jenen Jahren zu einer Hochburg geistigen Antisemitismus entwickeln, welcher sich von der diffus protorassistischen Antipathie der Revolutionsjahre nunmehr zur Reinform erklärten Rassenhasses der Gründerzeit ausprägte. Publikationen, welche unter Antisemiten reichsweit als Standardlektüre galten, wurden in Leipzig konzipiert und verlegt.

Ines Reich hat mit ihrem Beitrag "In Stein und Bronze – Zur Geschichte des Mendelssohn-Denkmals" zum 1. Leipziger Mendelssohn-Kolloquium von 1993 den Gesamtvorgang Denkmal hervorragend dargestellt. Sie schreibt so u. a.:

„Die Gartenlaube", ein Massenblatt kleinbürgerlicher Belehrung und rührenden Familiensentiments, wurde in Leipzig herausgegeben und bot der Leserschaft u. a. auch eine Fortsetzungsserie antisemitischer Aufklärung. Diese legte dem Publikum beispielsweise dar dass, "die soziale Frage (...) im wesentlichen eine Judenfrage (sei), alles übrige ist Schwindel." Theodor Fritsch, ein führender Publizist und Ideologe des, als alleinigen „Zweck seines Lebens" erachteten deutschen Antisemitismus, betrieb von Leipzig aus die Geschäfte des Hammer-Verlages.

Publikationen waren u. a. „Der falsche Gott", "Das Rätsel des jüdischen Erfolges", „Mein Streit mit dem Hause Warburg", Die Sünden der Grossfinanz"; "Anti-Rathenau". Mit dem im Jahre 1887 herausgegebenen Antisemiten-Katechismus; welcher später zu einem Handbuch der Judenfrage expandieren sollte, versorgte der Hammer-Verlag die antisemitische Bewegung Deutschlands von der wilhelminischen Ära bis hin zum Anbruch des "III. Reiches" mit oftmals von Fritsch in Personalunion von Autor und Verleger vorgelegten Bekenntnis- und Glaubensschriften.

Frau Reich führt zum Beweis ihrer schlüssig vertretenen Theorie dezidiert ausgeprägten Leipziger Lokalantisemitismus der 70ziger und 80ziger Jahre des 19. Jahrhunderts Fakten heran, welche für sich sprechen: Andere Vorhaben, welche vergleichbar auf die Spendenbereitschaft Leipziger Bürger reflektierten, kamen wesentlich zügiger voran. So wurden im Jahre 1883 „recht hohe Summen" für die Errichtung eines Leibnitz-Denkmals sowie einer Reformationsgedenkstätte zum Gedenken an das Wirken Dr. Martin Luther mit „verblüffender" Schnelligkeit zusammengetragen.

Ein weiterer charakteristischer Vorfall ließ dass das Benehmen der Leipziger Bourgeoisie, sich vom Stande emanzipierten jüdischen Grossbürgertums abzusetzen, welchem ja auch die Familie Mendelssohn seit Jahrhundertbeginn angehörte, demonstrativ erkennen.

Der in den Jahren 1882 – 1884 konzipierte und ausgeführte klassizistische Repräsentationsbau eines neuen "zweiten" Gewandhauses wurde durchaus auch als Mittelpunkt großbürgerlicher Selbstdarstellung im Allgemeinen wie individuellen aufgefasst.

Er umfasste geschätzte Baukosten von 900 000 M und wurde nachhaltig von Zuwendungen großbürgerlicher Familien finanziert, welche für ein Denkmal Mendelssohns kaum aufkamen. Dies geht aus damaligen Spendenverzeichnissen eindeutig hervor.

Um das Denkmalsvorhaben angesichts des Klimas latenten Antisemitismus nicht dauerhaft zu gefährden, suchte das Komitee, dem auch prominente jüdische Persönlichkeiten aus dem unmittelbaren Freundeskreis Mendelssohns wie Ignaz Moscheles und Ferdinand David sowie Salomon Jadasson angehörten, jedem Anschein offizieller jüdischer Partizipation vorzeitig zu wehren. Somit kam eine Zusammenarbeit mit der renommierten Mendelssohn-Stiftung zur Förderung begabter Pianisten und Dirigenten, welche im Jahre 1863 von der Jüdischen Gemeinde ins Leben gerufen wurde und bis 1933 bestand, nicht zustande.

Im Jahre 1889 – nach nunmehr 20 Jahren – waren schliesslich 40000 Taler zusammengetragen, welche zur endgültigen Durchführung noch nicht ausreichten.

Das Komitee wandte sich mit der Bilanz an die Öffentlichkeit und beklagte dabei: "daß die eingegangenen Beiträge ungefähr „zur Hälfte" von auswärtigen Corporationen und Privatpersonen eingesandt" worden seien. Die fehlenden 5000 Taler wurden schliesslich von der Stadtverwaltung beigesteuert.

3 Jahre später, am 26. Mai 1892, wurde das Denkmal, gleichsam die Erinnerung an einen ungeliebten „Judensohn" der Stadt, feierlich eröffnet. Die Honoratioren stellten sich ein und hielten der Pflicht, dem Dank und der Tugend emphatische Laudates, welche hinsichtlich einer wahrhaft fatalen Sammlungshistorie von 40000 Taler keinen besonderen Kommentar benötigen:

„Leipzig möge es – und sie wird es behüten in Bestätigung des Dankes, welchen unsere Stadt Ihm schuldet, dessen Namen wir nennen in Liebe und Verehrung" (Leipziger Tagblatt, Morgenausgabe, 27.5.1892) verkündete Otto Günther, der Vorsitzende des Komitees und damalige Direktor des Konservatoriums.

„Mit der Vollendung dieses Denkmals ist uns nun das drückende Gefühl vom Herzen genommen, dass dem Manne, der uns so großes und Schönes gegeben hat, das verdiente äußere Zeichen unvergänglichen Dankes noch nicht gewidmet sei. Dieses Gefühl der Dankesschuld hat unsre Stadt auch als Gemeinwesen empfinden müssen (...)

Die Stadt wird es sich deshalb auch, daran zweifle ich nicht, stets zur Ehrensache machen, dieses Denkmal würdig zu erhalten, und ich nehme daher die mir ausgesprochene Übergabe im Namen der Stadt und im ausdrücklichen Auftrag des Rates mit herzlichen Dank hiermit an..." (Otto Georgi; Reden und Ansprachen des Oberbürger-meisters...; Lpz. 1899) beschwor Oberbürger-meister Georgi das beiderseitige Vermächtnis.

Im Inneren des Gewandhauses, welches bereits seit nahezu zehn Jahren errichtet stand, ehrte man Mendelssohn musikalisch. Auf der Violine, mit einer Interpretation des erhabenen Konzertes Op. 64 legte der einstige Weggefährte Joseph Joachim ein wohl wahrhaftigeres Plädoyer für den Mann des Tages ab.

Danach schwand das Denkmal aus dem Blickfeld allgemeiner öffentlicher Wahrnehmung. Zwei kriminelle Gewaltakte, welches zum einen in den 20ziger Jahren und zum anderen im Jahre 1936 des vergangenen Jahrhunderts auf den Bestand desselben abzielten, brachte es einzig nachhaltiger in Erinnerung.

16. Es singt ein Lied von Felix Mendelmaier...

Um 1879 herum prägte sich in den chauvinistischen Gesellschaften der bourgeoisen Berliner Intelligenz die Moderne völkisch-rassistischen Antisemitismus endgültig heraus, welche sich im 20. Jahrhundert schliesslich vermittels „Reichskristallnacht", Deportation und Genozid nachhaltig manifestieren sollte. Auch der neuzeitliche Begriff des „Antisemitismus" definierte sich erst in der um den Berliner Geistlichen Wilhelm Marr entstandenen Gesellschaft und fand somit 1879 Eingang in die Allgemeinsprache.

Ab ca. 1880 fanden anthropologisch-rassistische Theorien des Schriftstellers und Diplomaten Joseph Arthur Graf Gobineau über den Bayreuther Kreis um Richard Wagner und nach dessen Tode um Cosima Wagner, den Schwiegersohn Houston Stewart Chamberlain sowie Wagner Biograph Carl Friedrich Glasenapp verstärkt Aufmerksamkeit in Deutschland. Gobineau hatte bereits in den Jahren 1853 - 55 den 4-bändigen Essay "sur l`inegàlité des races humaines" herausgegeben, welcher die elitäre Bevorrechtigung der „Arier"-Rasse und sozialdarwinistische Moralvorstellungen konstatierte sowie die Vernichtung des „Weissrassigen" durch Blutvermengung vermittels Geschlechtsverkehr mit „Fremdrassigen" prophezeite. Der Essay war in Deutschland bereits ab dem Jahre 1856 in einer Bearbeitung durch den Philologen August Friedrich Potts unter dem Titel "Die Ungleichheit menschlicher Rassen; hauptsächl. vom sprachwissenschaftlichen Standpunkte, unter bes. Berücks. von d. Grafen von Gobineau gleichnamigem Werke"; Lemgo 1856 ff. verfügbar.

Der Rassenfanatiker Houston Stewart Chamberlain paraphrasierte Gobineaus Theorien in zahlreichen Schriften. So bestritt er im Hauptwerk seiner Rassenveranschaulichungen "Die Grundlagen des 19. Jahrhunderts" vehement: „die Wahrscheinlichkeit das Jesus (k)ein Jude war" und behauptete ferner „das er keinen Tropfen echt jüdischen Blutes in den Adern hatte"; es käme vielmehr der Gewissheit gleich „das Jesus Christus... der jüdischen Rasse nicht angehörte, kann als sicher betrachtet werden. Jede weitere Behauptung bedeutet eine willkürliche Annahme,"
    Jens-Malte Fischer erweitert die Sicht auf Chamberlain und seine diversen antisemitischen Umtriebe in seiner Studie über Wagners „Das Judentum in der Musik" folgendermaßen „Der Schwiegersohn Wagners, Houston Stewart Chamberlain, widmete der Broschüre („Das Judentum in der Musik"; Anm. d. Verf.) in seinem Wagnerbuch, das 1895 erschien, hochtrabende Worte der Bewunderung:

Chamberlain schreibt also:

„Dagegen hat ein anderes Rassenthema Wagner von früh an viel beschäftigt: der demoralisierende Einfluss einer dieser weißen Rassen auf die anderen, des Judentums auf die nichtjüdischen Völker. Wagners Judentum in der Musik erschien zuerst 1850 in Brendels Neue Zeitschrift für Musik; sodann als selbstständige Broschüre und mit ausführlichen Vorrede versehen im Jahre 1869. Keine Schrift des Meisters ist vielleicht – wenigstens dem Titel nach – so bekannt: der Ausdruck Verfasser des Judentums in der Musik" ist eine der beliebtesten Umschreibungen für „Richard Wagner" (zitiert nach der 3. Auflage bei Bruckmann 1904).

Darüber hinaus war Chamberlain ein führendes, maßgebliches Mitglied im Bayreuther Kreis; eine Gruppe von Demagogen um Cosima und Winifred Wagner, welche sich gänzlich dem Erhalt der Reinrassigkeit von Wagners musikdramatischen und antisemitischen Ideologien im Bannkreise Wahnfrieds widmete.

Weitere Publikationen Chamberlains sind:

Rasse und Nation / von H. St. Chamberlain München : Lehmanns, 1918

Rasse und Persönlichkeit : Aufsätze / von Houston Stewart Chamberlain Aufsätze München : Bruckmann. - 200 S

Arische Weltanschauung / Houston Stewart Chamberlain. - 4. Aufl. München : Bruckmann, 1917. - 94 S.,

Dilettantismus - Rasse - Monotheismus - Rom : Vorwort zur 4. Auflage der Grundlagen des 19. Jahrhunderts / Houston Stewart Chamberlain, München : Bruckmann 1899

Im Jahre 1880 initiierten der Gymnasiallehrer Bernhard Förster und der Premierleutnant Liebermann von Sonnenberg als Repräsentanten der „deutsch-sozialen Partei" die Verbreitung einer antisemitischen Petition an Reichskanzler Otto von Bismarck. Diese beklagte die Schädlichkeit der jüdischen Rasse für die Wohlfahrt und Kultur des deutschen Volkes und forderte die Eliminierung der Juden aus Staats- und Schuldienst, Zensus der jüdischen Bevölkerung und Einwanderungsbeschränkung. Sie wurde in Berlin von 250 000 Bürgern unterzeichnet.

Im Jahre 1889 fand die neugotische Umgestaltung der Thomaskirche in Leipzig ihren Abschluss.

Im Zuge dessen waren farbige, Persönlichkeiten der Stadtgeschichte wie Martin Luther, Johann Sebastian Bach und Gustav Adolph von Schweden zugeeignete Memorialfenster ausgeführt worden. Auch der Bachrestaurator und Gewandhauskapellmeister Mendelssohn sollte ursprünglich gewürdigt werden.

Doch bald erhob ein sog. „Deutscher Reformverein" seine Stimme so vehement gegen das Vorhaben, „einen Juden in einer protestantischen Kirche ehren zu wollen", das die Realisierung des Mendelssohn-Fensters unterblieb. Erst das Jahr 1997 ließ das Vorhaben, dank einer Schenkung der ehemaligen Thomasschüler Wolfgang und Klaus Jentzsch, Wirklichkeit werden.

In den 90ziger Jahren des 19. Jahrhunderts wurden auch vom Auslande her erhebliche Ressentiments von prominenter Seite in die Mendelssohn-Rezeption eingebracht.

George Bernhard Shaw war nicht nur ein bedeutender Dramatiker des europäischen Theaters; er hatte sich mit der Zeit auch zu einem rückhaltlosen Bewunderer des Wagnerschen Musik-Dramas und Verfechter Wagnerscher Kathederlehren entwickelt und erwies sich antisemitischen Tendenzen gegenüber keineswegs verschlossen. Dem grossen Vorbilde publizistisch entsprechend, betätigte sich auch Shaw als Autor musikkritischer Rezensionen, welche unter dem Pseudonym „Corno di Bassetto" herausgegeben wurden. Der bezüglich Mendelssohn-Rezeption gepflogene Ton war ein herablassender, von jener Art beißender Häme, wie sie jedwedem Dilettantismus viktorianischer Snobs in den Bühnenwerkens Shaws stets gewidmet ist.

Auch hier liegen die Gründe offensiver publizistischer Negierung von Mendelssohns Ansehen im außermusikalischen, im Bereich gesellschaftskritischer Hinterfragung repräsentativen Viktorianismus, auf welchen Shaw das Wirken des Komponisten nachhaltig zu reduzieren trachtete.

Im Juli 1894 erschien in den Vereinigten Staaten von Amerika – in New York – im „The Centuary Illustrated Monthly Magazine" ein umfangreicher Aufsatz über Leben und Wirken des großen Franz Schubert, den der gerade in Amerika weilende tschechische Komponist Antonin Dvorak zusammen mit dem Publizisten Henry T. Finck geschrieben hatte. Dvorak spart bei dem Bemühen, Schuberts allgemeine und besondere Verdienste um die Symphonie darzulegen, nicht mit einigen Seitenhieben gegen Felix Mendelssohn. Dabei war der stets im Stande der persönlichen und musikalischen Integrität weilende Dvorak sicherlich kein expliziter Mendelssohn-Gegner und dies schon gar nicht aus Gründen von Antisemitismus. Ob Dvorak als Zeitgenosse und Gefolgsmann von

Johannes Brahms dem demagogischen Bestreben der Neudeutschen Schule und denen Kampagne gegen Mendelssohn eher fern stand, ist fraglich. Dass er sich dennoch negativ über Mendelssohn geäußert hat, beweist nur mehr, dass er sich auf der Höhe der Zeit, auf der Höhe einer allgemein gegen Felix Mendelssohn gerichteten Geringschätzung bewegte.

Dvorak schreibt also:
„In seiner (Schuberts) Kammermusik wie in seinen Symphonien finden wir häufig wunderschöne Beispiele für polyphones Schreiben – siehe zum Beispiel die Andante -Sätze des C-Dur-Quintetts und des D-Moll-Quartettes - ‚und obwohl seine Polyphonie von der Bachs oder Beethovens verschieden ist, ist sie deshalb nicht weniger bewunderungswürdig. Mendelssohn ist ohne Zweifel ein größerer Meister der Polyphonie als Schubert, trotzdem ziehe ich Schuberts Kammermusik der Mendelssohn vor.

Und dann wird Dvorak im Tonfall eindringlicher und aggressiver: „Auch von Schuberts Symphonien bin ich ein enthusiastischer Bewunderer, so dass ich nicht zögere, ihn neben Beethoven zu stellen, weit über Mendelssohn (..) Mendelssohn besaß etwas von Mozarts natürlichem Instinkt für Orchestrierung und von dessen Begabung für die Form, aber vieles in seinem Werk hat sich als vergänglich herausgestellt". Dvorak war wohl der Friedrich Nietzsche nahe stehenden Meinung, das Mendelssohn ein Zwischenfall, ein bereits von der Zeit überwundener Komponist war, dessen musikalische Mittel als veraltet und überholt einzuschätzen seien.

Gleichsam in den 90ziger Jahren des vorvorigen Jahrhunderts zeichnet der impressionistische Lyriker Detlev von Liliencron, vor ähnlichem Hintergrunde wie Shaw, im Gedicht *Reinigung* die Karikatur eines Lieferanten sentimentaler Piècen kleinbürgerlich-bildungsbeflissener Zerstreuung jüdischen Namens, dessen Vorbild damals wie heute leicht zu erkennen ist:

"Es singt ein Lied von Felix Mendelmaier,
der lange Leutnant mit dem Ordensbändel;
das alte Fräulein brütet Rätseleier,
besorgt den Tee und duftet nach Lavendel.
(...)
Weh mir, wie langsam schwingt der Abendpendel!
Zu Ende. Gott sei dank: ich atme freier,
und bade mich daheim in Bach und Händel".

In seiner "Illustrierten Geschichte der Musik" aus dem Jahre 1903 dokumentiert der Musikwissenschaftler Otto Keller folgerichtig die Geringschätzung jener Jahre anschaulich:
"In den beiden Oratorien fehlt das Dramatische, das Leidenschaftliche, aber Mendelssohn hatte nicht die Gabe, sich stark und unmittelbar auszusprechen. Und trotzdem liegt in dieser Musik etwas Sonniges, das uns so angenehm berührt, wie ein schöner Sommertag, weil sie in ihrer Einfachheit befriedigt und gar keine Leidenschaften auslöst. Seine Kammermusik ist gänzlich verschwunden, seine Klavierwerke gehen auch nicht tief, seine *Lieder ohne Worte* haben eine Ära seichter Salonmusik heraufbeschworen, die besser ungeschrieben geblieben wäre. Sein ganzer Lebenslauf war sonnig vom Urbeginne, er hatte nie Sorgen kennengelernt wie Mozart, man darf sich daher auch nicht wundern, daß die Sonnigkeit seines Lebens auch in den Werken zum Ausdruck kam".

17. Keine Kosten und Mühen wurden gescheut...

Im darauf folgenden Jahr legte die Muthsche Verlagshandlung in Stuttgart eine Geschichte der Musik vor, die der Musikpublizist Dr. Karl Storck in populärwissenschaftlichem, spürbar subjektivem Tonfall verfasst hatte. In der repräsentativen Ausstattung vermittels Jugendstilprägung des Einbandes und graphisch-allegorischer Textillustration sowie hinsichtlich eines Textumfanges von über 800 Seiten ist er der Illustrierten Geschichte der Musik Otto Kellers vergleichbar. Dr. Storck trat des Weiteren auch noch als Verfasser von Opernführern hervor, welche bis in die 40ziger Jahre des vergangenen Jahrhunderts nachgedruckt wurden.

Storcks Referat über Leben und Musik Felix Mendelssohns setzt in der Rezeptionsgeschichte inhaltlich keine neuen qualitativen Maßstäbe in negativer Hinsicht; es wird lediglich der Katalog einschlägiger Stereotypen erneut repetiert.
Formell sprengt der entschieden polemische Tonfall Storcks allerdings den bis dahin von einer um Seriosität bemühten Musikpublizistik vorgegebenen Rahmen. In Zeiten nationaler Erhebung 10 Jahre vor dem Ersten Grossen Kriege verfällt Storck in eine Sprechweise, deren Zielrichtung dezidierter Polarisierung sich erst in den Jahren ab 1933 vollendet herausbilden sollte. Des Weiteren stechen der Hang zu unausgesetzt aufgestellter spekulativer Behauptung sowie gleichermaßen die Formulierung in der negativen Superlative hervor.

Erwägungen wie jener Abgleich der Elemente Felix Nomen est Omen, früher Tod und die Prophezeiung eines unzweifelhaften, gegebenenfalls noch in den Reife- und Altersjahren Mendelssohns, also noch zu Lebzeiten erfolgenden Niedergangs seines Renommees führen Storcks Darlegungen schliesslich in die Bereiche des Zynismus.

All dies versetzt nicht allein Storcks publizistisches Wirken insgesamt in ein fragwürdiges Licht. Die unrezensierte Reflektion desselben in einem opulent aufbereiteten bildungsbürgerlichen Musik-Familienhausbuch vermittelt eindringlich den Geist, welcher die Jahre vor dem 1. Weltkriege zu prägen schien. Ob Dr. Storck dabei von subjektivem Widerwillen gegen Person und Tonsprache Mendelssohns oder antisemitischer Ereiferung angeleitet wurde, muss dabei offen bleiben.

Hier nun Storcks Mendelssohn-Vortrag in Auszügen.

Zu Werdegang und Rezeption:
"Zum Kreis der Romantiker wird auch Felix Mendelssohn-Bartholdy gerechnet. Ich möchte da von einer Romantik aus Bildung sprechen. (...) Unsere deutsche Kunstgeschichte wird überhaupt unter ihren bekannten Künstlern kaum noch einen Mann nennen können, dessen Entwicklung so glatt verlief, so gar nichts von Kampf, von problematischem zeigt, wie die seine. Das könnte ein Ideal sein, (...) wenn es nicht leider Oberflächlichkeit bedeutete. Es werden immer wieder bei den ja recht selten gewordenen Aufführungen Mendelssohnscher Werke Stimmen laut, die eine Neubelebung seiner Kunst erhoffen. Im Ernst kann man daran kaum glauben, so leicht begreiflich es auch ist, daß man (...) seine einfachen und auf das vornehme Gesellschaftsleben abgestimmten Werke als Erholung empfinden kann. (...)

Zum Elternhause:
Felix Mendelssohn ist ein Enkel des jüdischen Reformators und Philosophen Moses Mendelssohn (...). Es war schon dem Philosophen gelungen, aus der Armut zum Reichtum zu gelangen, und unseres Felix Vater hatte den so vermehrt, daß er 1809 in Berlin das noch heute blühende Bankgeschäft gründen konnte. (...) Keine Mühe, keine Kosten wurden gescheut, jegliche Gabe, die sich bei dem Kinde zeigte, aufs sorgsamste auszubilden(...)

Zum "Felixissimus":
Am 4. November 1847 erlag er einem Nervenschlag. Von künstlerischem Standpunkt aus könnte man wohl sagen, daß auch in diesem frühen Tode sein Vorname "Felix" die glückliche Bedeutung für sein Leben behielt. Denn es wäre Mendelssohn kaum erspart geblieben, daß er seinen Ruhm wohl bald überlebt gehabt hätte. (...)

Zu Werk und Musik:
Mendelssohns größtes Verdienst liegt zweifellos in seiner Hebung des öffentlichen Konzertlebens; durch ihn sind die Werke der Klassiker in den Mittelpunkt desselben gerückt worden. (...) Doch zeigt sich auch in dieser Tätigkeit die Schwäche Mendelssohns, die freilich akademischen Naturen gar als Vorzug erscheinen mag. Mendelssohn ist immer und überall der wohlerzogene Sohn des wohlhabenden, auf den äußeren "Dekor" in jeglicher Lebenslage bedachten Hauses.

Wäre nicht die gründliche Bildung, man würde den Mangel jeder überschäumenden Kraft, jedes persönlichen Hervortretens noch viel störender empfinden. Denn darüber muss man sich klar sein: Mendelssohns Ruhe und Abgeklärtheit ist nicht die Ruhe nach dem Sturm, sondern die eines Mannes, dem das äußere Leben jeden Kampf ersparte, der auch innerlich niemals zum Ringen kam. (...) Sein Gefühl für das Volkstum blieb doch recht äußerlich, was schon die Tatsache zeigt, daß Schumann in der schottischen Symphonie die italienische vermuten konnte. Das Schaffen Mendelssohns ist doch im Wesentlichen formal.

Der Inhalt (...) ist nirgends stark, aber es entsteht bei diesem gebildeten Mann doch auch nie eine wirkliche Leere. Wie äußerlich sein Verhältnis zur Form aber doch oft war, zeigt die Übernahme des Erzählers und des Gemeindechorals aus der alten Passion ins Oratorium (...) wogegen in der Musik zur "Antigone" und dem "Ödipus" das schwächliche Philologentum, wie man es geradezu nennen könnte, gegenüber dem gewaltigen Empfindungsgehalt der Antike arg zurückbleibt.

Die um den 3. Februar des Jahres 1909 herum pflichtgemäß abgeleisteten Gedächtnisfeierlichkeiten zur hundertsten Wiederkehr seines Geburtstages erregten angesichts dessen wiederum nur Befremden in der europäischen Öffentlichkeit. Ernest Walker kommentiert im "Manchester Guardian" vom 3. Februar 1909:

"Mendelssohn, einer der ehrlichsten Menschen, hätte es tausendmal vorgezogen, daß sein Ruhm ungerechterweise untergegangen wäre, als daß er durch heuchlerische und unwahre Mittel gerettet würde."

18. Eine Lanze für Felix Mendelssohn

Die späten 90ziger Jahre, die Jahrhundertwende, aber auch die Jahre bis in die Weimarer Republik hinein, brachten nichtsdestotrotz vermehrt Plädoyers namhafter Persönlichkeiten kulturellen Lebens zugunsten Mendelssohns mit sich. So engagierten sich die Komponisten Max Reger, Camille Saint-Saens, Ferruccio Busoni, und Alfredo Casella, die Dichter

Theodor Fontane und Romain Rolland, die Musiker Johannes Brahms und Hans von Bülow, der der Musikwissenschaftler und Intendant des Wiesbadener Staatstheaters Paul Bekker, der Musikhistoriker Heinrich Schenker sowie der erste, quellenkritisch herangehende, seriöse Biograph Mendelssohns Ernst Wolff für die ästhetische Neubewertung eines "feinsinnige(n), gemütswarme(n), grosse(n) Meister(s)", der "fast vergessen, jedenfalls total unterschätzt wurde und wird" (Reger).

Max Reger empfahl des weiteren "all den verwirrten (...) jungen Übermenschen, bei denen Musik überhaupt erst beim achten Horn, beim vierfachen Holz, bei vierundsechzig Schlaginstrumenten (...) beginnt" eingehendere Beschäftigung mit "der Vollendung des klaviertechnischen Materials" und "der absolute(n) Beherrschung des musikalisch-formellen Elements" (Wirth, Max Reger, Reinbek 1973) Mendelssohnscher Kompositionen.

Der Musikpublizist Adolf Weißmann befreite die musikalische Entwicklung Richard Strauss und Max Regers aus dem übermächtigen Einflussbereich Wagners, in welchem öffentliche Wahrnehmung sie bislang ansiedelte und führte den musikalischen Ursprung derselben wieder stärker den eigentlichen Vorbildern Felix Mendelssohn und Johannes Brahms zu.

Paul Bekker wiederum erkannte Felix Mendelssohn den Rang eines selbständigen Nachfahren Beethovens zu.

Busoni ehrte Felix Mendelssohn nicht nur als "einzigen wahren Schüler Mozarts neben Rossini und Cherubini". Mit dem formal-komplex polyphonen Tondrama *Dr. Faust* hatte Busoni ein epochales Werk früher Moderne unvollendet hinterlassen und sich parallel dazu, gegen Ende seines Lebens, die "seichte Salonmusik" der "Lieder ohne Worte" zu erneutem, intensivem Studium vorgelegt.

Die Jahre des 1. Weltkrieges; die Ernüchterung unabsehbar fortdauernden Kriegsschreckens, brachten hingegen vermehrte Abkehr von allzu heroisch-simplifizierenden kulturellen Nationalismen in der Musik und auf der Bühne. Nicht von ungefähr reduzierte sich somit auch die Aufführungszahl des bislang stilistisch dominierenden Wagner-Werkes erstmals auf einen Gleichstand innerhalb gewohnten Mischre-pertoires.

19. Eine weiche, zur Sentimentalität neigende Natur

Der Komponist und Musikpublizist Max Chop, seinerzeit als Liszt-Autorität gewürdigt, wurde Musikfreunden unserer Zeit hauptsächlich durch historische Veröffentlichungen innerhalb der traditionsreichen Universal-

Bibliothek des Hauses Reclam geläufig. In den Jahren 1900 bis ca. 1920 legte er zahlreiche fundiert recherchierte Einzelstudien von Standardwerken des Opernrepertoires und Komponistenbiographien vor. Ob ihm im Zuge dessen auch die Erarbeitung eines Felix Mendelssohn-Portraits übertragen wurde, wäre noch herauszufinden, aber keineswegs zu hoffen.

Ein von Max Chop im Jahre 1916 erstveröffentlichter Führer durch die Musikgeschichte zumindest entwickelt bereits in der komprimierten Behandlung des Sujets einschlägig-perfide Dialektik von neuer unvermuteter Qualität.
  Der Wagnerianer Chop sucht die Person, den Menschen Felix Mendelssohn nachhaltig zu minimieren, um – quasi vermittels eines Phänomens umgekehrter Relativierung – das Idol des Musikdramatikers daran ins unermessliche zu erheben.

Nach dem klug disponierten Verweis auf Parteienstreit und musikalisch indifferente Diffamie greift Chop selbst sogleich zu der zuvor angeprangerten Methodik.
  Originäre Qualität entwickelt dabei eine Praxis inkriminierender Verfälschung biographischer Fakten, Verkürzung und Umkehrung von Zusammenhängen, ja fiktiver Behauptungen: musik-"wissenschaftlicher" Methoden also, welcher sich einzig der Nationalsozialismus noch vergleichbar bedienen sollte.
  Daher seien für diesmal den demagogischen Wendungen auch Verweise auf die eigentliche biographische, musikhistorische Sachlage entgegengestellt.

Das von Chop nachfolgend imaginierte Zerrbild eines kleinlichen, eifersüchtigen, eitlen Musikfunktionärs, das beim zeitgenössischen Leser massiv hervorgerufene Ressentiment gegenüber der Person des Komponisten, negiert die im Anschluss dargelegte verhaltene, um Differenzierung bemühte, stellenweise bewundernde Sichtweise auf dessen Musik denn auch erheblich.

„Die künstlerische Persönlichkeit (...) Felix Mendelssohns sachlich zu erörtern, ist (...) eine nicht eben leichte Aufgabe, weil der Streit der Parteien und Meinungen schärfer denn je um die Werke und deren ästhetische Werte entbrannt ist". (...) Ohne Frage hat (...) die tendenziöse Mache und Propaganda gewisser Kreise der ruhigen Abwägung viel geschadet (...), indem (das ästhetische Sentiment) Mendelssohn gegen die neudeutsche Kunst ausspielte und seine Stellung Wagner gegenüber ihm (...) zum Vorwurf (machte).

Gewiss: Mendelssohn liebte Wagner durchaus nicht, vielleicht, weil er von der ersten Bekanntschaft (...) an, das ihn selbst in seiner Machtstellung gefährdende, kunstrevolutionär gesonnene Genie erkannte.

Er dirigierte Wagners "Tannhäuser"-Ouvertüre im Gewandhause als „warnendes Beispiel" (...) und tröstete den Komponisten des „Fliegenden Holländers" bei der Dresdner Erstaufführung des Werkes durch den etwas schadenfrohen Zuspruch: Er könne ganz zufrieden sein mit der Aufnahme, denn sie sei ja, alles in allem, kein vollständiges Fiasko gewesen".

(Mendelssohn wohnte der Berliner Premiere des „Holländers" im Januar 1844 bei und „kam nach der Vorstellung auf die Bühne, umarmte mich und gratulierte mir sehr herzlich." Richard an Minna Wagner; 8.1.1844)

"Indessen lagen solche Äußerungen in einer menschlichen Schwäche begründet, die von jeher bei Musikern und Tondichtern fruchtbaren Boden gefunden hat. (...) Mendelssohn (...) konnte es nicht verwinden, einen Künstler neben sich zu sehen, der die öffentliche Aufmerksamkeit von ihm auf sich selbst ablenkte. Selbst für Robert Schumann hatte er kaum ein freundliches Wort übrig,

(Uraufführung der 1. „Frühlings"-Symphony und der 2. „C-Dur"-Symphony Schumanns durch Felix Mendelssohn im Gewandhaus)

Chopin bespöttelte er als „Chopinetto" , Liszt war ihm gänzlich unsympathisch und Berlioz nannte er „eine vollständige Karikatur ohne einen Funken von Talent".

(Den Zeitgenossen Schumann, Wagner und Brahms vergleichbar sind ästhetische Vorbehalte Mendelssohns gegen andere musikalische Auffassungen selbstverständlich schriftlich belegt; Chopin, Liszt und Berlioz waren in den Jahren 1840 und 1843 als Interpreten eigenen Repertoires Gäste des Gewandhauses. Integrität, menschliches, musikalisches sowie - im Falle des Gewandhausskandales um Franz Liszt nahezu extraordinär erwiesenes – organisatorisches Engagement des Gastgebers Felix Mendelssohn sind jeweils in fundierteren Biographien und Autobiographien der Genannten nachgewiesen.)

(...) Zwischen beiden (Wagner und Mendelssohn) bestand der (...) Unterschied, daß der eine das (...) künstlerische Vermächtnis eines Bach, Händel, Beethoven (...) sich zu eigen gemacht hatte, ohne (...) Konsequenzen in einem dem Zeitgeiste angepassten Sinne zu ziehen, während beim anderen sich aus dem völligen Aufgehen in den genannten Meistern heilige Feuer entzündeten, deren leuchtender Schein schon damals seine Reflexe weit voraus warf.

(Wagners Bekenntnis zum Werk Beethovens ist verbürgt; eine Affinität zum „akademisch" und „historisch" apostrophierten Werk Bachs und Händels bestand nicht.)

"Wohl die größten Antipoden...– selbst in der äußeren Gestaltung des Lebens, das dem einen lachenden Sonnenschein und Anerkennung, dem anderen Kampf, Not und Verkennung schickte! Mendelssohn eine weiche, zur Sentimentalität neigende Natur, - Wagner ein herber, kraftvoller, zäher, dem Explosiven zuneigender Charakter! (Max Chop; Führer durch die Musikgeschichte, Berlin 1916, ebd. 1922)

Intermezzo III: und dirigierte Wagners "Tannhäuser"-Ouvertüre im Gewandhause...

Verwirrung gibt es auch um die Aufführung der „Tannhäuser"-Ouvertüre, welche am 12.2.1846 im Rahmen eines Sonderkonzertes zugunsten des Pensionsfonds des Gewandhausorchesters als Werk zeitgenössisch-avantgardistischer Tonkunst angesetzt und vom Publikum ausgezischt wurde. Es dirigierte Eric Werner und Stephan Kohler zufolge nicht Mendelssohn, sondern Ferdinand Hiller.
Mendelssohn wirkte nachweislich als Pianist (Beethovens 32 Klaviervariationen in C-Moll, Op. 36) an diesem Konzerte mit. Bedauerlicherweise verzichtete Werner auf einen Verweis, woher er die Information eines Hillerschen Dirigates bezog und verwechselt darüber hinaus Hiller möglicherweise mit einem der anderen als Stellvertreter Mendelssohns tätigen Kapellmeister wie Gade.

Hiller dirigierte die Gewandhauskonzerte stellvertretend während des ersten Berliner Engagements Mendelssohns, also von April des Jahres 1841 bis Oktober des Jahres 1842; nahm aber, nach vermeintlichem Zerwürfnis mit Mendelssohn, im Jahre 1844 eine Verpflichtung als Kapellmeister in Dresden an. Möglicherweise dirigierte Hiller bis zum Tode Mendelssohns oder gar darüber hinaus also niemals mehr am Gewandhause. In der Saison 1845/ 46 indessen teilte sich Niels W. Gade nachweislich mit Mendelssohn in die Leitung des Leipziger Konzertwesens.

Da gemeinhin Felix Mendelssohn als Dirigent der verunglückten Leipziger Vorstellung genannt und darüber hinaus auch das Datum diffus gehandhabt wird (so nennt Karl-Heinz Köhler fälschlicherweise März 1845), liegt möglicherweise der Lapsus einer genuin aus der Wagner-Literatur hervor- und in die biographische Mendelssohn-Rezeption übergegangenen, allgemeinhin tradierten Gleichsetzung von Ort und Person vor.

Wagner selbst hatte von dem Konzert lediglich nachträglich aus zweiter Hand erfahren. In seiner nahezu 20 Jahre später verfassten Autobiographie „Mein Leben" gibt er Mendelssohns Dirigat hingegen als Fakt wieder. Da Wagner in „Mein Leben" zahlreichen Autographen der Jahre 1842-47 von seiner Hand (vor allem den an Felix Mendelssohn gerichteten Briefen) offenkundig widerspricht, scheidet dieselbe als seriöse Informationsquelle zu Leben und Werk Mendelssohns größtenteils aus.

Der spätere Dirigent Hans von Bülow hingegen wohnte als Augenzeuge jenem Konzerte bei und berichtete 5 Jahre später darüber in dem Essay "Das musikalische Leipzig und sein Verhältnis zu Richard Wagner" aus dem Jahre 1851. Auch er nennt den Dirigenten nicht namentlich.

"Um sich nicht dem Vorwurfe eines grundlosen Verdammungsurtheils, d. h. grundsätzlichen Ignorierens der Wagnerschen Musik auszusetzen, beschloss man daher, die Ouvertüre zum Tannhäuser, als ein größeres, abgeschlossenes Tonstück, das in Dresden Furore gemacht, in einem Concerte zu Gehör zu bringen.

Die Aufführung dieses sehr schwierigen, aber bei gehörigem Fleisse und Sorgfalt im Einstudieren auch höchst dankbaren und unvergleichlich wirksamen Musikstückes, war über alle Maßen unerquicklich, eine Execution , im besonderen Wortsinne.

Es hätte einer solchen (...) Verhunzung – nicht einmal bedurft, um die Composition fallen zu lassen: die missmuthige Miene des Dirigenten autorisierte gewissermaßen schon das Publikum zur Missfallensbezeugung. Mendelssohn hat durch jene herzlichen Worte, welche er nach einer Aufführung des Tannhäuser in Dresden mit sichtlicher Ergriffenheit an Wagner richtete, sich vollkommen von diesem trüben Flecken gereinigt; von Leipzig würden wir es aber recht taktvoll gehandelt wissen, wenn es Wagner eine réparátion d´honneur (...) nicht länger schuldig bliebe".

Nicht allein jenes im Nachsatz vorgebrachtes Resümee lässt wenig auf eine Interpretationsverantwortung des Gewandhausdirektors für jenen Konzertteil schließen; vielmehr widersprechen die Verweise auf offenkundig ermangelnden „gehörige(n) Fleisse und Sorgfalt im Einstudieren" respektive „unerquickliche" Ausführung eigentlich allen überlieferten musikalischen Prinzipien des Dirigenten Mendelssohn hinsichtlich Sorgfalt in der Orchesterarbeit und unbedingter Aufführungsqualität.

Darüber hinaus verweisen auch die Originalrezensionen des Pensionsfondkonzertes in den führenden Leipziger Fachpublikationen und die im Jubiläumsalmanach des Gewandhauses vom 1898 enthaltene Konzertchronik nicht auf ein Mendelssohndirigat der Ouvertüre.

Die Rezensionen in der "Allgemeinen musikalischen Zeitung" aus Leipzig sowie in der „NZfM" schweigen sich über den Abenddirigenten vollkommen aus.

Das liesse, Mendelssohn am Pult vorausgesetzt, in beiden Fällen erheblich verwundern. In der "Allgemeinen musikalischen Zeitung" zeichnete der Lokal-Rezensent L. R. in den letzten Arbeitsjahren Mendelssohns für die Berichterstattung der Gewandhauskonzerte alleinverantwortlich. Er ließ es sich zur Gepflogenheit werden, das Dirigat Mendelssohns jeweils nicht allein dezidiert zu kommentieren, sondern dessen Namen in der Rezension gar kursiv hervorzuheben. Das Unterschlagen einer musikalischen Leitung durch Mendelssohn fiele bei diesem Rezensenten also vollständig aus dem Rahmen.

Einzig die Besprechung des berüchtigten Novemberkonzertes gleichen Jahres, mit einer missglückten Uraufführung der C-Dur-Symphony Schumanns und darauf folgenden, auf die Person Mendelssohns abzielenden „mosaischen" Unterstellungen der Presse, schweigt sich über den Abenddirigenten aus.

Allerdings erfolgte zwischen den beiden Ereignissen ein Redaktionswechsel in der "Allgemeinen musikalischen Zeitung", der Rezensent der Gewandhauskonzerte wurde fürderhin nicht mehr genannt und hatte möglicherweise gleichsam gewechselt.

Interessanter in diesem Zusammenhang ist eher noch die Besprechung der gleichen Veranstaltung durch die „NZFM", welche Franz Brendel höchstselbst vornahm. Auch dieser lässt den Dirigenten unerwähnt. Nach allem, was bislang über die publizistische Position Brendels im Leipziger Musikleben erörtert wurde, lässt sich kaum annehmen, daß in einem renommierten "neudeutschen" Fachorgan die vermeintlich exemplarische „Verhunzung" eines wesentlichen Meilensteines der „Neudeutschen Schule" durch den führenden Kopf der Leipziger „Traditionalisten" taktvoll unter den Tisch fallen gelassen wurde.

Während die genannte Orchesterchronik die detaillierten Konzertberichte oftmalig mit der Verlautbarung: Mendelssohn dirigierte, Hiller dirigierte abschloss, wird auch dort kein musikalischer Leiter besagten Pensionsfondkonzertes genannt. Dies legt die Vermutung nahe, daß sich, da Mendelssohn und Gade (Viola-Partie im Quartett-Konzert für 2 Violinen, Viola, Violoncello und Orchester von Ludwig Spohr) sich ja auch als

Instrumentalsolisten in das Konzert einbanden, beide möglicherweise als A- oder B-Dirigenten des Gewandhauses in die Veranstaltung teilten.

Publikumsverstörung und Skandal rief die Aufführung der Ouvertüre in jenen Jahren auch in anderen Musikstädten Europas hervor.

Als Generalmusikdirektor Franz Lachner das Werk am 1. November des Jahres 1852 im Rahmen eines Odeon-Konzertes erstmalig in München vorstellte, wurde es vom Auditorium einhellig ausgezischt. Hans von Bülow erhob die Stadt München in einer umfassenden Kolumne polemischer Essays in der „NZfM" daraufhin eilfertig in den hohen Rang einer Ordensburg musikalischer Reaktion und eines Zentrums der „Opposition in Süddeutschland" („NZfM", Nr. 22 – 26, 25.11. – 23.12.1853). Auditoriumseklats infolge konzertanter und szenischer Darbietungen Wagnerschen Werkes gab es auch in einem vom jungen Hans von Bülow selbst geleiteten Konzert ("Tannhäuser"-Ouvertüre), des gleichen in Wien (dito) und Luzern ("Der Fliegende Holländer"). Eine im Jahre 1850 geplante Aufführung der "Tannhäuser"-Ouvertüre in der Union Musicale in Paris scheiterte bereits im Vorfeld am Desinteresse des Orchesters.

20. Nur in einem Abstand zu nennen

Wie weitgehend der Einfluss der Wagnerschen Musik- und Rassentheorien sich auf das Denken und Empfinden der Deutschen jener Zeit auswirkte, wie bindend und folgerichtig dieselben sich amalgamisch zum Seelenkit der Menschen verdichteten, dass sogar jüdischstämmige Komponisten die Wagnerschen Seeleninvektiven bewusst verinnerlichten, beweist ein Brief Kurt Weills an seinen Bruder aus dem Jahre 1919: Er bezweifelt darin in jugendlicher (und vielleicht auch in völkischer) Unsicherheit die Eignung zum Komponisten.

„Ich war schon fast bei dem Entschluss angelangt, die Schreiberei aufzustecken und mich nur auf die Kapellmeisterei zu werfen. Wir Juden sind nun einmal nicht produktiv, und wenn wir es sind, wirken wir zersetzend und nicht aufbauend; und wenn die Jugend in der Musik die Mahler-Schönberg-Richtung für aufbauend, für Zukunftsbringend erklärt (ich tue es ja auch!) so besteht sie eben aus Juden, oder aus jüdelnden Christen. Niemals wird ein Jude ein Werk wie die Mondscheinsonate schreiben können. Und die Verfolgung dieses Gedankenganges windet einem die Feder aus der Hand."

Als originärster Beitrag der Zwanziger und frühen Dreißiger Jahre zu stereotyper Mendelssohn Negation in Schlagworten kann jenes des „Abstands" gelten, die zahlreich publizierte Behauptung: nur in einigem Abstand zu anerkannten Meistern der europäischen Musikgeschichte könne Mendelssohn ja rezipiert werden.

So hebt Prof. Dr. Ludwig Schiedermeyer in der Monographie „Die Deutsche Oper" (Quelle & Mayer, Leipzig 1930) gleich zu Beginn einer vergleichenden Darstellung Schuberts und Mendelssohns als Problemkindern deutschsprachigen Musiktheaters divergierende Rezeptionsebenen als quasi selbstverständlich und gottgegeben hervor:

"In einer gewissen Ähnlichkeit mit Schubert hatten auch Felix Mendelssohn-Bartholdy, der nur in einem Abstand von diesem genannt werden darf, immer wieder Opernpläne beschäftigt. (...) Das Missgeschick, das "Die Hochzeit des Camacho" trotz aller Anerkennung der Mendelssohnschen Verwandtschaft bei der Erstaufführung im Berliner Schauspielhause (1827) ereilte, enttäuschte den sensiblen, überempfindlichen Jungen so schwer, daß er fortan nicht mehr ohne Voreingenommenheit (...) der Oper gegenübertrat".

Auch im weiteren Verlaufe der Schiedermayerschen Nationaloperngeschichte wird Mendelssohn als Maßstab der Mittelmäßigkeit angeführt, wenn es beispielsweise gilt, Schwächen in der Tonsprache des jungen Richard Strauss zu indizieren."

"Mit der musikalischen Umwandlung, der "Läuterung" der Salome, gelangt nun der Täufer in den Vordergrund des Dramas, (...). Allein das Jochanaan-Drama setzt sich nicht durch, da ihm musikalisch wohl gefühlsselige, pastorale Melodien der Mendelssohnschen Sphäre zugeleitet werden, aber jene Charakterisierung (...) eine(s) Felsen (in) der Umgebung allgemeiner Verderbnis (vorenthalten bleibt)".

Die Suggestion der Zwangsläufigkeit, Naturbedingtheit einer niederen Positionierung Felix Mendelssohns, welche die Wortmacht Schiedermayers unwillkürlich hervorruft, ist keineswegs als Marginalie oder Zufallsprodukt aufzufassen. Es bezeugt vielmehr die komplexe Doppeldeutigkeit chauvinistischer Rhetorik in jener Zeit vor dem Nationalsozialismus., auf welchen dieselbe bereits hinwies. Wenige Jahre später mochte Dr. Ludwig Schiedermayer, Prof. der Musikwissenschaft an der Rheinischen Friedrich-Wilhelm-Universität. Bonn Überzeugungen wie jene , eine Jude sei aus rassischen, also biologischen Gründen „natürlich" weit unterhalb des Ariers anzusiedeln, unumwundener zum Ausdruck gebracht haben.

Beauftragt, gemeinsam mit den Kapazitäten Friedrich Blume, Gotthold Frotscher und Karl Hasse die Ausstellung „Entartete Musik" im Mai des Jahres 1938 wissenschaftlich zu betreuen, hatte er ja exakt zu diesem und anderen Aspekten einschlägig Stellung zu nehmen.

21. Wir können auf Objektivität nicht Verzicht leisten!

In den 20ziger Jahren des vergangenen Jahrhunderts veröffentlichte der Musikpublizist Walter Dahms bemerkenswerte Monographien über die Komponisten Franz Schubert, Robert Schumann und Felix Mendelssohn. Diese erschienen in einer vom Verlag Schuster & Loeffler in Berlin konzipierten „Sammlung" von „Meister-Biographien" hochrangiger Komponisten. Co-Autor der Reihe war u. a. der namhafte zeitgenössische Musikschriftsteller Julius Kapp. Die Popularität der Sammlung bezeugt allein schon der Fakt reichhaltiger Verfügbarkeit der Bände im aktuellen Antiquariat.

Die Veröffentlichungen Walter Dahms zeichnen sich durch einen verblüffenden Ansatz kompetenter, umfassender Darstellung des jeweiligen Sujets auf der Grundlage präziser Recherche aus.

Zeittypisch andererseits sind Einseitigkeit, mangelnde Objektivität in der Sichtweise kontroverser, problematischer künstlerischer Standortbestimmungen des dargestellten Komponisten. Die stilistische Einordnung des Schumannschen und Mendelssohnschen Werkes erfolgt somit vornehmlich aus der nationalkonservativen Perspektive heraus.

Gleich zu Beginn der Mendelssohn-Monographie, im „Präludium" sah sich der Autor daher der obligaten Notwendigkeit einer „rassischen Einordnung" Mendelsohnschen Oeuvres ausgesetzt. Karl-Heinz Köhler nannte es im Jahre 1972 zutreffend: „den merkwürdigen Versuch., auf antisemitisch-rassenbiologischer Grundlage von Mendelssohns Werk zu retten, was zu retten ist" und verweist auf den nachhaltig hervorgerufenen Eindruck "daß hier ein positives Plätzchen für Mendelssohn gesucht wird." Hauptinstrument des Konstruktes deutschnationaler Vereinnahmung der Komponisten Mendelssohn (und Schumann) ist die gesuchte Absetzung dessen Werkes von jenem Giacomo Meyerbeers; die Konstatierung, Mendelssohns Musik sei in letztendlicher Betrachtung als „deutsch und rein", das Werk Meyerbeers hingegen als unverkennbar „jüdisch" einzuordnen.

Dahms begibt sich somit voll Bedauerns in die Verpflichtung „nun von dem Judentum Mendelssohns sprechen" zu müssen, „nicht, wie um etwas Unangenehmes oder Peinliches, von dem doch nun einmal die Rede sein muss, möglichst rasch zu erledigen, sondern um von vornherein den richtigen Standpunkt in einer so wesentlichen Frage zu gewinnen. (...) Wir wissen längst, daß das Jüdische keine Sache der Religion, sondern der Rasse ist. Die Forscher auf beiden Seiten, der Juden und Nichtjuden (...) haben uns genugsam belehrt (...) daß die Wahrheit in der Mitte liegt. Wir können auf Objektivität nicht Verzicht leisten.

Deshalb dürfen wir auch Richard Wagners Schrift über das Judentum in der Musik nicht ohne Vorbehalt unterschreiben und unerwähnt lassen. (...) Denn Wagner wusste ebensogut wie wir, daß Mendelssohns Musik unbeschadet der Würde der deutschen Kunst und Kultur neben der seinen bestehen konnte (...). Denn Meyerbeers musikalische Leichtfertigkeit und die Skrupellosigkeit seiner Mittel sind zu offensichtlich, um geleugnet zu werden. (...) Mendelssohn dagegen ist der einzige grosse und ernste, für alle Zeiten bleibende Meister, den die Juden der Musik geschenkt haben. Seine Musik hat deutschen Charakter. Ihn aus der Reihe der „deutschen" Meister auszuschließen, wäre eine Verblendung, die nur aus einer gründlichen Verkennung des vielseitigen Wesens des Deutschtums zu erklären wäre."

Nach einer durchaus zutreffenden Betrachtung und Herleitung der Mendelssohnschen Entwicklung gänzlich aus der musikalischen Tradition sowie dem romantischem Ideal heraus, konzentriert sich Dahms schliesslich auf die diskreditierende Analyse eines semitisch-idiomatischen Konterparts, dem Mendelssohn keinesfalls zuzuordnen sei.

„Finden wir etwa in seinem Schaffen die von Nietzsche gekennzeichneten Eigenschaften der Semiten: „die furchtbare Wildheit, das Zerknirschte, Vernichtete, die Freudenschauer, die Plötzlichkeit? (...) In seiner Stellung zur Romantik lässt sich (...) vielleicht ein Mangel an typisch deutschen Eigenschaften finden. (...) Wir stoßen noch einmal auf Nietzsche, wie er von Mendelssohn spricht, „an dem sie die Kraft des elementaren Erschütterns (beiläufig gesagt)t: das Talent der Juden des alten Testaments) vermissen (...) Einem Meyerbeer gegenüber dürfen wir, Wagner Folge leistend, unserem Unwillen freien Lauf lassen.

Aber wir müssen uns hüten, Erfahrungen, die wir in der Missgeburt der „großen" Oper mit „jüdischen" Eigenschaften gemacht haben, (...) auf einen Meister wie Mendelssohn zu übertragen. (...)

Ein Meyerbeer und noch viel weniger spätere jüdische Komponisten (möglicherweise eine Anspielung auf Schönberg, Weill und Schreker, Anm. d. Verf.) dürfen uns den Blick für Mendelssohns Reinheit und Seelengröße nicht trüben. Vorausgesetzt, daß wir überhaupt ein Interesse daran haben, das Jüdische in der Musik besonders zu untersuchen...wie es eben Wagner getan hat."

Bemerkenswerterweise begibt sich Dahms im Versuch semtitisch-musikalischer Analyse in eklatanten Widerspruch zur gängigen Sichtweise des „Judentums in der Musik" im 19. und frühen 20. Jahrhundert. In Bezug auf Nietzsche stellt er „furchtbare Wildheit, das Zerknirschte, Vernichtete, die Freudenschauer, die Plötzlichkeit" sowie „die Kraft elementaren Erschütterns", eines „Talentes des alten Testaments" als wesentlichstes Merkmal des semitischen Idioms heraus. Wie im Vergangenen ausgiebig dargelegt, hieß es doch, das die Kraft „zu ergreifen, ja zu erschüttern" sowie das „Dramatische, das Leidenschaftliche", also die Ekstase emotionaler Höhen und Tiefen der Musik Mendelssohns hauptsächlich deswegen abgehe, weil „der Jude", kosmopolitischer Beseligung unzugänglich, leidenschaftslos, im Synagogalidiom befangen komponiere und die Vorbilder europäischer Musik daher glatt und kalt kopiere.

Nun argumentieren Nietzsche und Dahms, das dem „Deutschen" Felix Mendelssohn die semitische Kraft, Emotion und Schroffheit vollständig fehle, sein Werk daher von „marmorner, kalter Schönheit" (Dahms) sei. Die von Nietzsche genannten (alttestamentarischen) Idiome wiederum träfen sicher – unbesehen übernommen – in grossen Teilen auf die Wagnersche „Ring des Nibelungen"-Musik zu, nicht nur in jenen Momenten potentieller semitischer Karikaturen in den Personen Mime, Alberich etc.

Somit hätte der von Wagner dezidiert als Jude hervorgehobene "Deutsche" Felix Mendelssohn unjüdische, der Vollender der Deutschen Oper wiederum „jüdische" Musik geschrieben?

Da Walter Dahms mit dieser Sichtweise schwerlich eine Neuerörterung des Problems vermeintlicher musikalischer Idiome in Gang setzte, gibt er lediglich Zeugnis von der Fragwürdigkeit und Willkür derartiger Zuordnungen. Oder besser davon; das sich Wagner, Nietzsche, Dahms u. a. offensichtlich den „Deutschen" oder "Juden" zurechtlegten, der ihren Zielen jeweils zuförderlichst war.

In den 20ziger Jahren trat auch der Komponist Hans Pfitzner mit antisemitischen Schriften musikpublizistisch an die Öffentlichkeit. Pfitzner: ein in der damaligen Musikwelt Deutschlands vereinsamt bestehender Komponist großer, bedeutsamer Musik konservativer Prägung wie jener Monumentaloper über den Renaissance-Komponisten Gian-Pierluigi da Palestrina; ein grandios gescheiterter , ja verkannter deutscher Musiker jener Zeit. Im Jahre 1920 brachte er mit der Broschüre „Die neue Ästhetik der musikalischen Impotenz. Ein Verwesungssymptom" eine Denkschrift heraus, welche im Sinne und Stile des Richard Wagner sich in das Wesen der zeitgenössischen Kulturtheorien lautstark einbrachte. Pfitzner bezeichnet darin Wagners „Das Judentum in der Musik" als eine „ernste, liebevolle und tapfere Schrift".

Der Komponist knüpft in seinem Pamphlet an die wagnerschen Antisemitismen an und bringt jene erneut, als singulär im deutschen Blätterwald dastehend, zu einer weithin ausgreifenden Verbreitung und Fortwirkung.

Nach 1921 veröffentlichte Professor Dr. Eugen Schmitz die populärgeschichtlich gehaltene „Illustrierte Musikgeschichte" des Komponisten, Kirchenmusikers und (von 1873 an) Dozenten am Dresdner Konservatorium Emil Naumann aus dem Jahre 1885 in der sechsten Auflage. (Das Buch schweigt sich über die Drucklegung der aktuellen Auflage aus, führt aber neben dem Vorwort zur sechsten Auflage noch das mit dem Jahre 1921 signierte Vorwort zur fünften Auflage ins Feld.) Die Wiederveröffentlichung des von 1885 – 1928 bis in die neunte Auflage nachweisbar en Suite herausgegebenen Standardwerkes zeigt auf, das sogar in den modernistisch geprägten zwanziger Jahren in der Weimarer Republik die von dem Buch betriebene rückwärtsgewandte Mendelssohnverkleinerung der Hochzeit der achtziger Jahre des 19. Jahrhunderts ungebrochen wiederaufgelegt und somit fortgeschrieben werden konnte. Wie groß der Bedarf an solch reaktionärem Schrifttum in jenen Jahren gewesen sein muss, belegt allein die Tatsache, dass das Buch von 1921 – 1928, also in weniger als zehn Jahren, sage und schreibe viermal neu herausgebracht wurde.

Obgleich Naumann von 1842-1844 gar ein Schüler Mendelssohns u. a. am Konservatorium in Leipzig war, fällt in der Gestaltung der „Illustrierten Musikgeschichte" bereits Eingangs in Sachen Mendelssohns bezeichnenderweise auf, dass unter den Komponistenartikeln des Buches, welche Gluck, Haydn, Mozart, Beethoven, Schubert, Berlioz, Wagner, Brahms, Liszt und Richard Strauss, Bruckner und Hugo Wolff gewidmet sind, dieser nicht mit einem eigenen Kapitel vertreten ist. Das Problem einer wiederum tendenziös ausfallenden musikhistorischen Mendelssohn-Abwicklung findet, gleichgesetzt der Darstellung von Leben und Werk diverser Kleinmeister wie Louis Spohr, schliesslich hauptsächlich in dem Kapitel „Schubert und die Romantiker" statt.

Naumann bezeichnet Mendelsohns Werk als epigonal, bezogen auf das Schaffen von Komponisten wie Carl Maria von Weber, Bach und Händel. Er spricht dabei der so genannten „Elfenmusik" sowie den naturimpressionistischen Männerchören Men-delssohns künstlerische Eigenständigkeit zugunsten einer behaupteten, eindimensional direkten Nachfolge von Vorbildern Carl Maria von Webers ab, und stempelt darüber hinaus die Oratorien „Paulus" und „Elias" als Früchte angeblich direkten Epigonentums Bachs („Paulus") und Händels („Elias") ab.

Immerhin gesteht Naumann Mendelssohn in Abrede eines wahrhaft markigen deutschen Künstlertums verniedlichend die originäre Kreation orchestraler und instrumentaler Capriccios, wie jenes „kleine, allerliebst für Pianoforte geschrieben Rondo capriccioso" zu.

Naumann behauptet weiterhin, dass Mendelssohn gegenüber „jenen Altmeistern (Bach und Händel) an Größe der Empfindung und der Erhabenheit des Ausdrucks zurück-stehe". Nach einer Beschreibung sinfonischer und instrumental-kammermusikalischer Phänomene in Mendelssohns Werk kommt Naumann schliesslich - wie könnte es auch anders sein – auf die von Wagner geprägten Invektiven von Gefälligkeit und Glätte in Mendelssohns Schaffen als Repetition eines allzu geläufigen Totschlagargumentes zu sprechen: Es heißt dort genau: ...in manchen anderen seiner Instrumentalwerke aber, namentlich in einem grossen Teil seiner Kammermusik tritt in bedenklicher Weise äußerlich gefällige Formenglätte an die Stelle des tieferen geistigen Gehalts".

Des Weiteren lesen wir noch: „Als Liederkomponist ist Mendelssohn weniger bedeutend; (...) seine Sololieder, die namentlich harmonisch sehr dürftig sind, bedeuten eher einen Rückgang auf den Standpunkt Zelters".

In den Erörterungen der Musik des von Naumann als ein gescheiterter Kleinmeister arg abgekanzelten Komponisten Robert Schumann schreibt der Autor in Bezug auf dessen Streichquartette folgende Reprise des einschlägig bekannten Mendelssohn -Hauptvorurteils fest: „Von Schumanns Kammermusik verraten die drei Streichquartette mit ihrer fließenden und glatten Liebenswürdigkeit am entschiedensten den Einfluss Mendelssohns;..."

An anderer Stelle beschreibt Naumann ausgiebig die Verdienste Mendelssohns um die post Bachsche und Händelsche Klavier- und Orgelmusik sowie die post Webersche Chormusik. In einer Fußnote aber macht er all das zuvor lobenswert gesagte mit einem Satz wieder zunichte: „In diese Renaissancebewegung (um das Chorlied) trat Mendelssohn ein; freilich von dem klanglichen Ausdrucksreichtum des Tonsatzes der Alten (Haydn, Mozart, Schubert, Weber) ist er noch weit entfernt; erst Brahms hat hier die früheren Vorbilder wieder annähernd erreicht."

Im weiteren Verlaufe des Buches holt Naumann, in Betrachtungen des Lebens und Werkes des Komponisten und Musikpädagogen Johann Joachim Raff, zum Rundumschlag gegen Mendelssohns als glatt und gerundet diffamierte musikalische Ästhetik aus. Er schreibt über Raffs anfängliche musikalische Orientierung an Mendelssohn und seiner Schule, vor welcher akademischen Ausprägung ihn der später ausgeübte Einfluss

Liszts und seiner „Neudeutschen" in Weimar augenscheinlich „rettete": „Veranlasste ihn das Mendelssohnsche Vorbild zu einem gewissen Kult des formalistischen Elements, so verdankte er es wiederum den Jahren, die ihn den geistigen Einwirkungen Liszts näher brachten, dass ihm der Wert einer geglätteten, abgerundeten Form nicht in dem Grade alles wurde, dass ihm darüber Leidenschaft, Stimmung und Ausdruck nebensächlich erschienen und ihn zum einseitigen musikalischen Akademiker werden ließen".

Auch dem Dirigenten Felix Mendelsohn verweigert Naumann dessen kongeniale Bedeutung für Werden und Bestehen dieser heutzutage so wichtigen musikalischen Profession.

Mendelssohns musikalische Leitung der Gewandhauskonzerte kann mit Fug und Recht als prototypisch für das Berufs- und Erscheinungsbild des modernen Dirigenten; ja des eleganten Dirigierstars gar gelten.

War es in Leipzig vor Mendelssohns Zeiten üblich, dass nur Orchesterkonzerte mit Vokalanteil von einem Taktschläger geleitet wurden, während das rein symphonische Repertoire vom Konzertmeister am 1. Geigenpult dirigiert wurde, so übernahm Mendelssohn sowohl bei der Vokalmusik als auch bei der Symphonik von einer Position vor dem Orchester gelegen die musikalische und interpretatorische Gesamt-verantwortung.

Nichts davon findet sich bei Naumann. Er erwähnt Mendelssohn lediglich in zwei Aufzählungen dirigierender, als Vorläufer des modernen Dirigenten geltende Komponisten (Lully, Jomelli, Spontini, Spohr, Mendelssohn) sowie (Johann Friedrich Reichardt, Bernhard Anselm Weber, Spohr, C. M. v. Weber, Mendelssohn).

Den entscheidenden Verdienst an der Ausprägung des Typus eines modernen Dirigenten spricht Naumann in Verfälschung der Tatsachen um Mendelssohns bahnbrechende Verdienste auch auf diesem Gebiete – wie könnte das bei einem derart parteilichen, einseitigen Text auch anders sein – ausschließlich den Vertretern der zeitgenössischen musikalischen Moderne wie Berlioz und – natürlich – den Neudeutschen Richard Wagner und Franz Liszt zu.

Im Jahre 1928 veröffentlichte ein Autor namens Anton Mayer in der Deutschen Buchgemeinschaft GmbH, Berlin eine Geschichte der Musik. Diese war mit ca. 340 Seiten überschaubar gehalten und zeichnet sich dadurch aus, Musik und Wirken Felix Mendelssohns mit keinem Wort zu erwähnen. Demgegenüber wird dem Schaffen Richard Wagners die Ehre einer nahezu eigenständigen, umfassenden Abhandlung über 30 Seiten hinweg eingeräumt. Also nahezu ein Zehntel des Umfanges einer Schrift, welche die Musikgeschichte von der griechischen Antike bis zur musikalischen Moderne zur Darstellung zu bringen beabsichtigte.

In seiner im US-amerikanischen Exil vorgelegten Abhandlung "Größe in der Musik" legt der bedeutende deutsche Musikwissenschaftler und Mozartbiograph Alfred Einstein vom Status Quo der deutschen Mendelssohn-Rezeption in der ersten Hälfte des 20. Jahrhunderts trefflich Zeugnis ab:

„Was ist mit der Büste Mendelssohns? Es versteht sich wohl von selbst, daß wir uns bemühen müssen, ihm die richtige Stellung zuzuweisen: die Überschätzung zu vermeiden, die ihm zu Lebzeiten (...) in Deutschland und England zuteil geworden ist, die Unterschätzung, deren Urheber oder Repräsentant Wagner gewesen ist. Sie könnte heute zu einer neuen Überschätzung führen; aber sie wäre wohltätig, wenn sie zu einer neuen Schätzung oder Wertung Mendelssohns führen würde, auf der Grundlage neuer Kenntnis. Denn er ist heute einer der unbekanntesten Musiker der Vergangenheit. Man kennt von ihm gerade das Unbedeutendste am besten, die Stücke, die von mittelmäßigen Musikern am meisten nachgeahmt worden sind, weil sie dem bürgerlich-romantischen Geist der Zeit am meisten entsprachen."

Angesichts einer niederschmetternden Realität nahezu vollendeter Mendelssohn-Verdrängung und Verleugnung der zwanziger bis vierziger Jahre musste Einstein mit dieser (dem Wirken Mendelssohns gegenüber keineswegs unkritischen) Meinung somit zwangsläufig ein einsamer Rufer in der Wüste bleiben - wenn er denn die Möglichkeit gehabt hätte, in Deutschland im Jahre 1941 vernommen zu werden.

Wie weiland Kurt Weill im Jahre 1919 machte sich im US-amerikanischen Exil Arnold Schönberg im Jahre 1935 Gedanken bezüglich der Relevanz Wagnerschen Denkens über die Fähigkeit des Judentums zu Wort, Ton und Schrift. Er zementiert dadurch die ungebrochen aktivierte, spezielle, fatale Fernwirkung von Wagners Judenmusikthesen des Jahres 1869 im Denken exilierter Juden. Schönberg stellte also in einem, in Los Angeles gehaltenen Vortrag, fest:
„Meine Damen und Herren, als wir jungen österreichisch-jüdischen Künstler heranwuchsen, litt unsere Selbstachtung stark unter dem Druck einiger Umstände (...) man konnte kein echter Wagnerianer sein, wenn man kein Anhänger seines antisemitischen Aufsatzes über „Das Judentum in der Musik" war".

Schönberg dokumentiert damit unmittelbar, was nur wenige in dieser Konsequenz erkannten und aufzeigten: „Es gibt keine Wagnermusik, getrennt von den zersetzenden Judenfeindlichen und menschenverachtenden Theorien, welche aus der Musik und damit aus dem musikalischen Ausdruck so reichhaltig hervorgehen, welche die Musik wiederum so eindeutig inspirierten".

Schönberg setzt fort: „Und das ist nun der Punkt, an dem man den schrecklichen Einfluss der Rassentheorie nicht auf die Arier, sondern auf die Juden erkennen kann.
Letztere, ihres rassischen Selbstbewusstseins beraubt, bezweifeln die schöpferische Fähigkeit eher als die Arier. Sie waren bestenfalls vorsichtig und glaubten nur dann, wenn sie von Ariern bestärkt wurden, wie im Falle Einsteins oder Kreislers"

Schönberg verdeutlicht, wie schwach, wie eingeschüchtert in ihrem Selbstglauben die jüdischen Intellektuellen vor einem monumentalen, mentalen demagogischen, chauvinistisch-rhetorischen Judenvernichtungswerk Wagners also verblieben. Man musste jenen quasi auf die Schulter klopfen und ermunternd ihnen bestätigen: „ Du kannst doch auch etwas". So wie freundlich gestimmte Erwachsene es gelegentlich mit kleinen verängstigten, verzagten Kindern tun. Wie zahlreich sind die Berichte von jüdischen Wagnerianern, welche Wagners Schaffen glühend verehrten und welche in im Bewusstsein der vermeintlich eigenen Winzigkeit vor diesem musikalisch monumentalem, massiven Gebirge sich in größter, bitterster Not selbst entäußerten: „Ich bin ein Jude und ich liebe und verehre den Bayreuther Meister".
Schönberg schließt seinen Text: „Aber im allgemeinen glaubten sie lieber an Arier, sogar an mittelmäßige. Und leider führte der Mangel an Selbstvertrauen oftmals zur Verachtung jüdischen Tuns."

22. Eine „grosse Lösung"

In der Aufklärungsschrift an die deutsche Nation "Erkenne Dich selbst", als erste Ausführung zur Schrift „Religion und Kunst" im Jahre 1881 als Bestandteil der sogemnannten „Regenerations-schriften" in den Bayreuther Blättern veröffentlicht, gemahnte Richard Wagner erneut eindringlich des Juden als "plastischen Dämons des Verfalles der Menschheit in triumphaler Sicherheit."
Er geisselt darin des weiteren den Pluralismus eines Systems wiederstreitender politischer Parteien als Verderber "ächten deutschen Instinkts" und heimlichen Deckmantel prosperierenden jüdischen Lebens in Deutschland.

Er fordert die Deutschen daher auf, diesen Parteienstreit zu überwinden und sich, "im Erwachen zu (...) einfach-heiliger" (nationaler) "Würde", vaterländisch einmütig zusammenzuschliessen.

Abschliessend konstatiert er: "nur aber, wann der Dämon, der jene Rasenden im Wahnsinne des Parteienkampfes um sich erhält, kein Wo und Wann zu seiner Bergung" unter den Deutschen "mehr aufzufinden vermag, wird es auch keinen Juden mehr geben". Den Deutschen könne somit "gerade aus der Veranlassung der gegenwärtigen, nur eben unter uns wiederum denkbaren" (antisemitischen) "Bewegung" eine "grosse Lösung eher als jeder anderen Nation ermöglicht" sein, "sobald sie ohne Scheu, bis aufs innerste Mark unseres Bestehens das Erkenne-Dich-selbst vollzögen, vor der letzten Erkenntnis nicht zurückwichen". Wagner gibt am Ende des Textes zu bedenken:
"Dass wir, dringen wir hiermit nur tief genug vor, nach der Überwindung aller falschen Scham, die letzte Erkenntnies nicht zu scheuen haben würden, sollte mit dem Voranstehenden, dem ahnungsvollen angedeutet sein".

Ob aus diesen bedachtsam verschlüsselt vorgelegten Äußerungen Phantasien von gewaltsamer Deportation der Juden oder Genozidhandlungen sprechen, ist Gegenstand germanistischer und musikgeschichtlicher Erörterung. Daß Wagner im Gedanken eines "Erwachen" Deutschlands im "Erkenne Dich selbst" die Ereignisse des Jahres 1933 - Zerschlagung des Parteienpluralismus sowie der parlamentarischen Demokratie und triumphales Erstarken einer chauvinistisch-nationalen deutschen Erhebung - ideologisch-literarisch vorwegdenkt, geht aus der Lektüre des Traktates eindeutig hervor.

Adepten des Bayreuther Meisters wussten dessen Gedankengänge denn auch zielgerecht zu entsprechen, der Nationalsozialismus des 20. Jahrhunderts schließlich schwang sich zur "letzten Erkenntnis" empor und war zu der Realisierung einer "großen Lösung" vermeintlicher Judenfrage auf politischem und kulturellem Gebiet bereit.

Am 3. April des Jahres 1929 hielt der Demagoge Adolf Hitler eine mehrstündige Kampfrede im vollständig überfüllten Festsaal des Münchner Hofbräuhauses. Darin richtete er sich gegen Pläne des Schauspieldirektors Max Reinhardts, an der Veranstaltung Münchner Sommerfestspiele mitzuwirken.

Hitler sprach also u. a.: „Es handelt sich also um den Versuch, uns jüdische Kunst aufzuoktroyieren (...) dieser Kunstwille entstammt jenem Volk, das aus sich heraus überhaupt gar kein Kunstempfinden hat, das nicht, wie manche Mitglieder unseres Münchner Stadtrates meinen, besonders groß ist im Kunstempfinden, sondern das niemals überhaupt eine eigene Kunst gehabt hat, das grundsätzlich unproduktiv ist und nur die Kunst anderer Völker zu annektieren in der Lage war, zu allen Zeiten! (...)

Jedenfalls hat das Judentum an sich überhaupt keinen ausgeprägten Kunstwillen, sondern das Judentum sieht in der Kunst genau das, was es in allem sieht, nämlich eine Geschäftsmöglichkeit. Es trennt sich von unserer Kunstauffassung meilenweit".

Hitlers Rede reproduziert bis in kleinste Einzelheiten Wagners Kampfschrift „Das Judentum in der Musik" und bezog sich, Jens-Malte Fischer zufolge, überhaupt explizit auf Richard Wagner.

"Anders liegen meines Erachtens die Fälle von Felix Mendelssohn und Joseph Joachim, die man kaum fremdvölkischen Musikgeschichten in dem Maße wie ihre vorgenannten Rassengenossen zurechnen kann. Mendelssohns beste Werke (...) haben im künstlerischen Weltbild deutscher Meister wie Schumann, Brahms, Bülow, Bruch und Reger ausdrücklich eine Rolle gespielt, die zu den musikgeschichtlichen Tatsachen jener Zeit gehört. (...)

Wenn also auch diese beiden seit 1933 praktisch für Deutschland ausfallen, so jedenfalls mehr aus der staatspolitischen Notwendigkeit einer Gesamthaftung des Judentums für die versuchte Überfremdung deutscher Kultur, als wegen eines absoluten Unwerts jener Werke und ihres praktisch-künstlerischen Bemühens. (...) Niemand hat ihn wärmer bewundert als Schumann, Brahms, Bülow und Reger – das sollte jenen zu Denken geben, die einen M. heute wegen seiner Rasse glauben herabmindern zu müssen. " (Hans-Joachim Moser 1938)

In den ersten Jahren des nationalsozialistischen Regimes war der Umgang der Repräsentanten deutschen Musikbetriebs mit dem als klassisch verstandenen Oeuvre der nunmehr als jüdisch apostrophierten Komponisten Felix Mendelssohn, Gustav Mahler und Jacques Offenbach von Unsicherheit geprägt. Es lagen vielerorts noch keine Erfahrungswerte vor, was weiterhin gestattet sei oder nachhaltig zu unterbinden wäre. So war schwerlich einzuschätzen, wie weit die Forderungen der Machthaber in den Kontext traditionellen E-Musik-Repertoires einzugreifen beabsichtigten. Ob man sich mit der Negation der Avantgarde und "Musikzersetzung" jüngeren und jüngsten Datums befrieden, die rein von politischer Willkür betriebene Konterbewegung vor dem Reiche der Tonalität zum Stillstand kommen würde.

Der Musikwissenschaftler Hans-Joachim Moser, legte somit im Jahre 1938 eine "Kleine deutsche Musikgeschichte" vor. Mit Worten wie den soeben zitierten, tastete er sich vorsichtig in vermeintliche Terra incognita vor, an das "Problem Mendelssohn", wie man es hier einmal zu Recht benennen könnte, heran. In zahlreichen Fällen blieben Schriften wie diese, Aufführungen Mendelssohnscher Werke gar, ohne Folgen für Autoren und Musiker. In anderen Fällen erfolgte die Reaktion rasch und unmissverständlich, stellten sich die Negativerfahrungswerte mit den Prämissen völkischer Kulturpropaganda postwendend ein.

So auch im Falle der "Kleinen deutschen Musikgeschichte" Mosers:

„Wer eine kleine Musikgeschichte schreibt, hat die Juden aus seinen Darlegungen zwangsläufig auszuschalten." beschied eine Rezension im „Westdeutschen Beobachter" dem als „kulturpolitisch unzuverlässig" apostrophierten Verfasser Hans-Joachim Moser.

Moser hatte diesen Wink offensichtlich verstanden und beherzigt. Wenige Jahre später trat er wiederum als Publizist von Schriften, welche sich mit rassebiologischen und musikalischen Fragen auseinandersetzten sowie als Generalsekretär der "Reichsstelle für Musikbearbeitungen" in Erscheinung. Letzteres stand für eine Behörde, welche Werken des Opern-, Operetten- und Chorrepertoires vermittels Umdichtung und Bearbeitung von Text und Handlung völkischen, antisemitischen Charakter verlieh.

Andere aber sahen sich vom nunmehr vorherrschenden Ungeist sogleich zu deutlichem Worte beflügelt. So stellt Dr. Fritz Stege im Mai des Jahres 1933 in der „Zeitschrift für Musik" Betrachtungen über die "Zukunftsaufgaben der Musikwissenschaft" an und kommt dabei u. a. zu folgendem Ergebnis:

"Aber wie es einzelne Meister der Tonkunst gibt, die dem vollendetstem Rassentypus entsprechen, so unterstehen auch ganze Perioden der Musikgeschichte besonderen Rasseneinflüssen.

In geistvoller Weise hat Richard Eichenauer den Nachweis erbracht, wie sich der nordische Geist der polyphonen Form bemächtigte, während im Gregorianischen Gesang orientalische Eigenheiten zum Ausdruck kommen. (...) Und nun werden wir vom Rassenstandpunkt aus auch die verschiedenen Strömungen unseres heutigen Musiklebens viel besser verstehen und beurteilen. Der Einbruch vorderasiatischer Rassenmerkmale in den Geist unserer Tonkunst hat zu einer Auflösung des abendländischen Harmoniegefühls beigetragen."

Dr. Stege unterläuft allerdings, vom Eifer der von rassebiologischer Lehren motivierten Herabsetzung von Musik beflügelt, ein eklatanter musikhistorischer Fehler. Er behauptet, dass ein Komponist von vermeintlich vorderasiatischer Herkunft wie Mendelssohn, als welchen das

„III. Reich" diesen einzuordnen pflegte, die Auflösung abendländischen Harmoniegefühls betrieben habe. Der sich selbst als Traditionalist verstehende Mendelssohn habe also letztlich der Auflösung der Tonalität Vorschub geleistet.

Es ist musikgeschichtliches Allgemeingut, dass die Harmonik und somit die Tonalität in der deutschen Musik von der Oper "Tristan und Isolde" des "Vollariers" und präpotenten geistigen Dramaturgen des „III. Reiches", Richard Wagner aufgebrochen und somit infrage gestellt wurde.

Ein Weg, der in den Werken der Spätromantiker Gustav Mahler, Richard Strauss sowie des frühen Schönbergs bis in die Atonalität und Zwölftonmusik des 20. Jahrhunderts hinein konsequent Fortsetzung fand. Der "Vorderasiate" und "Orientale" Felix Mendelssohn hingegen tat (wie die infolgedessen agierenden Komponisten Robert Schumann und Johannes Brahms auch) alles in seiner Macht stehende, um das abendländische Kulturerbe der Harmonielehre und Tonalität vor potentiellen Zersetzungen zu schützen und zu bewahren. Solcherart Irrtümer also sind die Folgen, wenn Rassenhass, Ideologie und Demagogie anstelle objektiver musikwissen-schaftlicher und musikhistorischer Darlegung und Beurteilung treten.

Im Jahre 1934 forderte der Dirigent und Fachgruppenleiter Musik des "Kampfbundes der Deutschen Kultur" („KfdK") auf einer Landestagung der "Reichsmusikkammer" („RMK") in Dresden die Anwesenden dazu auf, Mendelssohn als Vergangenheit, überholte Musikgeschichte zu betrachten und statt seiner künftig neue Komponisten aufzuführen.

Die Orientierungslosigkeit musikalisch tätiger Entscheidungsträger, der Dirigenten, Hochschuldirektoren, Chorleiter, Musikpublizisten etc. wurde erheblich gefördert durch den Kompetenzwirrwarr und Machtkämpfe, welchen sich die unterschiedlichen Partei- und Regierungsorganisationen kulturellen Zuschnitts unausgesetzt hingaben.

Gerade in den ersten Jahren nationalsozialistischen Machtvollzugs rivalisierten parteieigene Organisationen ohne Regierungsbeteiligung wie der „Kampfbund für deutsche Kultur" („KfdK") des NS-Strategen Alfred Rosenberg mit Regimefunktionären gesamtstaatlicher, regionaler oder lokaler Zuständigkeit um Majoritätsfragen bezüglich zukünftigen völkischen Kulturbetriebs. Führungskräfte des Regimes wie Joseph Goebbels indes waren bestrebt, die Kompetenzen durch die Einrichtung von Ministerien wie jenes für „Volksaufklärung und Propaganda" vollständig an sich zu reißen. Als Propagandaminister und Chef der "Reichskulturkammer" („RKK") betrieb Goebbels die Einrichtung einer "Reichsmusikkammer" („RMK") innerhalb der „RKK", welche alle Fragen des Musiklebens in seinen persönlichen Entscheidungsbereich bringen sollte und im November 1933 offiziell eingesetzt wurde.

Nach einem vergleichsweise kurzen und in jeder Hinsicht unrühmlichen Interregnum des Komponisten Richard Strauss als Präsidenten der „RMK", stand ab Mitte 1935 mit Peter Raabe ein Seniordirigent und Prof. Emeritus der „TU Aachen" und überzeugter Nationalsozialist der "Reichsmusikammer" vor. Da Goebbels Ende des Jahres 1936 die Errichtung einer Musikabteilung des Propagandaministeriums verfügte, als deren Leiter der Dirigent Heinz Drewes fungierte, sah sich Raabe als Präsident der „RMK" mit einem weiteren Generalbevollmächtigten Musik im Weisungsbereich Minister Goebbels konfrontiert. Drewes unterstand als Leiter der Musikabteilung ausschließlich der Person des Ministers, war aber als Mitglied der „RMK" wiederum partiell den Anordnungen Raabes als deren Vorstand unterworfen. Die Supervision des Bereiches Musik unterlag daher in letzter Konsequenz dem Propagandaminister selbst.

Da aber die beiden Funktionäre die Richtlinienkompetenz ihrer Positionen größtmöglich auszureizen trachteten und sich somit gegenseitig blockierten, liegt die Neutralisierung und Ineffektivität der Behörde auf der Hand.

Darüber hinaus befehdeten sich die auf gleicher Partei- und Verwaltungsebene angesiedelten NS-Funktionäre auch untereinander. Es verwundert daher nicht, das neben Goebbels auch der Preussische Ministerpräsident und Generalluftmarschall Hermann Göring als Generalintendant aller preußischen Theater kulturelle Kompetenzen beanspruchte und auch der preussische Kultusminister und spätere Reichsminister für Wissenschaft, Kunst und Volksbildung Bernhard Rust über erhebliche Weisungsbefugnis im kulturellen Bereich verfügte. Auf persönlichen Wunsch Adolf Hitlers wurde im Jahre 1934 wiederum das Amt Rosenberg ins Leben gerufen, da Hitler sich dem zunehmenden Machtbereich seines Propagandaministers gegenüber abzusichern trachtete.

Rosenberg, der Vorkämpfer des von Goebbels institutionell neutralisierten „KfdK" erhielt somit als "Beauftragter des Führers für die Überwachung der gesamten geistigen und weltanschaulichen Schulung und Erziehung der „N.S.D.A.P." erneut Kompetenzen, welche in der Folgewirkung auf die von Hitler angestrebte vollständige ideologische Nivellierung europäischen Kulturerbes der Bereiche Kunst und Wissenschaft abzielen sollte. Da die genannten Einrichtungen mit unterschiedlichen Kompetenzen versehen administrativ im gleichen Revier, dem Bereich Musik agierten, waren die Amtsleiter jeweils in kleinlicher Eifersüchtelei auf Besitzstandswahrung und gesteigerte öffentliche Einflussnahme bedacht. Somit herrschte – den erklärten Zielen vollständiger ideologischer Kontrolle öffentlichen Lebens gänzlich zuwiderlaufend – stellenweise ein Richtlinienwirrwarr vor, welches der einflussreiche Berliner Kritiker Hans Heinz Stuckenschmidt nach dem Kriege als „ganz schwammig, im Grunde unverständlich" charakterisieren sollte.

Dass es somit in den ersten Jahren des Regimes noch zu vereinzelter Propagierung Mendelssohnscher Musik kommen konnte, ist keinesfalls etwaigen anteilig-libertinären Grundzügen desselben geschuldet. Das Phänomen resultiert vielmehr aus einer, letztendlich bis zum Untergang des „III. Reiches" vorherrschenden, Unfähigkeit der NS-Administration, die Durchsetzung ideologischer Prämisse wirkungsvoll bis in alle Teilbereiche alltäglichen Lebens durchzuführen. Möglicherweise spielten auch strategische Erwägungen, Vorbehalte, in das Bemühen um eine nachhaltige nationalsozialistische Revision des kulturellen Lebens in Deutschland hinein. "Darf bei Veranstaltungen der N.S.D.A.P. nicht gesungen werden", hiess es bezüglich des Mendelssohnschen Chorwerks zurückhaltend im Jahre 1934, als das Regime möglicherweise noch auf Überzeugungsarbeit und Konsens bei den wertkonservativ-bildungsbürgerlich ausgeprägten Bevölkerungsschichten bedacht war.

"Eine grosse Zeit duldet keine Kompromisse. Wenn konfessionelle Kirchenchöre das nicht begreifen wollen und, wie kürzlich in einer rheinischen Stadt geschehen, ihren Mendelssohn einfach ohne Nennung des Namens in ein Konzert einschmuggeln, erhebt sich die Frage nach der politischen Zuverlässigkeit solcher Dirigenten, denen dann das letzte Hintertürchen für ihre bewusste Sabotage der musikalischen Reinigungsbestrebungen energisch zugeschlagen wird. Solche Handlungen, die sich durch ihre Feigheit selbst richten, sind Ausnahmen, die wir nur registrieren, um zu zeigen, daß das Fischen im Trüben stets den Dunkelmann trifft", gab der Hauptschriftleiter Musik F. W. Herzog im Jahre 1937 zu verstehen, als sich das Regime bis in alle Lebensbereiche hinein verfestigte und qua Diktat über etwaige bildungsbürgerliche Ressentiments nunmehr gänzlich hinwegsetzen konnte.

Im Jahre 1938 erinnert der Generalintendant von Weimar, Hans Severus Ziegler anlässlich jener berüchtigten Ausstellung Entartete Musik, welche anlässlich der Reichsmusiktage in Düsseldorf realisiert wurde, daran , dass Wagner als Verfasser „seinen lieben Deutschen vor nahezu drei Menschenaltern das Judentum in der Musik einigermaßen deutlich dargestellt hat." Er schreibt weiterhin: „Wenn Richard Wagner in seiner Abhandlung „Das Judentum in der Musik" schon auf die Scharlatane und seichten Nachahmer der jüdischen Musikproduktion seiner Zeit hinweist und nachweist mit welcher Solidarität das Judentum alle deutsche Musik, deren Schöpfer bekämpft hat, zu einer Zeit, da der jüdische Komponist aus guten Gründen immerhin noch ein bestimmtes Stilniveau wahrte , so sollten wir Nachfahren Wagners erst recht gewitzt sein, die viel plumperen Scharlatane der jüngsten Vergangenheit zu entlarven, die jahrzehntelang unser Opern- und Konzertwesen beherrscht haben." Ziegler selbst verdeutlicht dass die führenden Nationalsozialisten sich in ihrem speziellen

Kulturantisemitismus unmittelbar auf die Lehren und Schriften Richard Wagners beriefen, dass sich dieselben bis ins „III. Reich" ungebrochen fortsetzten und daselbst perfektionierten. Dies sei vor allem jenen Alpha-Wagnerianern (wie weiland Wagner-Urenkelin Katharina Wagner es in einem TV-Beitrag tat) ins Stammbuch geschrieben, welche eine spezifische Verantwortlichkeit Wagners für Judenverfolgung und Holocaust so eilfertig und rundheraus meinen ablehnen zu müssen.

Der Meininger Kapellmeister Gustav Adolf Schlemm wurde im Jahre 1933 seines Postens enthoben, weil er eine Mendelssohn-Komposition, das Klavierkonzert Op. 25 ins Programm eines am 7. Februar im Landestheater gegebenen Jugendkonzertes genommen hatte; sein Handeln vom Leiter des "Gaukulturamtes der N.S.D.A.P"., Hans Severus Ziegler als Brunnenvergiftung deutscher Jugend gegeißelt. Der Frankfurter Dirigent Joachim Martini verdeutlicht in seinem Beitrag zum 1. Leipziger Mendelssohn-Kolloquium im Juni 1993 präzise die Perfidie, mythologische Sublimität und implizite psychologische Nachhaltigkeit dieser Metapher: „Bösartig, denn das Bild suggeriert nicht nur die seit Jahrhunderten zu Pogromen Anlass gebende Fantasie des Ritual- und Massenmordes, sondern unterstellt gleichzeitig dem Komponisten die abgefeimte Intention, die Jugend, die Blüte, die Hoffnung der Nation mit seinem Pesthauch korrumpieren zu wollen".

Der Doyen damaligen deutschen Dirigententums, Wilhelm Furtwängler, hielt in den Jahren 1933 und 1934 in den Programmen der von ihm geleiteten Berliner Philharmoniker noch an Mendelssohnschen Orchesterwerken fest. So ist vom Februar des Jahres 1933 eine Aufführung der Schauspielmusik zum "Sommernachtstraum" überliefert.

Die im Jahre 1933 in der Leipziger Thomaskirche aufgeführte Sylvestermotette des Thomanerchores brachte u. a. das Neujahrslied „Mit der Freude zieht der Schmerz" von Felix Mendelssohn zu Gehör, ohne das NS-Behörden dem Chor zu diesem Zeitpunkt deswegen Schwierigkeiten bereitet hätten.

Die Rezensentin Grete Altstadt Schütze bezeugt im gleichen Jahre im Märzheft der „Zeitschrift für Musik" eine zeitnahe Aufführung des Violinkonzertes Op. 64 in Wiesbaden. Demonstrativ stellt sie sich dabei an die Seite des "aus innerstem Adel musizierenden Prof. Georg Kulenkampff,...der bewies, dass man Mendelssohns Violinkonzert in solch meisterlicher Aufmachung noch lieben könne".

Gleichsam in Wiesbaden kam es zu Beginn des Jahres 1934 zu erneuter Aufführung des Violinkonzertes, ohne das die Ausführenden vorab oder im Nachhinein mit Repressalien konfrontiert wurden.

Es spielte der junge Wolfgang Schneiderhan, am Pult stand Carl Schuricht; beide nach dem Kriege, in den 50ziger und 60ziger Jahren Kapazitäten ihres Faches.

Anfang des Jahres 1935 stellte der Engländer Frederic Lamont in Berlin ein Programm vor, das ausschließlich aus Werken Mendelssohns bestand.

Im Februar des gleichen Jahres brachte der Thomanerchor in Leipzig noch einmal den Psalm 43 op. 78 Nr. 2 zu Gehör, obgleich mit Karl Straube ein altverdientes Parteimitglied (Parteieintritt i. J. 1926) die musikalische Leitung des Chores wahrnahm, welcher im Jahre 1937 denn auch der HJ gleichgeschaltet wurde.

Wie stellt sich die publizistische Abhandlung des Sujets Mendelssohn, nunmehr dem von den Machthabern propagierten "rassebiologischen" Aspekt unterworfen, in der Frühzeit des Regimes dar?

Hans Mersmann vermengt in „Eine deutsche Musikgeschichte" zeitgeistgerecht die „rassische" Belange des musikalischen Vorfalls Mendelssohn mit den tradierten biographisch-musikalischen Stereotypen Familienclan, Reichtum, omnipotente musikalische Protektion, Frühreife und –stagnation, formaltechnisch vollendeter Leerlauf, Klein-(kunst)-meister etc. Wie zahlreiche Musikpublizisten paraphrasiert Mersmann dabei Thesen aus Wagners Traktat. So spricht Mersmann Mendelssohn die "stetige wärmende Kraft" ab, welche Wagner zufolge nur in der Verwurzelung im deutschen Volke reüssieren könne, welche Mendelssohn als Jude ja von Grund auf verwehrt sei. Die These von der "technischen Meisterschaft", welche "bisweilen schon als Leerlauf" empfunden würde spielt wiederum auf Wagners Invektive der seelenlos, technisch vollendeter Kälte in der Musik jüdischer Komponisten.

So heisst es auf Seite 419 ff:

"...Der Enkel von Moses Mendelssohn...war Träger einer...ausgeprägt jüdischen Familienkultur, in welcher die Musik von jeher eine Rolle spielte. (...) alle Schwierigkeiten wurden aus dem Weg geräumt. (...)

Und so erreichte er verhältnismäßig früh einen Grad von Vollendung, den eine spätere Entwicklung nicht mehr übertraf. Mehrere Vorzeichen treffen zusammen: Rasse, schöpferische Begabung, Überzüchtung und eine schon zur Dekadenz hinüberneigende Familienkultur...: er beginnt mit genialem Schwung (...) und hat dann Mühe, die immer wieder hinabgleitende Höhe zu halten. (...)

Aber hinter dem Werke lebt nicht mehr die stetige, wärmende Kraft und seine vollendete technische Meisterschaft wirkt bisweilen schon als Leerlauf. (...) Er ist der erste, dessen entscheidende Äußerungen in der Kleinkunst liegen.

Der "Westdeutsche Beobachter" veröffentlichte am 10.3.1935 ein Traktat Dr. Karl Grunskys; welcher sich, gänzlich zeitgeistgerecht, "Gedanken über Mendelssohn" ge- macht hatte. Grunsky, ein vormals in Stuttgart ansässiger Musikschriftsteller und Bruckner-Experte, war bereits in den ersten Jahren der Weimarer Republik als Vorkämpfer einer "musikalische(n) Erneuerungsbewegung vor der deutschen Revolution" mit der Publikation antisemitischer Musikrezensionen hervorgetreten. Mit der Publikation von "Abwehrschriften", welcher der Komponist Hans Gansser in der Septemberausgabe der "Zeitschrift für Musik" von 1935 "höchst wertvoll und aufschlußreich" bezeichnete. So veröffentlichte Dr. Grunsky um 1920 herum eine Studie, welche sich dem einschlägig bewährten Thema "Richard Wagner und die Juden" widmete und von Rezensent Gassner als "deutsche Tat von bemerkenswerter Zivilcourage!" eingeschätzt wurde.

Des Weiteren versuchte sich Dr. Grunsky bereits im Jahre der "Machtergreifung" in der Rolle einer publizistischen Denunziation mißliebiger Kollegen des akademischen und ausübenden Musikbereichs.

In einer Schrift mit dem martialisch vorgeprägten Titel "Der Kampf um deutsche Musik. Der Aufschwung", erschienen im Jahre 1933 in Stuttgart, suchte Grunsky in anmaßend -subjektiver Schreibweise erfolglos Komponisten wie Hugo Herrmann und Wolfgang Fortner, Funktionäre wie Prof. Fritz Jöde und Prof. Leo Kestenberg sowie auch den Dirigenten Wilhelm Furtwängler als wesenssynonym jüdisch und sozialdemokratisch, als unbelehrbare Propagandisten sozialistischen Musikgutes sowie Marxisten zu diffamieren.

Kaum verwunderlich, daß Grunskys "Gedanken über Mendelssohn" somit nur von brachial zu Werke gehender Subjektivität und Polemik sowie ungeschlachter Redeweise geprägt sein konnten:

"Die "Lieder ohne Worte" (schon der Titelwitz verstimmt!) haben eine überlange Zeit hindurch den musikalischen Geschmack bestimmt, das heisst verderbt; denn was am Klavier als am Tonwerkzeug des häuslichen Alltags erklang, musste sich auf alle anderen Neigungen auswirken (...) Die Wut musste einen packen, wenn diese geschwätzigen Auslassungen wegen besserer Verständlichkeit hoch über Beethoven emporgerückt wurden. Und spielte die Tochter des Hauses mit einer Freundin gar vierhändig, so mussten es Mendelssohns Sinfonien sein, weil sie so plätschrig dahinflossen (....)

Damit, daß Mendelssohn als Ersatz für deutsche Meister in unser Musikleben eindrang, sind wir an dem entscheidenden Punkte angelangt, der unser Verhalten künftig regelt; wir brauchen solchen Ersatz nicht mehr, weder im Konzertsaal noch im Hause! Auch nicht in der Kirche! Als Übungsstoff kam Mendelssohn vielleicht in Betracht, aber nie als gleichwertige Offenbarung (...)Nicht zu rechtfertigen ist also die Überschätzung, die unsere Musikwelt Mendelssohn auf jedem Gebiete zugestanden hat.

In Kretschmars "Führer durch den Konzertsaal" sind Mendelssohns 5 Sinfonien zusammen 11 Seiten gewidmet; 7 Sinfonien Bruckners, die vor 1890 entstanden waren, werden auf wenig mehr als einer Seite erledigt, ein krasser Fall des Mißverhältnisses zwischen Jüdischem und Arischem in einem deutschen Buche!"

Im Jahre 1935 legte Christa Maria Rock einen enzyklopädischen Konstrukt vor, welcher sich bereits im Titel „Judentum und Musik: mit dem ABC jüdischer und nichtarischer Musik" als Paraphrase der historischen Publikationen Wagners und Fritschs ausweist.

Als Co-Autor firmiert Hans Brückner; die Herausgeber verweisen auf die Auswertung „authentischer Unterlagen." Das Buch erreichte bis zum Ende der nationalsozialistischen Diktatur eine Auflagenhöhe von insgesamt etwa 200 000 Exemplaren. Tendenziell liegt es ganz auf der Linie jener zahlreichen, im Zeitraum von 1934 – 40 veröffentlichten einschlägigen Publikationen hinsichtlich musikanthropo-logisch bemühter „Beweisführung" einer "rassisch" bedingten arischen Überlegenheit sowie der "semitischen" Befähigung zur Unterwanderung gewachsener "völkischer" Strukturen im musikalischen Bereich.
  Rhetorisch indes vollends dilettantisch ausgeführt, trachtet es, dem Leser vermittels dezidiert diffamierender Entstellung und Verzeichnung deutsch-jüdischer Vergangen-heit, Persönlichkeiten wie Mendelssohn nachhaltig zu entfremden. Wie deutlich ersichtlich, beruft Rock sich, im Tonfall der Übersteigerung und Nachereiferung klassisch-subalternen Adeptentums verhaftet, auf den überkommenen Schlagwort-Katalog der Wagnerschen Argumentationskette: Mendelssohn = Jude = Eklektizist = geschmäcklerisch, insubstantiell.

Aber auch die von B. A. Marx (Mendelssohn-Synonym: weibisch) und Theodor Uhlig (Mendelssohn-Synonym: Schaffenwollen und Nicht-Schaffen-Können) seinerzeit ausgeprägten Rezeptionsstereotypen finden in nahezu identischer Wiederholung Anwendung.

„Felix Mendelssohn Bartholdy (...) war ein Vollblutjude und der Enkel des als Philosoph gepriesenen Moses Mendelssohn. (...) Seine Frau war die Tochter eines evangelischen Predigers aus Frankfurt (Main), Cecilie Jeanrenaud, zu deutsch: Johann Fuchs, der vielleicht auch nicht so ganz rasserein war.

Bei Mendelssohns Tod wurden die Zipfel des Leichentuches von den echten Juden, seinen Freunden Ignaz Moscheles, David, Moritz Hauptmann und Gade getragen.

(Den demagogischen Praktiken derartigen Schrifttums gemäß unterschlägt Rock dabei die Sargträger Robert Schumann und Julius Rietz. Anderseits entgeht ihr der „Semite" Ferdinand David. Gade und Hauptmann wiederum waren keineswegs jüdischer Abstammung. Anmerk. d. Verf.)

Mendelssohn ist der Begründer des Sammelsurium-Stils, der dann von den nachfolgenden Juden noch weiter verwässert wurde. Er gefiel sich besonders in

Monster-Vorstellungen, ein typisch jüdischer Geschmack, der dann auch von Mahler besonders übertrieben wurde. Mendelssohns Musik ist überwiegend schwärmerisch und sentimental, fast weibisch. Sein Schaffen zeigt immer wieder die Rasseneigentümlichkeit, die gesuchte Anhäufung aller denkbaren Instrumentaleffekte.

Immer zeigt sich in ihm der Konflikt des Schaffenwollens und Nicht-Schaffen-Könnens. Rein jüdisch war auch seine Abneigung gegen Wagner und gegen Beethoven. (...) Ihm fehlt Naturlaut. Er war nur ein Kolorist der Tonkunst".

Rock biegt sich dabei die musikgeschichtliche Sachlage, ganz dem propagandistischen Zwecke des Buches unterworfen, mit Brachialgewalt zurecht und befleißigt sich stellenweise der reinen Unwahrheit . Mendelssohns Musik ist von der Stringenz und Transparenz überschaubarer Besetzungen bei der Vorgabe rascher Tempi geprägt.
"Monster Veranstaltungen" laufen dem musikalischen Idiom der Mendelsohnschen Musik geradezu zuwider. Der Sittenstrenge humanistischen Komponierens verhaftet, verwahrte sich Mendelssohn gegenüber jedwedem illustrem musikalischen Affektes, welcher ihm letztendlich (auch in den Werken andere Komponisten) als unseriös erscheinen mußte. Eine Abneigung Mendelssohns Beethoven gegenüber entspringt des Weiteren der puren Erfindung Rocks. Beethovens Symphonien spielten eine wesentliche Rolle in der Konzeption der Gewandhausprogramme Mendelssohns, Beethovens Vorbild war in zahlreichen Kompositionen desselben lebendig.
Die Publikation Rocks und Brückners war in der Lesart und Recherche allerdings derart schlampig verfertigt, daß das Autorenpaar eine Reihe von Prozessen auf sich zog, angestrengt von Personen und Einrichtungen, welche sich durch eine irrtümliche Konstatierung jüdischer Identität in diesem Buch in ihrem Ruf geschädigt sahen.

Im Sommer des gleichen Jahres leitete Franz von Hoeßlin im Schloßgarten der Hohenzollern in Breslau ein Serenadenkonzert, welches u. a. auch Scherzo und Notturno aus der "Sommernachtstraum"-Musik zu Gehör brachte.
Die Presse kommentierte diese Aufführung zweier Kompositionen eines zunehmend als Juden verfemten Musikers dessen ungeachtet als "unvergänglich schön".

Gleichsam im Sommer des Jahres 1935 trat die Frankfurter Museumsgesellschaft (eine noch heute bestehende großbürgerliche Konzertgesellschaft) in außerordentlicher Mitgliederversammlung mit dem Ziele zusammen, das Konzertprogramm der nächsten Saison festzulegen. Der Komponist Dr. phil. h.c. Alexander Friedrich Prinz von Hessen riet der Versammlung dabei nachdrücklich, "in Zukunft auch wieder dem Werk Mendelssohns gebührende Beachtung zu schenken" (Prieberg), ohne sich mit dieser Position bei der Museumsgesellschaft durchsetzen zu können.

Fred Prieberg, dessen, im einschlägigen Themenbereich langjährig führenden Studie "Musik im NS-Staat" die Daten regimekontroverser Aufführungen von Mendelssohn-Musik größtenteils entnommen wurde, listet des weiteren folgende Theateraufführungen des "Sommernachtstraums" mit der Mendelssohnschen Schauspielmusik auf: 1934 vom Friedrich-Theater in einer im Dessauer Luisum veranstalteten Vorstellung; im April des gleichen Jahres in Ulm, in den Ostertagen des Jahres 1935 in Meinigen.

Dem standen im gleichen Zeitraum aber bereits von der NS-Kulturpolitik initiierte Surrogat-Untermalungen mit Grammophonplatten (so am Freilichttheater Märkisches Museum in Berlin), mit Instumentalmusik aus Purcells „The Fairy Queen" bei den Heidelberger Schlossgastspielen des Jahres 1934, mit einer nicht näher genannten Barockmusik an der Naturbühne in Thale/ Harz sowie eine von Erwin Baltzer mit Ausschnitten von Carl Maria von Webers „Oberon" am Neuen Stadttheater Greifswald zusammengestellte Kompilationsmusik. Die wahrscheinlich letzte Aufführung des Schauspiels in der Vertonung Mendelssohns im Nationalsozialismus fand im Juni des Jahres 1937 am Stadttheater Brandenburg/ Havel statt.

Auch im Verlagswesen konnte sich Mendelssohns Werk noch einige Jahre behaupten. Die Verlage nutzten dabei offenkundig ein Schlupfloch innerhalb nationalsozialistischer Verordnungen, welche ein Angebot von Musikmaterialien jüdischer Komponisten für eine bestimmte Übergangszeit scheinbar zu dulden gestatteten.
Hören wir dazu Joseph Goebbels in einem Artikel der Zeitschrift für Musik aus Regensburg vom 1. Januar 1936.

Er verfügte darin: "daß wegen allenfallsiger Schädigung der betreffenden Verlage und aus der Erwägung heraus, daß die Bekanntgabe von Werken jüdischer Komponisten weder deren Ankauf noch deren Aufführung zufolge haben wird, ein Verbot der betreffenden Verlagsverzeichnisse nicht ausgesprochen wird. Für die Zukunft jedoch hat bei Neudruck von Katalogen selbstverständlich jedwedes Anbieten von Werken nicht erwünschter Komponisten zu unterbleiben".

So bot der Musikverlag Hampe weiterhin ein Posaunenchorarrangement des Kriegsmarsches der Priester aus Mendelssohns Schauspielmusik zu Racines Drama "Athalia" zur Aufführung an. Ein Katalog des namhaften Musikverlages Bote & Bock in Berlin wiederum bot Musikalben an, welche Mendelssohnsche Kompositionen und jene anderer jüdischer Tonsetzer gar mit Werken nationalsozialistischer Komponisten wie Georg Blumensaat, Johannes Günther und Hans Miessner vereinten.

Im Jahre 1939 erklang Mendelssohn noch einmal an der Musikhochschule in Weimar. Der Direktor des Instituts, Felix Oberborbeck, wurde daraufhin von seinem Posten suspendiert Österreichische NS-Funktionäre erschlossen ihm daraufhin einen neuen Wirkungsbereich an der Musikhochschule in Graz.

23. Auch in der Musik hat der Jude nie Kulturwerte geschaffen

Die Reichsleitung der „N.S.D.A.P". war von den Vorgängen um die dilettierenden Publizisten Rock und Brückner hinreichend gewarnt; diese hatten beträchtliche Zahlungsbefehle hinsichtlich Schadensersatz gegen NS-treue Verlage mit sich gebracht und diskreditierten das Unterfangen antisemitischer "Säuberung" der deutschen Kultur in Gesamtheit im Vorfeld erheblich. Also beschloss die ranghöchste Ebene der NS-Kulturpropaganda die Vorlage eines von offizieller Seite initiierten musikalischen Judenkatechismus: des "Lexikon der Juden in der Musik"

In den Jahren 1934/35 erschien ein Hauptwerk aggressiven nationalsozialistischen Rassenschrifttums unter dem Titel „Handbuch der Judenfrage". Wie im Titel bereits verdeutlicht, handelt es sich dabei um eine aktualisierte, dem NS-Gedankengut spezifisch Rechnung tragende Bearbeitung des berüchtigte "Handbuch der Judenfrage", welches der Antisemit Theodor Friztsch bereits im Jahre 1887 erstveröffentlichte. Da das Handbuch der antisemitischen Breitenbewegung Deutschlands seit jeher als Zentralorgan galt, hatte es bis zu diesem Zeitpunkt bereits zahlreiche Wiederauflagen erfahren: Allein bis zum Jahre 1907, also für einen Zeitraum von nur 20 Jahren, werden 26 Auflagen genannt.

Ob bereits die Neupublikation des "Handbuch der Judenfrage" auf Initiative und Förderung der NS-Administration zurückging, ist nicht klar. Offiziellen Rang erhielt es allerdings bereits dadurch, daß es in den Bestand sämtlicher Bibliotheken in Deutschland einzog.

Im "Handbuch der Judenfrage" von 1935 greift Hans Koeltzsch in einem Kapitel gleichen Namens auch den Gedanken vom "Judentum in der Musik" erneut auf.
   Im Verweis auf Aspekte wie: "Glanz und Glitter des Theaters" (ein Beitrag über Giacomo Meyerbeer); "Frivolität, Zynismus und Erotik" (...über Jacques Offenbach); "Operettenschmierer" (...über jüdische Operettenkomponisten); "Oberflächliches Mitmachen jeder Stilsensation" (...über Kurt Weill) betreibt er darin detailgenaue Demontage jüdischer Komponisten und deren Werke:
   "Judentum in der Musik, das ist eine kurze, erschreckende und sehr vielfältige Geschichte von Aufnahme fremden Gedankengutes, bar jeder urtümlichen Schöpferkraft; von größeren jüdischen Meistern (Mendelssohn, Mahler) in schmerzlicher Tragik empfunden, gegen die anzukämpfen vergeblich blieb. (...) Fassen wir zusammen: auch in der Musik hat der Jude nie Kulturwerte geschaffen. (...) Darum kann es im weiteren Felde des neuen deutschen Musiklebens keine "Politik der mittleren Linie" mehr geben, keine Duldung, Verständigung, keine Humanität; wir alle haben vielmehr...die Pflicht, das Judentum in der Musik restlos auszuschalten".

Der Autor dieser Zeilen reüssierte nach 1945 als "namhafter Hamburger Musikwissenschaftler" und Chefredakteur des 2. UKW-Programms des Nordwestdeutschen Rundfunks Hamburg. Er veröffentlichte u.a. in den 60ziger Jahren einen Standardopernführer, der über Buchgemeinschaften verlegt, zahllosen Haushalten zum Allgemeingut wurde und unentwegt vernichtende Urteile bezüglich "Sommernachtstraum" und Meyerbeers gesamtes Opernschaffen verkündet.

Die von der nationalsozialistischen Propaganda synonym zu „jüdisch" aufgewandten Begriffe "Atonalität" und "Entartet" waren der Entwöhnung von den harmonisch-melodischen Kompositionen des Spätklassizisten Mendelssohn wenig dienlich. Zwang administrativer Verordnung trat an die Stelle propagandistischer Rhetorik. Musikvereine, Orchester und Konservatorien ließen vom Werke Mendelssohns ab und seine Musik verstummte in Deutschland und Hitler-Europa für nahezu 12 Jahre.

Das im Jahre 1912 in der Berliner Staatsbibliothek zur Aufnahme und Exposition des Nachlasses errichtete Mendelssohn-Zimmer wurde im Jahre 1933 umbenannt, die im Jahre 1878 von den Erben und dem Preussischen Staat errichtete Mendelssohn-Stiftung zur Förderung begabter Studenten der Fächer Komposition, Dirigat und Klavier 1934 eingezogen.

Der umsichtigen Sorge des Musikwissenschaftlers und Musikfunktionärs Prof. Georg Schünemann als Direktor der Handschriftensammlung der Berliner Staatsbibliothek ist es einzig zu verdanken, daß der unmittelbare schriftliche und musikalische Nachlass Felix Mendelssohns die Zeiten des „III. Reiches" und des II. Weltkrieges weitgehend unbeschadet überstand.

Auch die Musikstadt Leipzig hatte sich der Erinnerung an den bedeutenden einstigen Mentor hiesigen Musiklebens rasch entledigt, eine Entwicklung, der mit der Vernichtung des Mendelssohn-Denkmals vor dem Gewandhause öffentlichkeitswirksam besiegelt wurde.
    Zum Beweis dessen ein Blick in zwei Publikationen des maßgeblich auf die Initiative Felix Mendelssohns im Jahre 1843 gegründeten und von diesem bis zum Todesjahre 1847 geleiteten Leipziger Konservatoriums.
    Direktor Prof. Walther Davisson umriß in jenen Jahren in einem Editorial unter dem Titel: "Das Landeskonservatorium" (ohne Datumsangabe) die Geschichte seines Hauses folgendermaßen:
    "Drei grosse Institute: Thomaskirche, Gewandhaus und Konservatorium haben den Ruf Leipzigs als Musikstadt begründet und tragen heute noch Leipzigs Künstlernamen in alle Welt. Das Landeskonservatorium nimmt unter ihnen als Musikbildungsstätte eine sehr wichtige Stellung ein. Es wurde am 2. April 1843 als erstes großes deutsches Musikerziehungsinstitut mit der Bezeichnung "Konservatorium für Musik" eröffnet und unterstand der Aufsicht der Gewandhausdirektion. Unter den ersten Lehrern finden wir Namen wie: Moritz Hauptmann, Dr. Robert Schumann, Christian August Pohlenz, Carl Ferdinand Becher, Ernst Friedrich Richter und Nils W. Gade.
    Das nachfolgend wiedergegebene (pädogogische) Eröffnungsprogramm, das in seinen Hauptgedanken noch bis zum heutigen Tage Gültigkeit hat, zeigt uns, daß schon die Gründer der neuen Musikschule von der Notwendigkeit einer umfassenden künstlerischen Ausbildung überzeugt waren: Der zu erteilende Unterricht umfasst folgende Gegenstände: Komposition, Violinspiel, Klavierspiel, Orgelspiel und Gesang. (...) Als Bildungsmittel für die Zöglinge bieten sich ferner dar: der unentgeltliche Besuch der in jedem Jahr stattfindenden Abonnemontskonzerte im Gewandhaus und der diesfälligen Proben sowie der Quartettunterhaltungen.

Auch der Besuch der vom Thomanerchor allwöchentlich aufgeführten Kirchenmusiken und der Vorstellungen der städtischen Oper wird zur musikalischen Fortbildung beitragen können".

Davisson streicht dabei in erheblichem Maße die auf Felix Mendelssohn Bartholdys Wirken beruhende ungebrochene musikalische Tradition Leipzigs, die historische Bedeutung des Konservatoriums, den Modellcharakter des im Jahre 1843 vorgelegten Ausbildungskonzeptes heraus. Des weiteren scheute er keineswegs das umfangreiche, anonyme wortwörtliche Zitat aus dem Programm, welches der totgeschwiegene oder mit der Chiffre "Gewandhausdirektion" verkleidete Direktor Felix Mendelssohn zur Eröffnung des Instituts verfasste.

Davisson geriet einige Zeit nach Vorlage des Artikels selbst in politische Schwierigkeiten, da Zweifel an seiner "arischen" Herkunft aufkamen. Obgleich er die Anfechtung der "Reinrassigkeit" stets durch die Pflege dezidiert völkischer Rhetorik zu entkräften suchte, wurde er infolge des Verdachtes der Leitung des Konservatoriums enthoben, das Institut einer kommissarischen Leitung anvertraut.

Getreu der Joseph Goebbels-Losung: "Judentum und deutsche Musik, das sind Gegensätze, die ihrer Natur nach in schroffstem Widerspruch zu einander stehen" erging an die Musikwissenschaft der Auftrag, das Idiom deutscher Musik zu definieren.

Dies vermochte sie ebenso wenig auf der Basis empirisch gesicherter Erkenntnisse zu leisten, wie Wagner seinerzeit ein vermeintlich semitisches Idiom von Glätte, Kälte, seelenlos-perfektionistischer Eleganz im Werk Mendelssohns seriös nachweisen konnte.

Im Zuge dessen bemühte sich beispielsweise der Musikwissenschaftler Robert Pessenlehner "Vom Wesen der deutschen Musik" (Gustav Bosse Verlag, Regensburg, 1937) ultimative Kunde zu geben. Er stellt darin die Behauptung daß "die höchste Formvollendung in den Werken aller Zeiten und Epochen (...) nur in den Werken der Deutschen Tonkunst" gleichsam als zentrale These, als Losung über die gesamte Thematik auf. .
An zahlreichen Fallbeispielen sucht Pessenlehner, die vom Propagandaministerium eingeforderte Beweisführung einer spezifischen Vorrangstellung Deutscher Tonkunst im Konzert der Völker und Nationen vorzunehmen.
So beklagt er eine "allmähliche Umwandlung des arischen Rhythmusgesetzes in ein ausserarisches" als vormals schädlichen Prozess, zersetzend für die Deutsche Tonkunst und stellt dieser Entwicklung einen Kanon unverbrüchlich-ewiggültiger "Wesensmerkmale - Symbole der Deutschen Musik" entgegen.

Als grundlegendes "Wesensmerkmal", als "Symbol" hebt er beispielsweise die Synkope hervor.

Der Fall Mendelssohn, des "Kronzeuge(n) für die jüdische Musik, die erkenntlich ist am Fehlen der deutschen Symbole, vor allem der Synkope", dessen Musik ja "jeglicher Synkopen" ermangele, erledige sich im Benehmen, jener sei vorgeblich ein Deutscher Komponist gewesen, somit ja von alleine.

Thesen wie jene, "innerhalb der deutschen Musikwelt" sei es das Phänomen der Synkope, welches "ganz besonders arische und nichtarische Tonsetzer" unterscheide, oder Betrachtungen wie "Deutsch sein heisst unklar scheinen" schließen sich an.

Die Subjektivität, der vordringlich im Obsessiven, Pathologischen wurzelnde Versuch um die Definition eines einzigartigen Idioms deutscher Musik; das persönliche Scheitern Pessenlehners an dieser Aufgabe, ja die Vergeblichkeit derselben, streicht jener selbst unzweideutig hervor:

Die Erklärung der "Merkmale der Deutschen Musik" wäre letztendlich "nach dem Stande der gegenwärtigen Forschung auch nicht einzig und allein dem Rassengrundsatz (zu) übertragen (...) Gewiß ist die Scheidung zwischen arischer und nichtarischer Rasse die Grundlage für die gesamte Abhandlung. Aber innerhalb der arischen Rasse ergeben sich von der Musik her Abwandlungen, für deren Bestimmung die bisherigen Ergebnisse der Rassenforschung nicht ausreichen."

Wolfgang Boettcher, dessen Funktion innerhalb der nationalsozialistischen Rezeption Felix Mendelssohns noch ausführlich zur Sprache kommen soll, hebt in einem im März des Jahres 1938 im Monatsheft "Die Musik" des Gustav Bosse Verlages Regensburg erschienenen Essay denn auch die Fragwürdigkeit des Pessenlehnerschen Versuches unmissverständlich hervor. Begreiflicherweise kapriziert sich der Habilitant Boettcher, der nach 1945 eine ausgewiesene musikwissenschaftliche Karriere durchlief, vorwiegend auf die Wahrung musikakademischer Belange:

"Wenn man Pessenlehners Buch zur Hand nimmt, stellen sich zunächst Zweifel ein, ob man es mit einer ernstgemeinten Darstellung zu tun hat oder ob sich der Verfasser (...) in karnevalistischer ironisierender Form mit Fragen beschäftigt, die nur von höchster fachlicher und weltanschaulicher Warte aus beantwortet werden können.

Das Buch ist vom Verfasser ernst gemeint. Das geht nicht zuletzt aus der Selbstsicherheit , mit der Pessenlehner (bis dato der deutschen Musikwelt ein Unbekannter) sich selbst auf einem ganzseitigen Bilde - dem einzigen des 193 Seiten starken Buches - darbietet. (...) Nach schweren Angriffen auf die deutsche Musikkultur der Gegenwart (...) kommt bei Pessenlehner die deutsche Musikwissenschaft unters Messer (...) Pessenlehner meint ironisch: "Die Männer, die einst an der Zeitschrift der Internationalen Musikgesellschaft mitschufen", behaupteten im Januar 1934, sie hätten "den Ruf", sich "zu neuer nationaler Einheit und Geschlossenheit zusammenzufinden, wohl verstanden. Er entlarvt den "Ungeist", der die Deutsche Musikwissenschaft seit ihrer Entstehung durchzieht" (...)

Während er dem Deutsche Musikgelehrten die Ehre abschneidet, berührt es peinlich, daß er den Juden Moritz Bauer (+ 1932, u.a. seit 1918 Professor & Universitätsmusikdirektor in Frankfurt a. M., Widmungsträger der Dissertation Pessenlehners aus begreiflichen Motiven kein einziges Mal erwähnt".

Während zahlreiche Autoren in Kampfschriften das Phänomen einer vermeintlich nachhaltig "durchrassten" Deutschen Tonkunst bloßzulegen trachteten, negierte eine systemkonforme, übergreifend agierende Musikwissenschaft das Lebenswerk Felix Mendelssohns vollständig.

"Es ist nicht Aufgabe einer deutschen Musikgeschichte, sich mit ihm und seinen Ouvertüren, Sinfonien und Oratorien, seinen Liedern und seiner Klaviermusik zu befassen" (Josef Müller-Blattau, Professor der MW in Frankfurt (1935) und Freiburg (1937) in seiner "Geschichte der deutschen Musik", Berlin 1938) Sie gewärtigte sich des Weiteren des Problems: Ist das Judentum eines musikgeschichtlich unumgänglich aufzuführenden Komponisten durch die Formulierung "der Jude Mendelssohn, der Jude Mahler" oder durch Voranstellung eines Davidsterns oder in Klammern gesetzten J`s in Text oder Register hervorzuheben?

Die Zerstörung des klassizistischen Mendelssohn-Denkmals vor dem Gewandhause zu Leipzig im November 1936 - von jener wird noch ausführlicher die Rede sein - initiierte, einer Initialzündung entsprechend, gleichsam eine Flut Deutscher Musikgeschichten, welche das erklärte Bemühen um rassemusikalische Deutungen und Verurteilungen Felix Mendelssohns vorzunehmen trachteten. Es scheint fast - nun das Denkmal gefallen und damit ein Damm gebrochen, welcher Verunsicherte und zögernde bislang in Bann hielt -, als ob sich ein Exorzismus, ein Massenphänomen gleichsam entfesselte, der deutschen Tonkunst den bislang arrivierten, verehrten Musikjuden ein für alle Mal auszutreiben.

Im gleichen Jahre referierte der Komponist und Musikdozent Walter Trienes - er war seit 1925 Mitarbeiter des Konservatoriums in Hagen - in der Septemberausgabe des "Repetorium(s) der Musikgeschichte. Das Wichtigste aus der Musikgeschichte aller Kulturvölker in Frage und Antwort", welche in Köln erschien, über das Thema "Die Entwicklung des Judentums in der Musik seit der Emanzipation". Trienes konstruiert in diesem Beitrag das Unternehmen eines jüdischen "Vormarschs...um die Herrschaft in der Musik".

Das Oeuvre Mendelssohns immerhin war dem Autor dabei eine "siebende und sichtende Prüfung" wert, mit der Zielsetzung "welchen Wert wir den eigenen Leistungen des Tonsetzers bei(zu)messen" fürderhin imstande zu sein vermögen".

Das Resultat entsprach vollständig den Vorgaben der von den Machthabern propagierten völkischen Ideologie: Musikalischen Charaktermangel und musikalisches

Unvermögen attestierte Trienes dem Mendelssohnschen Schaffen und streicht erneut - die Musikwissenschaft des späten 19. Jahrhunderts paraphrasierend - die fehlende "Kraft, wirklich zu erschüttern" hervor. Auch die Analyse anderer Meister jüdischen Glaubens oder jüdischer Herkunft resultiert somit in Verurteilung und Diskreditierung derselben. So repräsentiere die Grand Opera Meyerbeers irreversibel nur "hohles Pathos", habe Mahler sich in seinem Schaffen lediglich einer "stetigen Selbsttäuschung" hingegeben, wenngleich Trienes der Person Mahlers mehr Charakterfülle als jener Mendelssohns zugesteht.

Trienes Darlegungen eines vermeintlichen Phänomens unausgesetzten Bemühens um feindliche Übernahme des europäischen Geisteserbes durch "das Judentum", sekundiert von "Stimmungsmache" durch „jüdische Pressemagnaten" und eines erfolgreichen "Geschichtsbetrugs", kulminieren schliesslich in der apokalyptisch anmutenden Gewißheit des vollendeten Triumphes dezidiert jüdisch-kulturpessimistischer Strategien:
"Der Steilabhang führte über die "Versachlichung" und Vernüchterung, über die Ausmerzung der Werte des Charakters, der Kriegserklärung allem Gefühlsmäßigen, der Objektivierung und Mechanisierung, über die Entfesselung von rhythmischen Orgien zu dem absoluten Tiefstand ethischer Zersetzung...."

Trienes Argumentationsgang zufolge war es also Mendelssohn, welcher vermittels "Versachlichung und Vernüchterung" (leere Formverbundenheit), "Ausmerzung der Werte des Charakters" (anämische Schöngeistigkeit), der "Kriegserklärung allem Gefühlsmäßigen" (Aversion gegenüber dem Affekthaften, innere Kälte) sowie Objektivierung und Mechanisierung (Unterordnung des musikalischen Ideals unter sachfremd philosophische; formelle Konventionalität) die deutsche Musik nachhaltig auf den Weg zum "absoluten Tiefstand ethischer Zersetzung" brachte. Diesen sah Trienes schliesslich im Werke Kurt Weills erreicht.
Nimmt man Trienes indes als Autor eines nationalsozialistisch-völkischen Traktates wahr, verdeutlicht sich rasch die Affinität jener

Mendelssohn-These zu den bekannten Wagnerschen Stereotypen vom seelenfremden jüdischen Objektivierer und Kopisten deutscher Kunst.

Gleichsam im Jahre 1936 befasste sich Richard Litterscheid in der Märzausgabe der "Musik" mit der Frage nach "spezifisch jüdischem Formwillen" oder dem "Schöpfertum aus zweiter Hand", dargestellt an den Beispielen Mendelssohn und Gustav Mahler.

"So gesehen besteht kein Zweifel, dass auch Mendelssohns Schöpferkraft davor versagt hat, ganz und gar in der großen deutschen Gefühls- und Formsprache zu reden (...) Seine Werke vermögen trotz ihrer klassischen Haltung - an welchen Vorbildern auch konnten Sie sich bilden! - vor einer strengen Prüfung nicht zu bestehen

(...) Die Lieder ohne Worte, einst die bevorzugte Hausmusik gefühlvoller Backfische, besitzen des Unechten, Sentimentalen zuviel; sein sonst über alles gelobtes Violinkonzert rutscht in den grossen Kantilenen immer wieder ins Gefühlsselige aus; seine "Sommernachtstraum"-Musik bleibt (...) ohne schöpferische Stoßkraft in musikalisches Neuland entworfen (...) in ihren Gefühlswerten unecht. Man wende nicht ein, daß es gleichzeitig auch deutsche "Sentimentaliker" gegeben habe. (...) Mendelssohn (...) der nicht neben sie, sondern neben Schubert und Schumann gestellt zu werden pflegt, muss und kann nur mit diesen deutschen Meistern verglichen werden". Nach der Definierung Mendelssohns als "Sentimentaliker", wendet sich Litterscheid der vermeintlichen Ursache solch auffälligen Sentiments zu, welche der Autor zwangsläufig im Rassenproblem erkannte. Wenig verwunderlich, daß dabei auch wieder Wagnersche Thesen paraphrasiert werden.

"Dann aber enthüllt sich die wahre Seele der Mendelssohnschen Musik, nicht als die eines anderen Charakters, nein, eben als die einer anderen Rasse (...) Doch zu eigner jüdischer Musik drang Mendelssohn eben nicht vor und zur vollendeten Gestaltung im
Sinne des deutschen Gastvolkes aus dessen spezifischem Gefühlsleben auch nicht. So ist die Berechtigung gegeben, trotz der relativ großen Leistung dieses Mannes davon zu sprechen, daß der Jude nicht eigenschöpferisch, jedenfalls nicht wie das deutsche Genie (...) ist, und niemals sein kann".

Im Jahre 1937 erörterte Richard Eichenauer in nationalsozialistischem Geiste Sachgebiete wie "Musik und Rasse". Dieser Versuch akribisch vorgenommener Definition eines Phänomens "musikalischen Judentums" auf der Grundlage rassebiologischer Theorien, unterteilte jüdische Herkunft und Wesensart pauschal in 2 Kategorien: ein "vorderasiatisches" und ein "orientalisches" Judentum. In der rassistischen Interpretation der jeweiligen Lebensumstände ordnete Eichenauer die herausragenden Persönlichkeiten jüdischer Herkunft in der Musikgeschichte einem der genannten "Stämme" zu.

Person und Wirken Felix Mendelssohns hingegen ordnete der Autor gar beiden genannten "Stämmen" zu. Den Schwerpunkt jener vermeintlich semitischen Kontur in Person und Musik Mendelssohns, die Ursache der von Eichenauer erneut paraphrasierten Wagnerschen Invektiven von "Glätte", "Kälte"; "Nachprägung" sowie einer vorgeblich seichten Emotionalität Mendelssohnscher Kompositionen sah er aber in der spezifischen Verwurzelung in der "vorderasiatischen" Wesensart.

"Felix Mendelssohn Bartholdy zeigt körperlich die Züge beider Hauptrassen des Judentums, der vorderasiatischen und der orientalischen; dazu ist gerade bei ihm der starke Umwelteinfluß höchstgesteigerten deutschen Geisteslebens nicht zu vergessen.

Aus ihm sprechen lauter vorderasiatische Rassenzüge: Gabe der Einfühlung in fremdes Seelenleben, der gefälligen Ausnutzung bestehender Formen, ein gewisser Mangel an jenem Schwergewicht, das für nordisches Empfinden zu einem "grossen" Menschen gehört".

Der Musikforscher Ernst Bücken bekundete wiederum in "Die Musik der Nationen. Eine Musikgeschichte", welche zeitgleich in Leipzig herausgegeben wurde, dass der "Grund einer gewissen Eintönigkeit" Mendelssohnscher Musik "in der oft leierig werdenden Rhythmik (liegt), die schon H. von Waltershausen als ein fühlbar durchschlagendes rassisches Merkmal" derselben "angesprochen hat".

Bücken veröffentlichte im Nationalsozialismus des Weiteren ein Wörterbuch der Musik, Leipzig 1940, eine "Musik des 19. Jahrhunderts", eine "Musik der Deutschen" Köln 1941, welche unausgesetzt gegen avantgardistische Musik agitieren und, wenig verwunderlich, von Thesen rassistisch-antisemitischer Prägung durchsetzt sind.

Im Jahre 1939 stellte Prof. Richard Blessinger - seit 1920 als Dozent an der Münchner Akademie für Tonkunst tätig - in der Denkschrift "Judentum und Musik Ein Beitrag zur Kultur- und Rassenpolitik" Felix Mendelssohn" explizit als Initiator einer "Zerstörungsarbeit des Judentums an unserer Musik" heraus. Vornehmlichstes Anliegen des Pamphletes war es denn auch anhand "des Wirkens dreier jüdischer Musiker (...)
bestimmte Etappen dieses Zerstörungswerkes" zu veranschaulichen.

Blessinger behauptet infolgedessen, dass jene "drei Männer" (...) welche "dabei gleichzeitig in klarer Weise drei jüdische Typen darstellen, die an Gefährlichkeit einander gleich, im Auftreten und in den Methoden sich deutlich voneinander unterschieden. Mendelssohn, der das Zerstörungswerk eingeleitet hat, erscheint als der Typus des sogenannten Assimilationsjuden; Meyerbeer, der mächtigste Mann der zweiten Etappe, ist der skrupellose Geschäftsjude; Mahler, der Beherrscher des dritten Stadiums, stellt den fanatischen Typus des ostdeutschen Rabbiner dar".

Dem bis in die Titelgebung des Pamphlets hinein offenkundig reflektierten Vorbilde Wagner gemäß, übte Blessinger sich in der Konstruktion eines mit wissenschaftlicher Akribie aufgeführten antisemitischen Argumentationsgebäudes, welches er vermittels historischen Querverweisen anthropologisch zu untermauern trachtete. So wird die Lyrik des märkischen Dichters Theodor Fontane dazu mißbraucht, die Denunziation des "Juden als Kulturparasiten" durch die Aussage einer unangezweifelten Autorität zu sanktionieren.

Blessinger geht in der Recherche seines Konstruktes tief in die deutsche Geschichte zurück. Die Aufhebung der jüdischen Ghettos habe somit die voranschreitende Infiltrierung des europäischen Geisteserbes vermittels Taktik und Tarnung bedingt. Eine maßgebliche Funktion dabei erkannte Blessinger Mendelssohns Großvater, dem Philosophen Moses Mendelssohn zu, dem es "in der Hauptsache zuzuschreiben (wäre), daß die Juden, die unter rabbinischer Führung bisher geistig in ghettoartiger Abgeschlossenheit gelebt hatten, nun aus dieser heraustraten und eine neue Taktik, die der "Assimilation", der scheinbaren Angleichung an das Leben des Wirtsvolkes anwendeten, um ihr erstrebtes Weltherrschaftsziel zu erreichen."

Blessinger geißelt dabei im Besonderen Moses Mendelssohns "vollständige Umwertung des Begriffes der Philosophie" in den "geistreichen Plauderton einer "gebildeten Konversation", welche alleinig beabsichtige "immer recht zu behalten, auch wenn der andere im recht ist".

Die Folgewirkungen dessen monierte Blessinger am Phänomen des jüdischen Salons, einer vermeintlichen Stätte subversiver Kultivierung des Degenerierens von Körper und Geist: "Hier sehen wir ganz deutlich, worauf es den ,,Häuptern" ankam.: die Menschen bei ihren schwachen Seiten zu packen, diese Schwächen als etwas im Grunde genommen geradezu Wertvolles hinzustellen und sie dadurch innerlich zu spalten...Parasitäre Aneignung der Geschmackskultur durch die Juden" hätten somit wesentliche Bereiche großbürgerlichen Lebens dahingehend "umgebogen", dass es einer "wirklich deutschen Romantik" nunmehr unmöglich gewesen sei "echte Tiefenwirkung" zu erreichen und "der Jude Mendelssohn" somit als "echtester musikalischer Künder (...) vielgepriesenen deutschen Gemüts" wahrgenommen wurde.

Einem Umriß nationalsozialistischer Rezeption von Person und Musik Felix Mendelssohn Bartholdys stellte Blessinger eine Analyse der "Machenschaften" durch den Funktionär Mendelssohn voran. Mit der Eloge vom "jüdischen Interesse", welches Mendelssohn angeleitet habe, knüpft er an das Verdikt des Leipziger Tagblattes von den "mosaischen Interessen" im November 1846, in Zeiten des Vormärz an und verdeutlicht somit die ungebrochene Tradition pathologisch übersteigerter deutscher Fremdenangst.

Mendelssohns Leistungen als Dirigent seien also "in Äußerlichkeiten" verblieben, hätten vielmehr "die tieferen Werte der Werke verschlechtert," Mendelssohns Musik hingegen "formalen Schematismus, (...) Mangel an wirklicher Schöpferkraft", Tonrede "ohne wirklich etwas zu sagen" demonstriert. Dabei handele es sich "in der Hauptsache (...) doch um eine Übertragung magischer Beschwörungsformeln des Orients in unseren Bereich, (...) einer Formel, die so unablässig wiederholt wird, prägt sich dem Hörer unauslöschlich ein, und will ihm nicht mehr aus dem Kopf gehen". Infolgedessen habe "der Jude seinen Zweck erreicht,: seine Musik ergreift Besitz von den Menschen selbst wider deren Willen".

Wieder einmal vertieft sich ein Demagoge hier so sehr in den Gegenstand seiner Betrachtung, dass er den Bezug zur Basis objektiver Betrachtung desselben verlor und sich Aussagen somit in Gegensatz zur Intention des Autors stellen.

Als Verweis darauf, dass die von Blessinger angeführten Mendelssohnschen Verführungstechniken wohl eher auf das Werk Richard Wagners zuträfen, sei dessen These folgende Einschätzung des Wagner-Biographen Robert Gutman entgegengestellt:
"Wagner sprach vom "unvergleichlichen Zauber" seiner Werke - ihr stärkster Zauber war die Musik. Ein Prospero mit Buch und Zauber-Musik, der zu herrschen suchte über eine Welt niederer Geister, benutzte er die Musik, um die Sinne zu unterwerfen, um ein Publikum, dem er alle Frage abgenommen hatte, zu fesseln, zu knebeln, zu belehren.
Seine Musik zwang zum Glauben, ihre herrliche Instrumentierung geht - wie Nietzsche bemerkte - aufs Nervensystem, sie hat die Kraft, das Rückenmark zu bezaubern und überredet selbst noch die Eingeweide".

Auch Blessinger bemüht sich um den Nachweis einer spezifisch rassischen Beschaffenheit in der Musik jüdischer Komponisten. Dabei paraphrasiert er implizit die Theorien Wagners:
"Zwischen organischer Formgestaltung deutscher Art und jüdischer Formkonstruktion besteht ein unüberbrückbarer Gegensatz. Der schöpferische deutsche Genius gestaltet ein Kunstwerk als Kosmos, der eine lebendige Einheit bildet (...) und in dem jede Einzelheit trotz ihrer eigenständigen Bedeutung in das Ganze sich einordnet.
Der Jude aber, unschöpferisch, wie er ist, vermag nie die Einheit des Ganzen auch nur zu sehen., geschweige denn selbst zu gestalten.
Für ihn löst sich das Ganze in einer Unmenge selbstständiger Einzelheiten auf, die höchstens durch künstliche Mittel, niemals aber organisch miteinander verbunden sind, (...) es ist im Grunde dasselbe, ob die Urheber des Talmud das "Gesetz" in eine unübersehbare Menge von Einzelvorschriften aufteilen, ob ein Moses Mendelssohn den geordneten Gang philosophischen Denkens durch geistreich sein sollende Einzelsätze

stört, oder ob ein Felix Mendelssohn rein verstandesmäßig aus dem Schaffensprinzip deutscher Tonmeister ein totes Formschema mechanisch herausdestilliert.

Und wenn heute noch immer Musiker und Musikfreunde es bedauern, dass ihre Lieblingskompositionen, die "Sommernachtstraum" -Ouvertüre, die Hebriden-Ouvertüre, das Violinkonzert usw. aus den Programmen verschwunden sind, so ist dem zuerst entgegenzuhalten, dass es unendlich viel bedauerlicher ist, daß hochbedeutende Werke deutscher Komponisten, wie das Schumannsche Violinkonzert, uns durch jüdische Machenschaften ganz verlorenzugehen drohten".

(Eine signifikante nationalsozialistische Fehlinterpretation musikhistorischer Fakten: das Violinkonzert d-moll Schumanns war von Clara Schumann, auf Anraten des jüdischen Violinvirtuosen Joseph Joachim, postum von einer Veröffentlichung zurückgehalten worden, da beide die hohe Qualität Schumannschen Schaffens in diesem Falle nicht mehr gegeben sahen. Das Werk erfuhr eine propagandistisch-sensationell aufbereitete Uraufführung im deutschen Nationalsozialismus des Jahres 1937. Der aus rein künstlerischen Erwägungen heraus erteilte Rat des Robert und Clara Schumann-Freundes Joachim wurde also, im Hinblick auf dessen jüdische Herkunft, als einschlägiger Beweis jener genannten "jüdischen Machenschaften" zu Lasten eines bedeutenden deutschen Meisterwerkes; eines dezidiert vorgetragenen Anschlages auf den Bestand der nationalen Tonkunst im Sinne rassisch-nationalsozialistischer Propaganda mißdeutet.)

Blessinger fährt fort:

"Und zum zweiten ist festzustellen, dass vor 1914 allgemein in Musikerkreisen die Musik Mendelssohns nicht mehr ernstgenommen wurde, dass man mit einem geringschätzigen Achselzucken über sie zur Tagesordnung überzugehen pflegte, und dass erst der unselige November 1918 diese Musik wieder in den Vordergrund stellte.

Mendelssohn war, abgesehen von den Liedern ohne Worte in den Musikmappen der höheren Töchter und von dem Chor Wer hat Dich, Du schöner Wald vor dem ersten Weltkriege so gut wie vergessen.

Erst die Juden der Nachkriegszeit haben versucht, ihn endgültig unsterblich zu machen. Machen wir uns ein für alle Ml von dieser jüdischen Suggestion los, dass der Verzicht auf Mendelssohn eine Verarmung unserer Musik bedeute".

Walter Trienes, jener Komponist, welcher der nationalsozialistischen These einer Verschwörung des Weltjudentums zur Infiltration und Vorherrschaft in der deutschen Musik bereits eigenständig publizistisch Vorschub leistete, rezensierte am 30. Januar 1939 im „Westdeutschen Beobachter" eine Veröffentlichung Blessingers, welche im Jahre 1938 unter dem Titel:

"Mendelssohn, Meyerbeer und Mahler: drei Kapitel Judentum in der Musik als Schlüssel zu Musikgeschichte des 19. Jahrhunderts" in Berlin herausgegeben wurde.

Der Autor trachtete darin, die in "Musik und Rasse" erhobenen Theorien (Berlin 1938) in der Folge detailliert darzulegen und zu erhärten. Dem Geiste der eigenen Publikation und der NS-Ideologie gemäß, sekundiert Trienes dem Parteimitglied und "namhaften Münchner Wissenschaftler und Pädagogen" Blessinger bereitwillig. Das Hauptaugenmerk seiner Betrachtungen richtet Trienes somit auf den Komplex jener Verschwörungstheorien, welche auf Tendenzen jüdischer Beeinflussung, Beherrschung und Machtvervollkommnung innerhalb der deutschen Tonkunst reflektieren. Sie lassen sich in direkter Linie erneut auf das Motiv und die Argumentationsweise von Wagners Traktat zurückführen.

Trienes schreibt also:
"In den drei Hauptvertretern des Judentums in der Musik erblickt der namhafte Münchner Wissenschaftler und Pädagoge Karl Blessinger den Schlüssel zur Musikgeschichte des 19. Jahrhunderts. Vielleicht tut man den Juden zu viel Ehre an, wenn man ihnen für diese erste Zeit bereits eine zentrale Stelle einräumt, die sie (...) in Deutschland nach dem Weltkriege mehr und mehr einnehmen konnten. Ohne Zweifel war ihre musikalische Machtposition allerdings auch in der Romantik schon weit stärker, als es dem flüchtigen Blick infolge der geschickten Verschleierungskünste ihrer wahren Absichten zunächst scheinen mag.
    Der Verfasser enthüllt uns eine Reihe dieser Tarnungsmanöver und deckt die heimlichen Regietricks des Erfolgs auf, die den jüdischen Komponisten den entscheidenden Vorsprung vor den nichtjüdischen sicherten. Mendelssohn wird ihm für diese Taktik zu einem wichtigen Präzedenzfall. Blessinger kommt in einem besonderen Abschnitt auf die Legende von Mendelssohns vorgeblichen Verdiensten um das Werk Bachs zurück. (...) Aufschlußreich sind die Untersuchungen über seine Kompositionen, über den Unterschied der Gefühlsäußerungen deutschen und jüdischen Wesens in der Musik, den unüberbrückbaren Gegensatz zwischen organischer Formgestaltung deutscher Art und jüdischer Formkonstruktion und nicht zuletzt die Herkunft seiner besten melodischen Einfälle."

24. Alles, alles wurde dem Juden zugesprochen

Der Generalsekretär des Salzburger Mozarteums Erich Valentin veröffentlichte im Jahre 1940 ein Musiklesebuch mit dem Titel "Ewig klingende Weise. Von deutscher Musik" (Regensburg). Der Verfasser lässt darin den gebotenen Anspruch objektiv musikalischer Betrachtungen vermissen und befleißigt sich vielmehr einer subaltern anderen Autoren nachempfundenen antisemitischen Attitüde. Er beklagt somit, der Jude habe den schwer um den Erfolg arbeitenden Deutschen stets um die Früchte seiner Arbeit zu berauben verstanden.

Daher habe auch der Komponist Felix Mendelssohn - "Der Fremdling" - , wie die nachfolgend wiedergegebenen Ausführungen Valentins denn auch überschrieben sind, mit leichter Hand lediglich geerntet, was Heroen der Deutschen Musik wie Bach oder Mozart einst mühsam gesät:

"In der Maske des Bettlers war er gekommen. Nun betrat er geltungsheischend die Stufen von Theater und Konzertsaal, um über sie zu den Stufen der Throne zu gelangen. (...) Das Zepter der Musik ergriff einer, dem das Kämpfertum wie allen seines Blutes, die nach ihm kamen, erspart blieb: Felix Mendelssohn Bartholdy, der Bankierssohn, dem sich Ruhm, Glück, Erfolg und Macht zuwandten. Alles, alles wurde ihm zugesprochen, selbst das Verdienst der Erweckung Johann Sebastian Bachs. (...)

In mehr als einem Jahrtausend gewachsenes sollte in die Hände des ungerufenen Fremdlings gegeben werden. An die Wurzeln des kraftstrotzenden Baumes wurde die Axt angelegt.(...) Judentum, hiess der Fremdling. (...) Weltbürgertum und Judentum - zwei Namen für denselben Begriff - befleckten die Unantastbarkeit der ewig klingenden Weise. Der Kampf der hundert Jahre nahm seinen Anfang."

Der Publizist Otto Schumann, (auf ihn soll aus gegebenem Anlass erst anlässlich einer seiner Nachkriegspublikationen detailliert eingegangen werden), veröffentlichte im Nationalsozialismus u. a. eine "Geschichte der Deutschen Musik" (bibliographisches Institut, Leipzig 1940) und "Meeres Opernbuch" (ebenda, 1935).

Die verfestigte völkische Gesinnung Schumanns offenbart sich bereits im Vorwort der "Geschichte der Deutschen Musik":

"Musik gilt dem Verfasser nicht als "tönend bewegte Form", sondern als tönender Ausdruck eines geistigen Leitbildes. Eine deutsche Musikgeschichte hat sich somit zu beschäftigen mit der Frage, in welcher Weise die deutsche Tonübung im Laufe der Jahrhunderte und Jahrtausende das geistige Leitbild der deutschen Volkheit verwirklicht hat. Es muss also der Versuch gemacht werden, nicht nur die Form, sondern vor allem auch den Inhalt musikalischer Schöpfungen darzustellen.(...) Die Mittel dazu liefern uns die neuzeitliche Ausdruckskunde und Rassenkunde. Während nun der Verfasser das Ausdruckskundliche (...) mit gebotener Behutsamkeit eingearbeitet hat, wurde im geschichtlichen Ablauf größter Nachdruck auf das rassische Grundwesen der deutschen Tonübung gelegt.

Die Beschäftigung mit rassekundlichen Fragen ist (...) für den Verfasser zwangsläufig aus der Beschäftigung mit der Tonkunst hervorgegangen: als sich auf Fragen, warum die Tonkunst bestimmter Zeitalter (...) so und nicht anders geartet sei (...) keine befriedigende Antwort mehr einstellte, wurde die (...) Rassenkunde herangezogen (...) Und wenn auch das vorliegende Buch keine Rassengeschichte der deutschen Musik ist, (...) so ist es doch eine deutsche Musikgeschichte auf rassekundlicher Grundlage."

Obgleich der Autor eine "zwangsläufig" aus "der Beschäftigung mit der Tonkunst" hervorgegangene, ihm also vom Sujet schlüssig vorgegebene Erörterung amusikalisch "rassekundlicher Fragen" beteuert, hat er in Wahrheit - neben Erich Valentin - erneut ein Werk vorgelegt, welches die "rassekundliche" Belange bereitwillig über jene der Musik stellte.

Dass das Sujet Mendelssohn unter diesen Voraussetzungen nurmehr in zersetzender Weise zur Erörterung kommen konnte, wenngleich es nicht totgeschwiegen wurde, wie es im Opus Müller-Blattaus geschah, verwundert kaum. Im Kapitel "Beginnender Einfluß des Judentums" erörtert Schumann zu Beginn den "Einbruch" des "Judenproblems in die deutsche Musikgeschichte" in der " ersten Hälfte des 19. Jahrhunderts" im Allgemeinen:

"Nach der sogenannten Judenbefreiung tauchten sogleich in vielen künstlerischen (...) Tätigkeitsbereichen jüdische Menschen auf, denen es gelang, in erstaunlich kurzer Zeit erheblichen Einfluß auf das deutsche Geistesleben zu gewinnen. Namen wie der des Popularphilosophen Moses Mendelssohn, der Schriftsteller Heine und Börne, von Rahel Varnhagen und Henriette Herz, in deren "Salons" die geistige Welt Berlins sich ein Stelldichein gab, kennzeichnen zur Genüge den Einbruch jüdischen Wesens in die deutsche Welt."

Traditionsgemäß greift der Autor wiederum auf zentrales Wagnersches Gedankengut zurück; der These vom Trieb jüdisch-deutschen Amalgamierens.

Thesen wie jene hatten sich vermittels unausgesetzter unreflektierter Paraphrasierung zu diesem Zeitpunkt offenkundig längst zu Klischee und Stereotyp vergröbert. Dennoch erweist sich die grundlegende Bedeutung Wagnerschen Denkens, die Rezeption und Folgewirkung seiner von rassebiologischen Obsessionen durchprägten Kulturtheorien, gleichsam in Vorlage, Verkündigung und posthumer Vollendung des Konzeptes eines deutschen Radikalantisemitismus an diesem Beispiel eindeutig. Lesen wir zuerst den Adepten des Jahres 1940:

"Erleichtert wurde ihnen das durch die erstaunliche Fähigkeit des Juden (...) sich geschmeidig und schnell der besonderen Artung des Volkes anzupassen, bei dem er lebt. Rechnet man dazu die formale Gewandtheit des Juden, seine oft verblüffend wirkende zergliedernde (...zersetzende) Denkweise und die Fähigkeit, nicht zusammengehörendes zu einer Schein-Einheit zusammenzudenken, so begreift man, warum der Einfluß jüdischen Wesens sich gerade während der Romantik, dem Zeitalter rassischer Auflösung, so mächtig durchsetzen konnte".

Und nun das Demagogenwort Freigedank/ Wagners aus dem Jahre 1850, welches sowohl jene aktuell genannten, als auch im weiteren Verlaufe wiedergegebenen Aussagen Schumanns bis ins kleinste Detail vorwegnimmt:

"Von nun an tritt also der "gebildete Jude" in unsrer Gesellschaft auf. (...) Der gebildete Jude hat sich die undenklichste Mühe gegeben, alle auffälligen Merkmale seiner niederen Glaubensgenossen von sich abzustreifen: in vielen Fällen hat er es selbst für zweckmäßig gehalten, durch die christliche Taufe auf die Verwischung aller Spuren seiner Abkunft hinzuwirken. (...) Von dieser Gemeinsamkeit der Natur, (...) dem Zusammenhange mit seinem Stamme gänzlich herausgerissen, konnte dem vornehmeren Juden seine eigene erlernte und bezahlte Bildung nur als Luxus gelten . (...) Ein Teil dieser Bildung waren nun aber auch unsre modernen Künste geworden, (...) namentlich diejenige (...), die sich am leichtesten eben erlernen lässt, die "Musik" (...)

Was der gebildete Jude...auszusprechen hatte, wenn er künstlerisch sich kundgeben wollte, konnte natürlich eben nur das Gleichgültige und Triviale sein (...), unwillkürlich horcht er auf unser Kunstwesen (...) nur ganz oberflächlich hin, (...) ihm wird daher die gefälligste Äußerlichkeit der Erscheinungen auf unsrem musikalischen Lebens- und Kunstgebiete als deren Wesen gelten müssen. (...) So wirft der jüdische Musiker auch die verschiedensten Formen und Stilarten aller Meister und Zeiten durcheinander. (...)

Die Zerflossenheit (...) unseres musikalischen Stiles ist durch Mendelssohns Bemühen, einen unklaren, fast nichtigen Inhalt so interessant und geistblendend wie möglich auszusprechen (...) auf die höchste Spitze gesteigert worden." (...)

Es ist zwecklos, den Aufwand künstlerischer Mittel zu beschreiben, deren er (Meyerbeer, Anm. d. V.) sich bediente,(...) genug, daß er es (...) vollkommen verstand, zu täuschen, (...) namentlich damit, daß er jenen (...) Jargon (...) als modern pikante Aussprache aller Trivialitäten aufheftete" (...)

So lange die musikalische Sonderkunst ein wirkliches organisches Lebensbedürfnis in sich hatte, bis auf die Zeiten Mozarts und Beethovens, fand sich nirgends ein jüdischer Komponist: unmöglich konnte ein diesem Lebensorganismus gänzlich fremdes Element an den Bildungen dieses Lebens teilnehmen. Erst wenn der innere Tod eines Körpers offenbar wird, gewinnen (...) ausserhalb liegende Elemente die Kraft sich seiner zu bemächtigen, (...) um ihn zu zersetzen; dann löst sich...das Fleisch dieses Körpers in wimmelnde Viellebigkeit von Würmern auf. (...) Der Geist (...) floh von diesem Körper hinweg zu (..) Verwandtem, und dieses ist nur das Leben selbst: nur im wirklichen Leben können wir auch den Geist der Kunst wiederfinden, nicht bei Ihrer würmer-zerfressenen Leiche."

Von solcher Lehre durchdrungen wendet sich Schumann nunmehr Felix Mendelssohn zu:

"Felix Mendelssohn...galt eine Zeitlang als "die" Leuchte romantischen Musikschaffens in Deutschland. (...) Nun wird niemand das außerordentliche Können Mendelssohns bezweifeln. (...) Aber dieses formsichere Bewegen, die glatte Problemlosigkeit, dieses schmiegsame Anpassen an Deutsches erscheinen uns verderblicher als die rücksichtslose Selbstbehauptung des "atonalen Mißtöners" Arnold Schönberg, der ja gleichfalls Jude ist. (...)

Wie immer war das süße Gift gefährlicher als das bittere: Mendelssohns süßliche Schönmusik schmeichelte sich (...) in Ohr und Herz, (...) und so liess man sich in einen Dornröschenschlaf singen und ist mancherorts (...) ein wenig ungehalten, daß der weckende Prinz mit den Dornen und Spinnweben auch die Röslein zerhauen hat.

Die fast ein Jahrhundert während Mendelssohn-Schwärmerei ist umso unbegreiflicher, als zu allen Zeiten Männer aufstanden, (...) denen seine Musik allzu glatt erschien. (...) Der Fehler lag wohl darin, daß man sich mit der Feststellung des "Allzu-Glatten" zufrieden gab, (...) nicht weiter forschte, welche Rückschlüsse sich daraus ziehen lassen. Hätte Mendelssohn eine Musik geschrieben, die seiner rasseseelischen Beschaffenheit entsprach, dann könnte sich vielleicht das Judentum eines grossen Komponisten rühmen Da er aber solchen echten Stil nicht aufzubringen vermochte, erschöpfte er sich in Nachbildung deutscher Eigentümlichkeiten. Diese wiederum konnte er aus rassischen Ursachen nicht von innen erfassen. (...)

So erklärt sich das bloß Gefällige seiner Musik, ihre fließende Glätte und mangelnde Tiefenwurzelung (...) Mendelssohn erschaute die künstlerischen Fragen seiner Zeit mit wachem Verstand und kühlem Herzen; das konnte er, weil sie ihn als Fremdrassigen im Grunde nicht bewegten. (...) Da sein Geschmack ohne Zweifel geläutert war, gelangen ihm Werke, deren glatte, gefeilte Außenseite ihm zu Unrecht den Namen eines deutschen Meisters eingetragen haben."

Werfen wir noch einen Seitenblick auf die Schumannsche Betrachtung der Komponisten Giacomo Meyerbeer und Jacques Offenbach sowie auf dessen Bestreben, der Wagnerschen Prämisse vollgültig zu entsprechen:

"Als Gegenstück zu ihm schrieb der Jude Meyerbeer bald in deutschem, bald in französischem und bald in italienischem Stil, mischte auch wohl die drei Stilarten durcheinander. (...) Wer (...) so haltlos auf die Ausdrucksweise verschiedener Nationen schaut, ohne seinen eigenen, geschweige denn den Stil seiner Rasse zu finden, der mag wohl vorübergehend als theaterdonnernder Zeus angehimmelt werden (...)

Mendelssohns wohlerwogene Beschränkung auf das Nachempfinden und Nachahmen eines volkischen (des deutschen) Stils hatte immerhin zur

Folge, daß sein Werk länger zu wirken vermochte. (...) Meyerbeers Verzettelung auf die Nachahmung mehrerer Volksstile hat ihn schneller gerichtet. (...)

Der in Deutschland geborene Offenbach aber meisterte musikalisch den französischen Witz wie ein Pariser aus Paris. Wiederum also diese fast unheimliche Einfühlungsgabe des Juden bei gleichzeitiger Preisgabe jeglichen rassischen Eigenstils"

Am Ende des Kapitels steht Schumanns Bemühen, den Volksgenossen in nahezu beschwörendem Tonfall darzulegen, warum eine Musik, die erklärtermaßen "schön" ist, keineswegs "schön" sein darf. Dabei setzt er wie etliche Vorläufer das Element umfassend gepflogener Spekulation gegen die Anforderungen von Objektivität, Stichhaltigkeit, wissenschaftlicher Erkenntnis.

Das vielschichtig konstruierte, sprachlich gedrechselt und gewundene Wagnersche Thesengebäude erfährt durch die Ausführungen des Adepten respektive die dabei nahezu eins zu eins vorgenommene Übertragung einer musikalischen "Problemstellung" in eine rein völkische denkbar größte Banalisierung in Form und Inhalt. Die Definition, welche Art von Musik ein rassisch "echter" Stil Mendelssohns oder "rassischer Eigenstil" möglicherweise hervorgebracht hätte, bleibt der Autor hingegen vollends schuldig.

"Ein rassisch gesundes und (...) rassebewusstes Volk würde Erscheinungen wie Mendelssohn, Meyerbeer und Offenbach (...) ohne besondere Gefahren ertragen können. (...) Aber das 19. Jahrhundert war eben ein Zeitalter rassischen Verfalls, in dem die natürlichen Widerstandskräfte erlahmten. (...) Die aus seiner Anpassungsfähigkeit entspringende Begabung des Juden, beachtenswerte nachschaffende Leistungen hervorzubringen, wurde (...) als Beweis für musikalische Kultur betrachtet. (...) Wohin das geführt hat, ist bekannt: das Judentum in Deutschland hat nicht eine einzige musikalisch-schöpferische Persönlichkeit hervorgebracht, wohl aber den "Betrieb" mit Dirigenten, Sängern und Spielern weitgehend beherrscht und entdeutscht.

Das muss gerade denjenigen vor Augen gehalten werden, die auch heute noch eine Ehrenrettung Mendelssohns und seiner Musik versuchen. Nicht darauf allein kommt es an, ob jemand die Töne kunstvoll und liebenswürdig zu setzen weiss (das verstand Mendelssohn wirklich), sondern auf den Geist und die Haltung seines Werkes. Sie erst machen das Wesen eines Kunstwerks aus. (...) Wollte ein deutscher, italienischer oder französischer Musiker von Rang hingehen und ausschließlich "im jüdischen Stil" komponieren, so würde er sich bei seinen Volksgenossen lächerlich und verächtlich machen. Mit dem gleichen Recht betrachten wir den Juden, der sich in der Nachahmung anderer erschöpft, als lächerlich, verächtlich - und gefährlich. Auch Mendelssohn."

Karl Blessingers "Judentum und Musik" erfuhr im Jahre 1944, in Zeiten kontinuierlich erfolgenden militärischen Rückschlags der Deutschen Wehrmacht auf nahezu allen Kriegsschauplätzen und regulären Bombenterrors gegen Deutsche Städte, eine inhaltlich erweiterte Wiederauflage und erreichte somit eine Gesamtzahl von 24 000 Exemplaren.

Das beweist, allen nach 1945 erfolgten Beteuerungen vermeintlich kollektiver Unwissenheit von Rassenwahn und Pogrom zum Trotze, den auch gegen Kriegsende anhaltenden Bedarf an ideologischem und "rassekundlichem" Schrifttum, die unausgesetzte Aufnahmebereitschaft für einschlägige Indoktrination.

Der Rezensent Erwin Völsing hebt in der Zeitschrift "Musik im Kriege" denn auch wohlwollend hervor, dass das "wohltuend klar und stets fesselnd geschriebene Buch (...) neue wichtige Erkenntnisse und höchst aufschlußreiche Ergebnisse historischer Forschung" vermittle. Blessingers Thesen konform streicht auch der Rezensent einen lobbyistisch herbeigeführten, zersetzenden Einfluß des "jüdischen" Klassikers Mendelssohn demagogisch hervor:
"Wie gefährlich die vom Judentum mit allen Mitteln einer geschäftüchtigen Reklame herbeigeführte angesehene Stellung Mendelssohns sich auswirken konnte, ist uns heute eindeutig klar geworden. (...)
Hatte sich Mendelssohn als Kapellmeister fast ständig am Geist der Deutschen Musik vergangen, (...) so war auch sein kompositorisches Können von den Juden und einer "kraftlos gewordenen deutschen Bürgerlichkeit" maßlos übertrieben eingeschätzt worden".

Im gleichen Jahre des totalen Krieges 1944 veröffentlichte der als Musikreferent des Stiftes St. Ingbert im Saarland tätige Musikologe Albert Georg Niklaus die Studie "Liszt - Schumann - Mendelssohn" im Hahnefeld Verlag in Berlin, welcher auch Blessingers "Judentum und Musik" herausbrachte. Da die Studie in der gleichen Edition kulturtheoretischer Betrachtungen erschien wie Blessingers "Judentum", jenes inhaltlich in Behandlung vermeintlicher semitischer Infiltration Robert Schumanns und biedermeierlichen Musiklebens gar vertiefte, wurde sie der Leserschaft in einer Anzeige mit folgenden Worten angekündigt:
„Niklaus zeigt treffend die jüdische Einflußnahme auf das Deutsche Musikleben am Beispiel der Geschichte der "Neudeutschen Schule" und des Liszt-Wagner-Kreises.
Dieses bewegte Kapitel deutscher Musikgeschichte ist ein weiterer Baustein zu der von Blessinger begonnenen Forschungsarbeit zum Thema Judentum und Musik."

Intermezzo IV:
Die "Hohe Schule" I: kulturelle Neuordnung –
nicht nur für Europa, sondern für die Welt

Im Jahre 1940 wurde der konzeptionellen Grundstein zur Errichtung eines gigantischen Projektes nationalsozialistischer Bildungspolitik gelegt, dessen Struktur und Systematik unmittelbar auf „Führerbefehle" („FB") Adolf Hitlers zurückgingen. Mit der Umsetzung war Rosenberg beauftragt, der sich seit dem Jahre 1937 mit Vorbereitungen des Projektes getragen hatte. Die so genannte "Hohe Schule" sollte, Rosenberg zufolge, „die Spitze der gesamten Erziehungsarbeit für die „NSDAP" (...) bilden, praktisch somit eine geistige Erziehungs- und Lenkungszentrale für das ganze Deutsche Volk" sein.

Neben der Errichtung einer Zentralbibliothek aller in Deutschland und Europa konfiszierten Schriften „weltanschaulicher Gegner", beinhaltete das Projekt vor allem die Gründung übergeordneter Institute und Fachbereiche der parteikonformen akademischen Elite. Die Niederlassungen der Institute sollten sich ursprünglich über das gesamte Reichsgebiet erstrecken. Aufgabe derselben war einzig die ideologische Komprimierung und Transformation europäischen Wissens hin zur Überhöhung einer rassisch-hybriden, alleingültigen sozialdarwinistisch-faschistischen Überzeugung und Lehre. Die Bibliothek wurde zu Beginn des Jahres 1939 in Berlin gegründet, das Zentralinstitut sollte in einem monumentalen Neubau im Chiemgau angesiedelt werden; des weiteren Fachbereiche und Dependancen in namhaften deutschen Städten. Wesentlichstes Anliegen der „Führerbefehle" war die Errichtung eines Institutes zur Abhandlung der Jüdischen Frage.
    Es erstand im März des Jahres 1941 als erste Fachschaft der Hohen Schule in der Stadt Frankfurt am Main. Ein "Führerbefehl" vom 2. April wies Rosenberg zur Ausweitung der hiesigen „Fachbibliothek der Judenfrage", "errichtet „nicht nur für Europa, sondern für die Welt", an.
    Dem Befehl zufolge, sei „das Material, (...) unerwartet viel Material", * welches der Einsatzstab Reichsleiter Rosenberg („ERR") Juden und freikonfessionellen Vereinigungen besiegter europäischer Länder fortwährend raubte, „zu Forschungszwecken", hinsichtlich einer „weltanschaulichen, politischen und kulturellen Neuordnung Europas nach Kriegsende" („FB" v. 2.4.1940) sämtlich der „Hohen Schule" zuzuleiten. (zitiert nach de Vriess, dessen Buch "Sonderstab Musik" die Informationen zur „Hohen Schule" entnommen sind)

Da die "Hohe Schule" hierarchisch in „Kerngebiete" (Biologie, Anthropologie, Rassenlehre, indogermanische Geistesgeschichte, Erforschung der Judenfrage, Theologie etc.) und „Randgebiete" (Philosophie, Bildende Kunst, Ostforschung, Erziehungswissenschaft,

Geschichte, Theater etc.) untergliedert wurde, kam es erst im April des Jahres 1943 zur Institutionalisierung eines Fachbereiches der "Hohen Schule" in der Kategorie 8 mit dem Titel " Schule Sachgebiet Musik." Die Niederlassung erfolgte im Gebäude der ehemaligen höheren israelitischen Schule in Leipzig, die Institutsleitung hatte Dr. Phil. Habel. Herbert Gerigk inne. In einem Schreiben an den Magistrat Leipzigs berief sich Rosenberg dezidiert auf „den traditionsreichen Ruf, gerade auf musikalischem Gebiete".

Ein Ruf, der ja, wie man seinerzeit im Amte Rosenberg und in der Stadt Leipzig längst ignorierte oder vergaß, in dezidierter Ausprägung und Vollendung seinerzeit dem Wirken Mendelssohn Bartholdys zu verdanken war.

25. Das Lexikon der Juden in der Musik

Im Jahre 1940 beauftragte die "Hohe Schule" in der Person des Amtsleiters Alfred Rosenberg die "Hauptstelle Musik" der „DBFU" Alfreds Rosenbergs („Dienststelle des Beauftragten des Führers für die Überwachung der gesamten geistigen und weltanschaulichen Schulung und Erziehung der NSDAP") mit der Realisierung eines Buch- und Rassenprojektes; einer Enzyklopädie musikalischen Judentums. Infolgedessen legte ein Team promovierter Musikwissenschaftler (Wolfgang Boetticher, Dr. Marlise Hansemann, Dr. Herrmann Killer, Dr. Lily Vietig-Michaelis, Teophil Stengl) noch im gleichen Jahre das "Lexikon der Juden in der Musik - Mit einem Titelverzeichnis jüdischer Werke" vor. Als Supervisor und Herausgeber fungierte der Leiter der „Hauptstelle Musik" sowie des „Amtes Musik im Einsatzstab Reichsleiter Rosenberg" („ERR") als auch des Sachbereichs Musik der späteren "Hohen Schule" in Leipzig, Dr. Phil. Habil. Heinz Gerigk.

(Die Aktivitäten und Wirkungsbereiche der genannten Institutionen lassen sich oftmals kaum voneinander trennen, da es sich ja stets um den Arbeitsstab Gerigk handelte)

Die Publikation firmierte als Band 2 der „Veröffentlichungen des „Institutes der NSDAP zur Erforschung der Judenfrage" („IEJ") in Frankfurt, dem erwähnten Gründungsinstitut der „Hohen Schule". Allein das von Gerigk verfasste Vorwort liest sich wie eine Bekenntnisschrift pathologischen Rassenwahns. So war die „Reinigung unseres Kultur- und (...) Musiklebens von allen jüdischen Elementen (nunmehr) erfolgt."
    Da „von unserer Seite ja nicht eine Verewigung der jüdischen Erzeugnisse geliefert werden" sollte, verzichtet das Lexikon folgerichtig „auf Werkverzeichnisse und erschöpfende bibliographische Angaben".

Da „die berühmtesten Sängerinnen für die jüdische Rasse" widerrechtlich beansprucht würden, ließen „die Namensänderungen und die Gepflogenheiten vieler Juden, (...) die vorgeschriebene polizeiliche Meldepflicht nicht zu vollziehen", die Bemühungen „zu überprüfen" bis „an die Schwelle der Gegenwart (...) langwierig werden."

Das Lexikon listet in dem sich über 2 Seiten hin erstreckenden (selbstverständlich mit Bindestrich versehenen) "Felix Mendelssohn-Bartholdy"-Eintrag den einschlägig vertrauten, im Tonfall lediglich nochmals verschärft vorgebrachten Katalog stereotyper Mendelssohndiffamierungen auf. Ferner halten spezifisch neuwertige Absurditäten; pure Behauptungen, Umkehrungen historisch verbürgter Tatsachen aufgrund verfälschter authentischer Dokumente Einzug in denselben. Ohne das die Ausführungen einem einzelnen Mitarbeiter durch Namensnennung oder Sigle zuzuordnen wäre, ist im einzelnen u. a. zu lesen, das Felix Mendelssohn „bekanntlich einer reichen jüdischen Bankiersfamilie entstammte, (...) der „Mendelssohnkultus bereits zu Lebzeiten von einer grossen Zahl von Rassegenossen entfacht wurde, (...) die Lieder ohne Worte (...) die deutsche Romantik, die in ihren Anfängen eine starke Hinneigung zum Volkstum und (...) deutscher Innerlichkeit gezeigt hatte (...) verwässert(en)." Der Beitrag zitiert ausführlich aus Wagners „Judenthum" und verweist auf die (verfälschten) Tagebuchaufzeichnungen Robert Schumanns, von denen anschließend noch die Rede sein wird.

Bemerkenswert ist darüber hinaus ein Konstrukt, gebildet aus Originalzitaten Carl Friedrich Zelters und geschichtsfälschenden Rückverweisen auf das Wirken der Berliner Singakademie Zelters, welches Felix Mendelssohn jedweden Verdienst um die seinerzeitigen Neubewertung der "Matthäus-Passion" abspricht.

Es heisst dort also:

"Daß der Verdienst dieser wegweisenden Bachaufführung M. gebühre, der wohl als einziger die wahre Grösse des Barockmeisters begriffen habe, ist eine Verfälschung geschichtlicher Tatsachen. (...)

Aus den Darstellungen Alfred Morgenroths und Georg Schünemanns geht einwandfrei hervor, daß das Verdienst um das Zustandekommen dieser Aufführung fast ausschließlich Karl Friedrich Zelter gebührt , der (...) die (...) Singakademie (...) zu einer in ihrer Art damals einzig dastehenden Stätte der Bachpflege (gemacht hatte. So (...) erhielt (...) Mendelssohn durch die Teilnahme an den Proben die entscheidenden Anregungen. So konnte er ohne viel eigenes Zutun an die Aufführung der Matthäuspassion gehen, zumal Zelter die hierzu erforderlichen Proben meist selbst leitete und ausserdem seinem Schüler dirigiertechnische Anweisungen gab.

Hierüber schrieb (Zelter) an Goethe 1829: "Felix hat die Musik unter mir eingeübt und wird sie dirigieren, wozu ich ihm meinen Stuhl überlasse".

Gerigk, dem es bereits vor seiner Ernennung zum NS-Funktionär niemals gelang, eine akademische Berufung zu erlangen, blieb – nachdem er sich als Dienststellenleiter des III. Reiches exponiert hatte – eine akademische Karriere auch nach 1945 versagt.
   Einer Tätigkeit als Musikfeuilletonist der „Dortmunder Ruhr Nachrichten" stand indessen nichts entgegen. Auch nicht der Umstand, nunmehr Musik rezensieren zu müssen, welche er wenig zuvor als „zersetzend", „jüdisch, „kulturbolschewistisch" apostrophierte; ja beruflich mit Musikern zusammenzutreffen, welche er zuvor zur „schnellsten Ausmerzung (...) aus unserem Kultur- und Geistesleben" freigegeben hatte.

26. ...das Benehmen Mendelssohns, daß er als Director angesehen werden wolle

Der junge Musikwissenschaftler Wolfgang Boetticher, der im Jahre 1941 an der Universität Berlin mit einer Arbeit über Robert Schumann promovierte, betätigte sich in den Jahren 1940 und 1942 als Herausgeber von Schumanns Tagebuchaufzeichnungen und Briefen und Co-Autor des 1940 herausgegebenen "Lexikon der Juden in der Musik - Mit einem Titelverzeichnis jüdischer Werke." Bestärkt von wohlwollenden Beurteilungen seines Vorgesetzten in der "Hauptstelle Musik" der „DBF" Alfreds Rosenbergs, Heinz Gerigk: war er "seit 1.12.1937 als Referent in der Hauptstelle Musik tätig und (...) hat sich in dieser Zeit stets als ein ausgezeichneter Sachkenner und als instinktsicherer Nationalsozialist bewährt. (...) Wie mir berichtet worden ist, hat Boetticher den gesamten Umkreis der Robert Schumann-Forschung unter Berücksichtigung unserer weltanschaulichen Haltung durchgearbeitet, und ist (...) zu wertvollen Ergebnissen gelangt, die das Schumann-Bild (...) neu gestalten." (29.3.1940; zit. nach de Vriess, "Sonderstab Musik")

Was verhalf dem jungen Wissenschaftler zu diesen, von Gerigk so wohlwollend hervorgehobenen, gleichsam unverhofft erbrachten "wertvollen Ergebnissen" und der "Neugestaltung des Schumann-Bildes", welche zur Vervollkommnung der "weltanschaulichen Haltung" des Nationalsozialismus so trefflich geeignet schienen?

Boetticher verfälschte Schumanns Tagebucheintragungen, Erinnerungen und Briefe an Felix Mendelssohn Bartholdy durch Hinzufügung oder Unterlassung einzelner Worte oder Sätze und verlieh ihnen somit einen Tonfall antisemitisch-motivierten Vorbehaltes Schumanns gegen den Freund und Musikerkollegen Felix Mendelssohn.

Zur Veranschaulichung dessen folgende Gegenüberstellung eines authentischen sowie von Boetticher manipulierten Zitates. Robert Schumanns Autograph: "Seine (Mendelssohns) Gedanken üb(er) das Conservatorium, daß er namentlich den Musikern auch einen Verdienst zuweisen wollte", "Gründung des Conservatoriums und sein Benehmen dabei, daß er nie als Direktor angesehen werden wollte."

Von diesem Zitat verbleibt in der Publikation Boettichers von 1940/42: (...) "Gründung des Conservatoriums und sein Benehmen dabei, daß er (...) als Direktor angesehen werden wolle."

Erst der Rückgriff auf die im Jahre 1947 anläßlich des 100. Todestags Mendelssohns vom Robert Schumann-Archiv in Zwickau zur Verfügung gestellten Autographen vermochte es, die von Gerigk, Boetticher und Dr. Lila Vietig-Michaelis lancierte Erkenntnis nachhaltig aufzuheben:
"Auch Robert Schumann zählte keineswegs zu den bedingungslosen Bewunderern (...), wie lange geglaubt wurde. Aus den (...) erstmalig veröffentlichten Notizen (...) und Briefen geht deutlich hervor, daß Schumann von Anfang an der Erscheinung Mendelssohns kritisch gegenübergetreten ist". ("Lexikon der Juden in der Musik")

Boetticher diente dem Nationalsozialismus auch als Mitarbeiter des „Sonderstabs Musik" des Amtes Rosenberg zu systematischer Erfassung und Konfiszierung der kulturellen Hinterlassenschaften geflohener oder ermordeter Juden in besetzten Gebieten und Mitglied der Waffen-SS. Dennoch machte er nach 1945 als Musikwissenschaftler und Publizist hochrangig Karriere in den Positionen: Dozent, Professor und Dekan der Universität Göttingen (1955/57/72), Gastdozent an den Universitäten Cambridge und Oxford (1952-72), Kurator der Staatl. Hochschule f. Musik Hannover (1958), Gastdozent an der Karls-Universität Prag (1963). Daneben erhielt er die Möglichkeit u. a. zu folgenden Veröffentlichungen: Gesamtausgabe der Klavierwerke Robert Schumanns/ Henle Verlag München, Essays, Zeitschriftenartikel, Beiträge in Handbüchern und Enzyklopädien, Nachrufe etc. Boetticher arbeitete nach seiner Emeritierung weiterhin als Hochschullehrer und musikwissenschaftliche Kapazität an der Universität Göttingen, bis im Jahre 1999 wachsende Aufarbeitung seines Wirkens im „III. Reich" auf internationaler Ebene die Suspendierung von aller Lehrtätigkeit erwirkte.

Intermezzo V:
Juden bleiben Juden. Oder: Von den Ehetagebüchern des Robert Schumann

Als Glücksfall anzusehen ist es angesichts jener Umtriebe, daß in den 40ziger Jahren des 20. Jahrhunderts der Schumann-Forschung offensichtlich noch nicht alle schriftliche Hinterlassenschaften des Musikerehepaares Clara und Robert Schumann zur Edition und Auswertung zur Verfügung standen.

Wie hätten nationalsozialistische Funktionäre der Hauptstelle Musik wie Gerigk und Boettcher triumphiert, wenn sie anlässlich ihrer Publikationen, auf authentische, unverfälschte Aussagen Schumanns hätten zurückgreifen können, welche den Komponisten als offenkundigen Antisemiten und Mendelssohngegner zu bezeugen geeignet wären.
Die Musik- und Frauenwissenschaftlerin Beatrix Borchard zitiert in ihrer im Jahre 1985 veröffentlichten Studie "Robert Schumann und Clara Wieck - Bedingungen künstlerischer Arbeit in der ersten Hälfte des 19. Jahrhunderts" eine Passage aus den Ehetagebüchern, welche bis dahin unveröffentlicht geblieben war und ein zeitweiliges tiefes Zerwürfnis zwischen dem Künstlerehepaar dokumentiert, in welches Felix Mendelssohn mental einbezogen wurde:

"Clara sagte mir, daß ich gegen Mendelssohn verändert schiene, gegen ihn als Künstler gewiß nicht - das weißtest Du - hab` ich doch seit vielen Jahren so viel zu seiner Erhebung beigetragen, wie kaum ein Anderer. Indes - vergessen wir uns selbst nicht zu sehr dabei. Juden bleiben Juden; erst setzen sie sich zehnmal, dann kömmt der Christ. Die Steine, die wir zu ihrem Ruhmestempel mit aufgefahren, gebrauchen sie dann gelegentlich, um auf uns damit zu werfen. Also nicht zuviel, ist meine Meinung. Wir müssen auch für uns thun und arbeiten. Vor allem laß uns nur immer dem Schönen und Wahren in der Kunst nahe kommen" (Robert Schumann, Ehetagebücher, 8.-15.11.1840, Autograph)

Vor welchem Hintergrund müssen diese beschämenden, unverhohlen die antisemitische Vorurteile dieser Zeit reflektierenden Äußerungen rezipiert werden? Obgleich man Robert Schumann als Herausgeber der „NZfM" stets einen latenten, auf Besprechungen des Meyerbeerschen Opernschaffens abzielenden Verbalantisemitismus nachsagt, lagen ihm radikalantisemitische Positionen - jenen der Jungdeutschen Bewegung vergleichbar - denkbar fern. Über jeden Zweifel erhaben waren die privat und beruflich gepflegten Beziehungen der Familie Schumann zu dem Komponisten, Musiker und Musikfunktionär Felix Mendelssohn, wie die in den Jahren 1835 - 47 im Tonfall einer nachgerade hymnischen Verehrung niedergeschriebenen Gedenknotizen Schumanns eindeutig belegen. (Vergl. dazu Arnd Richter, Mendelssohn - Leben, Werke, Dokumente, Piper - Schott 1994, s. 313-17) Die Behauptung, er, Robert Schumann, habe als Autor und Herausgeber der „NZfM" maßgeblich zur Protektion des Komponisten Mendelssohn beigetragen, kann als Zeichen der Selbstüberschätzung und puren Wunschdenkens genommen werden, da Mendelssohn seit den Zeiten wiedergewonnener Matthäus-Passion und Düsseldorfer Generalmusikdirektorats als Komponist und Dirigent derer nicht mehr bedurfte.

Nun, die Äußerungen resultieren aus einer Situation vermeintlicher Zurücksetzung, welcher sich Schumann als mindererfolgreicher Komponist in den Jahren 1840ff ausgesetzt sah. Voller Eifersucht sah er, dass die den Schumanns gewidmete öffentliche Aufmerksamkeit fast ausschließlich seiner Frau, der gefeierten Pianistin Clara Schumann galten, während seine Kompositionen vor allem im kleinen Kreise von Kennern und Liebhabern rezipiert wurden. Somit sind unausgesetzte Versuche wissentlich oder unwillkürlich begangener Herabminderung der Interpretin Clara Schumann nachweisbar. Schumann widersetzte sich hartnäckig allen Bestrebungen Claras, überregionale oder europäische Konzerteinladungen anzunehmen, stellte das Metier des Komponierens dem des Konzertierens als erhaben gegenüber, mäkelte fortwährend an ihrer Spielweise und Interpretation herum. Legendär die Befürchtung des Komponisten, ob ihr Hausstand denn die Bereitstellung und professionelle Betätigung zweier Flügel zu kompensieren in der Lage sei.

Clara Schumann indes war durch all diese innerfamiliär verübten Widrigkeiten - Mobbing würde es im Sprachgebrauch unserer Tage heissen - zutiefst verunsichert worden und nahm vom Gedanken öffentlichen Konzertierens mehr und mehr Abstand.

Allein in der Person und Begegnung Mendelssohns fand sie Hilfestellung in dieser ausweglosen Lage. Jener bestärkte sie in der Position einer musikalisch autonom rezipierenden und handelnden Interpretin, leitete sie freundschaftlich auf ihrem Wege zurück auf das lange gemiedene Podium des Gewandhauses und überwand durch persönliche Fürsprache stetig Schumanns Widerstände gegen das Projekt neuerlicher Konzertreisen. Schumann sah durch das persönliche Verwenden Mendelssohns offensichtlich das künstlerisch kurzzeitig in Händen gehaltene Heft sich neuerdings entgleiten. Er reagierte sich quasi durch genannten, auf Mendelssohn als Hauptschuldigem an Claras neugewonnenen musikalischen Mute, abzielenden Anwurf schriftlich ab. In jenem Affekt, welcher für Schumanns labilen Gemütszustand vor allem in späteren Jahren symptomatisch und berüchtigt war.

In jenem Affekt, welcher auch für zahlreiche massive Verbalinjurien Wagners und von Bülows unmittelbar verantwortlich zeichnete. Während ersterer, durch Cosima Wagners getreuliche Aufzeichnungen von "Tischgesprächen" in der Verkündigung von Gewaltrhetorik seine Verewigung erfuhr, sah sich jener ja genötigt, im Alter manches vorher gesagtes zu relativieren oder gar zu konterkarieren.

Ein neues Feld wiederum eröffnen die im Jahre 1847 getätigten, abfälligen, unerträglichen Bemerkungen Schumanns, welche man Mendelssohn offenkundig zugetragen hatte und ihn zum endgültigen Bruch mit dem Kollegen veranlaßten. In einem Brief an den Dichter und Freund Karl Klingemann beklagte sich Mendelssohn, Schumann "habe sich sehr zweideutig gegen ihn benommen und ihm eine recht häßliche Geschichte eingerührt, die ihn in seinem Eintreten für Schumann sehr abgekühlt habe. Mehr wissen wir nicht" (Dahms, S. 94) Ob Schumann sich neuerdings im Affekt zu radikalantisemitisch munitionierten Schmähungen gegen den ungleich erfolgreicheren Kollegen Mendelssohn hatte hinreißen lassen und in seinem Wirken von diesem nicht hinreichend gewürdigt fand? Ob er sich vom beruflich überlasteten und in den letzten Lebensmonaten kräftemässig rapide abbauenden Mendelssohn persönlich hintangesetzt fühlte und im Kollegen- oder Freundeskreise darüber beklagte?

Ob er sich der musikalischen Öffentlichkeit gegenüber mißbilligend über ein Werk aus der letzten Schaffensperiode Mendelssohns geäußert hatte? Was immer es konkret gewesen sein mag, es wäre eine eigene Untersuchung wert.

27. Denkmalspflege; nationalsozialistisch

Ein in der Anonymität verbliebener Zeitzeuge gab im Nachhinein zu Protokoll, was Leipziger Bürger explizit von einem Vorfall wahrnahmen, dessen Inszenierung sich „insgeheim" abspielte, dessen Wirkung aber offenkundig wurde. Wann, in welchem Zusammenhang, auf welcher Behörde der Bericht gegeben wurde, ist nicht angegeben. Das Leipziger Stadtarchiv hat ihn in der Sammlung StV u R, Nr. 8617, Bl. 12 der Nachwelt überliefert.

„Am Morgen des 10. November raunte es in Leip-zig einer dem anderen zu, die Mendelssohn-Statue sei in der Nacht von ihrem Sockel gerissen und die allegorischen Figuren losgewuchtet worden; der Granitsockel sei in Stücke zertrümmert. Die ganze Nacht hätten die Preßlufthämmer gerattert und gedröhnt, um den massiven Sockel samt seinem Unterbau zu zerstückeln und die Stätte dem Erdboden gleichmachen zu können. Man habe die Absicht gehabt, die Stelle als Blumenbeet anzulegen und Gras über den Standort wachsen zu lassen, um jede Spur zu tilgen. Das Fundament habe sich aber bis zur Morgendämmerung nicht mehr herausstemmen lassen, so daß man sich begnügen musste, die Stelle mit Kleinsteinpflaster zu befestigen, das allerdings den Standort nicht verheimlichen konnte."

Erste Stimmen seitens der NS-Administration, welche die Beseitigung des Mendelssohn-Denkmals vor dem alten Gewandhause einforderten, erhoben sich im Frühjahr 1936, also genau 3 Jahre nach der Machtergreifung.

So schrieb die Kreisleitung der „NSDAP" Leipzig in Person des Beauftragten Leiters des Kulturamtes Eckert an den Oberbürgermeister der Stadt Leipzig, Dr. Carl Friedrich Goerdeler z. H. des Leiters des Kulturamtes, Stadtrat August Hauptmann am 8. Mai d. J. 1936:
"Aufgrund verschiedener Beschwerden bei uns fühle ich mich verpflichtet; sie darauf hinzuweisen, dass das vor dem Gewandhaus aufgestellte Denkmal des Vollblutjuden Mendelssohn-Bartoldie öffentliches Ärgernis erregt. Die Leipziger Bevölkerung, die zum weitaus grösstenteil gut nationalsozialistisch denkt, ist der Auffassung, dass dieser Jude in „Erz" besser in einem Museum aufzubewahren wäre: Ich bitte Sie als Beauftragten Leiter des Kulturamtes beim Rat der Stadt Leipzig zu erwirken, dass dieses Denkmal entfernt wird..."

Dies war der Auftakt einer Kampagne seitens Leipziger NS-Gremien, welche die endgültige und kompromißlose Beseitigung des "Juden" Felix Mendelssohn aus dem Stadtbild zum Ziele hatte. Einmal mehr zeigt sich, wie sehr sich das Regime in allen Lebensbereichen in diesen 3 Jahren bereits verfestigt hatte. Die Forderung nach publicityträchtiger Entfernung eines Monumentes wie des Leipziger Mendelssohn-Denkmals wagte das Regime zu Anfang nicht. Es beschränkte sich im Jahre 33ff vorerst auf die Beseitigung der regimefeindlichsten Ehrentafeln, Strassennamen etc.

Noch hatte man beispielsweise auf die Reaktionen des Auslandes Rücksicht zu nehmen. Nun, nach stetiger Verfestigung der Machtvollkommenheit der NS-Administration, kündigte sich mit der Forderung nach Beseitigung des Mendelssohn-Monumentes aber eine zweite radikalisierte Welle der Denkmalszerstörung an. Diese brachte deutschlandweit die Zerstörung öffentlicher Mahnmale und Gedenkstätten an Juden und Regimegegnern mit sich. Die Forderung nach Beseitigung des Mendelssohn-Monumentes erhob und vollzog sich zeitlich analog der zunehmenden Verdrängung des Mendelssohn-Werkes von Konzertpodien und aus den Hochschulen.

3 Wochen nach dem erwähntem ersten Schreiben an Stadtrat August Hauptmann verlangte der Kulturbeauftragter der Kreisleitung der „NSDAP" Eckert in einem weitern Schreiben verschärften Nachdrucks, unter Ankündigung des Hinzuzugs weiterer NS-Stellen in Sachen Forderung nach Denkmalsentfernung. So schreibt er am 27. Mai 1936 also:

"Bei dieser Gelegenheit teile ich Ihnen mit, dass ich mich des Weiteren mit dem Kreis-Propagandaleiter Pg. Krüger in Verbindung gesetzt habe, damit auch von dieser Seite das Notwendige veranlaßt werden kann."

Die Stadt Leipzig in der Person des Stadtrates August Hauptmann kündigte daraufhin "eine sehr genaue Prüfung der Angelegenheit" an.

In einer Sitzung des Stadtrates vom 19. Juni wurde schliesslich der Vorschlag unterbreitet, das Mendelssohn-Denkmal abzutragen und an dessen Stelle die Statue eines anderen "bedeutenden deutschen Musikers" (Sitzungsprotokoll) zu errichten. Das Sitzungsprotokoll führt des weiteren an:

"Oberbürgermeister Dr. Goerdeler erklärt diesen Vorschlag für prüfbar. Man werde im Herbst in die Prüfung eintreten. Dann müsse aber auch das Mendelssohn-Denkmal auf anständige Weise beseitigt und anständig untergebracht werden."

Dr. Goerdeler erwies sich als erklärter Gegner einer Kulturschändung durch Abriß des Mendelssohn-Denkmals. Durch die Ankündigung eines längerwierigen Prüfungsverfahrens seitens der Stadt Leipzig vermochte er es somit, etwas Zeit gegenüber den lokalen NS-Einrichtungen zu gewinnen. Zeit welche er benötigte, um Verbündete auf höherer Parteiebene in Berlin in Sachen Erhalt des Mendelssohn-Denkmals zu gewinnen. Der NS-Beauftragte für „jüdische Kulturfragen", Hinckel, sprang Goerdeler schliesslich bei und teilte ihm mit: "er könne auch im Namen von Goebbels und damit im Namen Hitlers sagen, dass das Denkmal stehen bleiben solle. Solche Bilderstürmerei würde nicht gewünscht." (Aufzeichnung Goerdeler a. d. Nachlass)

Daraufhin erklärte Dr. Goerdeler im Namen der Stadt den Erhalt des Denkmals, sehr zum Ärger des nationalsozialistischen 2. Bürgermeisters Rudolf Haake; des entschiedensten Goerdeler-Gegners und erklärten Mentors eines Denkmalabrisses.

Am 16. September d. J. 1936 erschien in der Leipziger Tageszeitung ein Pamphlet, welches sich unter dem Titel "Um jüdische Musik und das Denkmal eines Juden" öffentlich für die Beseitigung des Denkmals einsetzte.

Es heisst darin u. a.:

"Bei uns aber, in der Öffentlichkeit, ist die Existenz des Denkmals eines Juden auf die Dauer eine Unmöglichkeit. Dem dürfen weder Gründe der Pietät, noch rein künstlerische Erwägungen entgegenstehen. Solche Pietät und solche Erwägungen gehören nicht mehr in unsere Zeit, die in ihren Entscheidungen ausschließlich den Stimmen des Blutes und des völkischen Gewissens zu folgen hat".

Der Chefredakteur der Leipziger Tageszeitung rechtfertigte die Veröffentlichung des Pamphlets in einem Schreiben vom 16. September 1936 an Dr. Goerdeler folgendermaßen:

"Ich habe die Glosse erst nach langen und ernsten Überlegungen in die Zeitung gebracht. Ich glaubte aber um die öffentliche Diskussion dieser Frage nicht mehr herumzukommen, nachdem ich (...) schon seit langem aus Kreisen der Altparteigenossenschaft mit mehreren Zuschriften bedacht worden war. Nachdem mir jetzt gedroht wurde, die Angelegenheit dem "Stürmer" zu übergeben, der eine recht sensationelle Sache daraus gemacht hätte, zog ich es doch vor, die Sache in der Tageszeitung zu behandeln.

Die Dinge liegen nicht einfach so, dass der einfache Mann es nicht begreift, wenn ihm immer wieder gesagt wird, es bestehe kein Unterschied zwischen guten und schlechten, wertvollen und minderwertigen Juden und er auf der anderen Seite sehen muss, dass ein Denkmal stehen bleibt mit der Begründung: Die Musik dieses Juden sei eine wertvolle.
Wir müssen in diesen Dingen gerade im Hinblick auf den kleinen Mann konsequent sein. Ich glaube, dass die vorgeschlagene Lösung, das Denkmal dem jüdischen Kulturbund zur Verfügung zu stellen, auch dem Ausland gegenüber den Vorwurf etwaiger Bilderstürmerei abmildern wird."

Haake machte sich den öffentlichen Druck, den die Behandlung der Forderung nach Beseitigung des Mendelssohn-Denkmals in der Leipziger Presse nach sich zog, zunutze. Er insistierte bei Goerdeler erneut auf eine Vernichtung desselben. So schrieb er an Dr. Goerdeler im Jahre 1936 im Rückblick auf die Ereignisse:
"Ich sah in dieser Anfrage nur ein Abschieben der Verantwortung auf die Reichsregierung, weil Sie selbst aus ihrer inneren Einstellung zur Judenfrage heraus diese Verantwortung nicht glaubten tragen zu können."

Haake entschloß sich, nach dem letzten ablehnenden Entscheid Goerdelers zum Thema der Denkmalsbeseitigung, zu eigenmächtigen Handeln bei der nächsten sich bietenden Gelegenheit. Er schrieb wiederum im Rückblick auf die Ereignisse: "...war ich fest entschlossen, bei der nächsten geeigneten Gelegenheit (...) zu handeln und die Verantwortung zu übernehmen. Mein Gewissen als Nationalsozialist liess in dieser Frage keinen Kompromiß mehr zu."

Im November 1936 weilte das London Philharmonic Orchestra unter der Leitung des berühmten englischen Dirigenten Dirigent Sir Thomas Beecham einige Tage in Leipzig, um im dortigen Gewandhaus zu konzertieren. Beecham dürfte der einzige Dirigent internationalen Ranges gewesen sein, der mit dem NS-Musikbetrieb im Rahmen aufwendiger Operngesamtaufnahmen wie jener reichsdeutschen "Zauberflöten"-Produktion kooperierte. Möglicherweise gab also eine ideologische Verbundenheit des Künstlers zu Positionen des Regimes beiderseits den Ausschlag zur Realisierung des zu diesem Zeitpunkt bereits außerordentlichen Gastspielvorhabens eines englischen Klangkörpers auf faschistischen Territorium. Strittig scheint zu sein, an welchem Tag das Orchester im Gewandhaus vor das Leipziger Publikum trat, da diesbezüglich von einander abweichende Aussagen vorliegen. Entscheidend hingegen ist, daß es im Zuge des Leipzigbesuches des Orchesters zum Abbruch des Mendelssohn-Denkmals durch die NS-Administration kam.

Der Zeitzeuge Kurt Sabatzky schilderte die Umstände des Besuches und der Denkmalsvernichtung später folgendermaßen:

"Etwa 2-3 Jahre vor dem Krieg unternahm das Londoner Philharmonische Orchester unter Leitung von Sir Thomas Beecham eine Kontinental-Konzertreise, die es auch nach Leipzig führte. Sir Thomas fragte vorher bei Goerdeler an, ob es wohl erwünscht sei, wenn er mit einer Abordnung seines Orchesters am Mendelssohn-Denkmal eines Kranz niederlege. Im Hinblick darauf, daß Mendelssohn eine besondere Brücke im Musikleben von Leipzig nach London geschlagen habe.

Goerdeler erklärte darauf, daß er eine solche Ehrung begrüssen würde. Unglücklicherweise befand sich Goerdeler zurzeit des Konzertes, das einen grossen Erfolg für die Londoner Philharmoniker darstellte, gerade auf Urlaub." (Meine Erinnerungen an die Nationalsozialisten, Manuskript Nr. 3015 im Archiv von The Wiener Library, London)

Als Beecham, Sabatzky zufolge, am darauf folgenden Morgen also von Mitgliedern des Orchesters begleitet, vor dem Mendelssohn-Denkmal einen Kranz niederlegen wollte, musste er feststellen, daß es verschwunden, genauer, auf Befehl Rudolf Haakes in der Nacht abgetragen und im Keller eines öffentlichen Gebäudes zerschlagen worden war. Haake hatte somit, gemeinsam mit dem Ratsherrenältesten Otto Wolf die Gunst der Stunde, die Abwesenheit Dr. Goerdelers genutzt und nächtlings zugeschlagen. Hinsichtlich der Abwesenheit Dr. Goerdelers, welche das Denkmals Attentat, verübt durch subalterne Magistratsmitglieder ja erst ermöglichte, irrt Sabatzky allerdings in der Begründung derselben: Dr. Goerdeler befand sich zu diesem Zeitpunkt keineswegs im Urlaub; vielmehr kam er durch eine Reise nach Skandinavien diplomatischen Verpflichtungen nach.

Schwerlich erstaunlich, daß eine Berichterstattung des Vorfalls in der damaligen Presselandschaft nahezu ausblieb; das Ausland, genauer: das "Allgemeen Handelsblad" in Amsterdam führte es in einer Meldung vom 18.11.1936 u. a. auf eine Anweisung Dr. Goerdelers an die Leipziger Lokalpresse zurück, den Vorfall in der Berichterstattung zurückzuhalten.

Die Position Dr. Goerdelers war, angesichts offener Insubordination untergeordneter Magistrats- und Parteigremien, welche ideologische Belange über die Richtlinienkompe-tenz des Stadtoberhauptes erhoben, somit nahezu unhaltbar geworden. Nirgends fand er Rückhalt bei den Forderungen, die eigenmächtige Untergrabung der Richtlinienkompetenz des Oberbürgermeisters durch untergeordnete oder externe Gremien zu ahnden und das Mendelssohn-Denkmal auf Kosten der Partei wiederherstellen zu lassen. Etwa 14 Tage nach Abbruch des Denkmals reichte Dr. Goerdeler seinen Rücktritt vom Amte des Oberbürgermeisters der Stadt Leipzig ein. Er begründete diesen Schritt mit der mangelnden Entschlossenheit des Magistrats und übergeordneter Behörden wie des sächsischen Innenministeriums "den offenbaren Ungehorsam meines Vertreters so zu ahnden, wie ich es verlangen musste, wenn meine Autorität gewahrt werden sollte. Also hatte ich Folgerungen für meine Person zu ziehen. Sie konnten nur in dem Antrag bestehen., mich aus meinem Amte zu entlassen."

Im Jahre 1944 faßte Dr. Carl Friedrich Goerdeler in einer Niederschrift im Gefängnis den Rücktrittsentschluss rückblickend noch einmal folgendermaßen zusammen:

"Damals führte ich den klaren Entschluß aus, nicht die Verantwortung für eine Kulturschandtat zu übernehmen. Mendelssohns Lieder haben wir alle mit Entzücken gehört und zum Teil gesungen, ihn zu verleugnen wäre feige und lächerlich gewesen.
Aber ich hoffte im Stillen, eines Tages wieder in reiner Luft dem Vaterlande dienen zu können.

Auch dafür und für die Stellung des deutschen Volkes im Ausland wollte ich meinen guten Namen wahren. Vor aller Welt hatte ich mit meinem Abschied gegen den Sturz des Mendelssohn-Denkmals protestiert und so wurde dies auch überall aufgefaßt."

Dr., Carl Friedrich Goerdeler fiel 9 Jahre nach den Vorgängen der Denkmalsschändung als führender Widerständler den Hinrichtungen, die dem 20. Juli 1944 folgten, zum Opfer.

Der Dirigent Fritz Busch, der sich als Generalmusikdirektor des Dresdner Staatstheaters der geforderten Entlassung jüdischer Künstler verweigerte und 1935 emigrierte, kommentiert diesen Vorgang in seinen Lebenserinnerungen mit wenigen eindringlichen Worten:

"In Vertretung Arthur Nikischs habe ich wiederholt im Gewandhaus dirigiert, an jener klassischen Stätte edelster Musikpflege, auf die Deutschland stolz sein durfte, bis man Felix Mendelssohns Denkmal und den Geist deutscher Kultur von dort entfernte".

28. Ein nordischer Sommernachtstraum

Partiell erwies sich die befohlene Verneinung der Werke Mendelssohns als unrealistisch, gemessen an den Bedürfnissen alltäglichen kulturellen Lebens: Wie wären die zahlreichen Gesangsvereinigungen des Landes der Pflege längst ins Allgemeinmusikgut eingegangener Chorsätze zu entheben gewesen? Nachhaltig aus dem Geiste der hohen Romantik hervorgegangene Kanzonen, welche in formeller Schlichtheit Eichendorff - Zeilen wie: "O Täler weit, o Höhen, o schöner grüner Wald, du meiner Lust und Wehen andächtger Aufenthalt..." in vollkommener Übereinstimmung von Wort und Musik interpretierten. Verboten als Entwürfe eines "vorderasiatisch-orientalischen Juden" (Eichenauer, Musik und Rasse, München 1937), wie die völkische Rassenlehre Felix Mendelssohn einstufte." ?

Der Nationalsozialismus fügte sich der Verbundenheit der Liedertafel zu Mendelssohns Chorwerk schliesslich und wies an: daß man den Vortrag dieser Sachen weiterhin gestatte, allerdings hätten die Chöre zu verschweigen, wer sie komponiert hatte.

Das Theater sah sich durch das Verbot der romantischen Bühnenmusik zu Shakespeares Komödie "Ein Sommernachtstraum" erheblichen Problemen ausgesetzt.
Da jene im Bewusstsein des Publikums mit der Dichtung kongenial einherging und der Rückzug der Musik die Aufführungszahlen des

Shakespeare-Stücks zeitweise deutlich minimierte. So vermelden die Shakespeare-Jahrbücher des Jahrgangs 1933 nur noch 11, des Jahres 1934 20, des Jahres 1935 wiederum 11, des Jahrgangs 1936 13, des Jahrgangs 1937 12, des Jahrgangs 1938 17, des Jahrgangs 1939 17 und des Jahrgangs 1940 bereits 20 "Sommernachtstraum"-Produktionen an deutschen Theatern. Auffällig ist die gegen Ende der Dreißiger Jahre leicht ansteigende Anzahl von Produktionen. Dies muss unmittelbar mit den nachfolgend detaillierter beschriebenen Versuchen um Ersatzlösungen für Mendelssohns verfemte Komposition zusammenhängen. In den ersten Jahren des Regimes behalfen sich die Theater, welche den Rückgriff auf Mendelssohns Schauspielmusik nicht mehr wagten, oftmals mit diversen Kompilationsmusiken, welche aus Barockmusikvorlagen oder romantischer Klaviermusik zusammengestellt wurden.

Zwar hatte es bereits in den zwanziger Jahren einige, rein künstlerisch motivierte Versuche gegeben, das Shakespeare Stück in einem anderen musikdramaturgischen Kontext als jenem Mendelssohns zu setzen.

Schauspielmusikkompositionen von August Halm und Alexander Laszlo, von dem Dirigenten und Komponisten Bernhard Paumgartner im Jahre 1924 für Wien, von Christian Lahusen im Jahre 1925 für Otto Falckenberg in München, und von Ernst Krenek für den Dichter und Intendanten Hugo Hartung und die Heidelberger Festspiele des Jahres 1926 erarbeitet, sind überliefert. Aber diese Kompositionen müssen den diversen Kulturfunktionären des NS-Regime entweder stilistisch oder hinsichtlich Person und Abkunft der Komponisten mißfallen haben. Oder wurden seinerzeit über ihren lokalen Wirkungsbereich hinaus schlichtweg nicht wahrgenommen. Jedenfalls ist von einem Rückgriff auf diese Musiken anlässlich von "Sommernachtstraum"-Aufführungen des "III.-Reiches" nichts bekannt.

Bereits im Jahre 1934 wurden indes erste Versuche unternommen, die verfemte Mendelssohn-Schauspielmusik durch Neukonzeptionen und Surrogate zu ersetzen.
    Kam anlässlich der "Sommernachtstraum"-Vorstellung der Naturbühne Märkisches Museum vom 12. Juli 1934 die Begleitmusik noch von der Grammophonplatte - Titel und Stil derselben wurden nicht überliefert - ; so wurde am 20. Juli 1934 bei den Heidelberger Festspielen ein erster Rückgriff auf Barockmusik von Henry Purcell vorgenommen. Friedrich Baser forderte in einem Kommentar in der Zeitschrift "Signale für die musikalische Welt" vom 5. September 1934 denn auch behende die zeitgerechte Kreation eines "nordischen" Shakespeare-Stiles gegen die südöstliche"   ("vorderasiatisch-orientalische"?!)   Dominanz   einer "semitischen" Felix Mendelssohn-Ästhetik aus der Romantik ein:

Hier fiel der Musik die bedeutsamste Aufgabe zu, und schon die Wahl des Komponisten musste nach neuen Gesichtspunkten vorgenommen werden. Galt es doch, statt der sinnlich-prächtigen Musik südöstlicher Farbe, wie sie durch Mendelssohns Komposition ein Jahrhundert lang restlos das Feld beherrscht hatte, einen nordischen "Sommernachtstraum" erstehen zu lassen".

Ein fortwährender, auch über das Jahr 1934 hinaus bestehender, Rückgriff auf Kompilationen wurde dauerhaft als unbefriedigend empfunden. Somit suchten NS-Organisationen wie das "Ministerium für Volksaufklärung und Propaganda" in Person des Ministers Dr. Joseph Goebbels und der "Volkskulturbund Kraft durch Freude" in Person des Reichsorganisationsleiters Dr. Robert Ley, Komponisten ersten und zweiten Ranges zur einer definitiven Neukomposition des "Sommernachtstraums" anzuregen.

Der Komponist Edmund Nick war der erste, der im Zuge der eingeforderten Neukomposition in arischem Auftrage Hand an das "Sommernachtstraum"-Sujet legte.
  Nick verdingte sich dem Regime auch als "Bearbeiter" "rassisch" verfemter Musikvorlagen; umgewandelt in "arisch" unbedenkliche Fassungen im Auftrage der „Reichsstelle für Musikbearbeitungen" und ihres Leiters GMD Dr. Heinz . Da er, wie er im Jahre 1964 in einem Brief an Fred Prieberg schilderte, im Zuge dessen offenkundig "die Mendelssohn Musik sowie das "Elfenlied" von Hugo Wolf studiert hatte" konnte sein Werk nur wenig befriedigen. Zahlreiche Theaterkritiker waren sich noch des Mendelssohnschen Originals bewusst. Der Rezensent Fritz Stege gab in der Zeitschrift Berliner Musik in der Oktoberausgabe des Jahres 1934, nach der Premiere von Nicks Komposition, welche am 15. September des Jahres 1934 im Grossen Schauspielhaus in Berlin über die Bühne ging, denn auch zu bedenken:
  "Man mag gegen Mendelssohn auch berechtigte Bedenken vorzubringen haben, so lässt sich nicht leugnen, dass Mendelssohn den Zauber des Waldes in einer Weise eingefangen hat, die im Stimmungsinhalt einmalig bleibt.

Von Mendelssohn hätte Nick lernen können, wie man dem Wesen der dramatischen Vorlage gerecht zu werden vermag, ohne sich auf die Abwege musikalischer Geistreicheleien oder trivialer Salonmusik zu begeben. Ich möchte es dahingestellt lassen, wen von beiden der Vorwurf der Sentimentalität mit größerer Berechtigung trifft.

Wobei ausserdem noch festzustellen bleibt, dass Mendelssohns so genannte "Sentimentalität" gar nicht in seinem Wesen, sondern nur in der Fälschung des Aufführungsstils nachzuweisen ist.

Nein: zum Sommernachtstraum gehört nun einmal Mendelssohns Musik. Es gereicht keinem Bearbeiter zur Ehre, dieses künstlerische Meisterwerk anzutasten."

Bemerkenswert an Steges Ausführungen ist nicht allein ein gewisser publizistischer Mut - wie eingangs dargelegt, war es angesichts indifferenter Richtlinienerfahrungen zahlreicher Musiker und Publizisten in den ersten Jahren des Regimes allerdings noch gefahrloser, für Mendelssohn einzutreten als in späterer Zeit. Mehr noch dessen klarer Hinblick auf die Verfälschung von Mendelssohns Werk durch eine, dem Musizieren in breitem spätromantischen Stil verhafteten Idiom - ein Umstand, auf den allein Karl-Heinz Köhler in späteren Jahren umfassend verwies.

Stege, ein erklärter Nationalsozialist, Verfechter der Rassenlehre, Parteimitglied und „KfdK-Genosse", versuchte später, nach Kriegsende, in „BRD"-Zeiten, sein Plädoyer für Mendelssohns "Sommernachtstraum"-Musik, also eine vergleichsweise harmlose publizistische Aktion in Zeiten nationalsozialistischer Kompetenzwirren, als exorbitante Heldentat zu deklarieren. So schrieb er am 7. Juni 1966 an Fred Prieberg:
"Vergessen ist, daß ich mehrfach Kopf und Kragen riskiert und mit einem Fuß im KZ gestanden habe, als ich den Mut aufbrachte, 1934 öffentlich für Mendelssohn einzutreten (,..) .gegen den gesamten Völkischen Beobachter ein Ehrengerichtsverfahren einzuleiten usw. Und niemand wird je eine Ehrenrettung für mich wagen:"

Immerhin wurde Fritz Stege in seinem Eintreten für Mendelssohns Musik, gegen Nicks Surrogatkomposition des "Sommernachtstraum"-Sujets, von Rezensenten wie Karl Heinz Ruppel unterstützt. Jener schrieb in seinem Artikel "Sommernachtstraum im Herbst" im Hamburger Fremdenblatt vom 19. September 1934 u. a.:
"Die kongeniale Inspiriertheit der von Goethe so hochgeschätzten "Sommernachtstraum"-Musik des jungen Mendelssohn vermag Nick nicht zu ersetzen."

Ende September 1934 erfuhr der "Sommernachtstraum" Premiere im Stadttheater Hagen, mit einem vom Solokorrepetitor Kurt Nichterlein vorgelegten Carl-Maria von Weber-Arrangement.

Bemerkenswert dabei bleibt der erneute Versuch, stilistisch und dramaturgisch in der von Mendelsohn mustergültig definierten Aura romantischen Waldeszaubers zu verbleiben, ohne Mendelssohn spielen zu müssen.

Im Herbst des Jahres 1934 eröffnete der Leiter der Musikabteilung der „NS-Kulturgemeinde" („NSKG") und Reichsschriftleiter Friedrich W. Herzog eine erneute Initiative seitens der NS-Machthaber, renommierte Komponisten zur arisch-definitiven Neukomposition des Sujets zu bewegen. Das Ersuchen erging somit unter anderem an die Komponisten Werner Egk, Gottfried Müller, Hans Pfitzner, Rudolf Wagner-Regény, Julius Weismann und Winfried Zillig.

Herzog sekundierte dem Ansinnen, eine Musik zu initiieren, welche Mendelssohns Schauspielmusik endgültig verdrängen und ersetzen sollte, publizistisch in dem Aufsatz "Eine neue Musik zum "Sommernachtstraum" vom 2. November 1934. Dabei offenbart er unmittelbar den Zwiespalt eines völkisch bewegten traditionsbewußten deutschen Bildungsbürgers. Jener trug die Konventionen des deutschen Theaters und Musiklebens und somit auch die Beziehung zum überkommenen verehrten Shakespeareoeuvre "des Juden" Felix Mendelssohn tief in sich und konnte, aller Versuche nationalsozialistischer Autosuggestionen zum Trotze, schwerlich gänzlich vom tradierten musikalischen Vorbild loskommen:
"Wenn die NS-Kulturgemeinde (...) als ersten Kompositionsauftrag eine neue Musik zu Shakespeares "Sommernachtstraum" bestellt, so will sie damit gleichzeitig einen durch die nationalsozialistische Revolution herbeigeführten "Notstand" beseitigen. Denn die Musik Mendelssohns ist im Dritten Reich mit den unumstößlich und kompromißlos gültigen Gesetzen von Primat der Rasse und des Blutes nicht mehr zu verantworten. Diese Musik ist genialisch, aber unbeschadet ihrer musikalischen Werte ist sie für eine völkische Kulturbewegung untragbar."

Hans Pfitzner wies es vermittels knapper Mitteilung auf einer Postkarte zurück: "Es gibt bereits eine hervorragende Musik zum "Sommernachtstraum!" und gab in späteren Jahren seinem Biographen Ludwig Schrott zu Protokoll:
"Denken Sie, man ist an mich herangetreten und wollte, daß ich den "Sommernachtstraum" neu komponieren solle, weil die jüdische Mendelssohn-Musik nicht mehr tragbar sei. So etwas ist doch eine Gemeinheit! Ich habe diesen Burschen aber heimgeleuchtet. Mendelssohns "Sommernachtstraum" habe ich erklärt, ist schlechthin kongenial, eine Leistung, die der Schlegel-Tieckschen Shakespeare-Eindeutschung gleichkommt. Ich wäre nie in der Lage, eine bessere Musik zum "Sommernachtstraum" zu schreiben als Mendelssohn."

Gleichzeitig verwies Pfitzner auf den Umstand, allen späteren anders lautenden rechtfertigenden Beteuerungen von "Sommernachtstraum"-Komponisten des III. Reiches zum Trotze, das man einen entsprechenden Kompositionsauftrag zurückweisen konnte, ohne Gefahr für Besitz, Leib und Leben zu laufen.

Werner Egk verwahrte sich somit des Kompositionsansinnens "mit einem gewissen Vergnügen mit dem Hinweis auf" (seine) "Bewunderung der musikalischen Ausdrucksfähigkeit des jungen Mendelssohn, (...) was um diese Zeit ohne schlimme Folgen wohl möglich war."
(Brief an Fred Prieberg vom 6.7.1964)

Rudolf Wagner-Régenyi indes liess sich zur Komposition einer "Sommernachtstraum"-Musik verleiten. Wagner-Régenyi wird als Komponist heute nurmehr marginal wahrgenommenen , machte aber nach dem Kriege in der DDR eine gewisse Karriere; beispielsweise als Professor für Komposition in Ostberlin.
    Möglicherweise haben einige Vorleistungen des Regimes den Ausschlag zu dieser Entscheidung, den „Sommernachtstraum" „arisch" zu komponieren, gegeben.

So ist von Zusagen, die Rede, das Werk nach der Vollendung mit Garantiertheit im „NSKG"-eigenen Musikverlag herauszubringen; des weiteren von der ersten

Veröffentlichung einer Wagner-Régenyi-Biographie mit dem Titel "Rudolf Wagner-Régenyi. Bildnis eines Schaffenden", erschienen in der Musikalischen Schriftenreihe der NS-Kulturgemeinde, mit welcher der Komponist geködert wurde. Auch war der Auftrag mit einem Honorar von 2000 RM lukrativ dotiert.

Wagner-Regenyi versuchte nach 1945 die Willfährigkeit zu kaschieren, mit welcher er mit dem Regime in der Person des musikalischen Leiters der „NSKG", F. W. Herzog kooperierte. So schrieb er u. a.:
    Die "Sommernachtstraum"-Musik war ein (peinlicher) Auftrag (...) Zu Shakespeare ist die Musik niemals gespielt worden." (Brief Wagner-Regenyis an Fred Prieberg vom 30.10.1963)

Wagner-Regenyis Bemühungen um eine definitive musikalische Neufassung des Sujets parallel, erging ein entsprechender Auftrag auch an den Komponisten Julius Weismann.
    Beide Kompositionen erfuhren ihre konzertante Uraufführung in der zweiten Hälfte des Jahres 1935 anlässlich der „Reichstagung der Nationalsozialistischen Kulturgemeinde" („NSKG") und ernteten nur verhaltene Zustimmung seitens des Theaterbetriebes und der Presse. So schrieb der Rezensent W. Wesselhoeft in der „Kölnischen Zeitung", Abendblatt vom 7. Juni 1935 über Wagner-Regényis "Sommernachtstraum"-Opus:

"Seine Musik ist bewusst grob, holzschnittmässig, mit einfacher, dicker Linienführung und stark rhythmisch betont. Die zarten Farben, das Mondlicht, die Poesie fehlen; (...) So bleibt das Werk im wesentlichen trocken und ohne Reiz."

Wesselhoefft fordert somit entschieden eine Rückkehr des Theaters zur bewährt-romantischen Aufführungstradition ein, freilich ohne den Namen Mendelssohn zu erwähnen. Dies beweist einmal mehr, wie tief das Verständnis des "Sommernachtstraum"-Stoffes in Deutschland von der musikalischen Auffassung Felix Mendelssohns geprägt und verwurzelt war.

Ähnlich erging es der Komposition Weismanns: Anläßlich ihrer Bühnenpremiere im Stadttheater Freiburg vom 20. Oktober 1935 schrieb der Rezensent A. Weber am 11. März 1936 in erneutem Rückverweis auf das übermächtig im Bewusstsein der damaligen Zeit verankerte Mendelssohnsche Original:
"So hocherfreulich die Arbeit ist - und sie wird immer als wertvoller Beitrag zu diesem Thema gewertet werden müssen -, so vermag sie doch nicht die Erinnerung an das vollkommenere Vorbild zu verwischen."

Wagner-Regenyis "Sommernachtstraum"-Musik wurde am 1. Oktober 1935 im Theater Harburg-Wilhelmsburg erstmalig im Zusammenhang mit einer Bühnenproduktion des Stücks aufgeführt und ab dem Jahre 1938 u. a. von den Theatern in Gießen, Gotha-Sonderhausen und Oldenburg übernommen. Es stimmt einfach nicht, dass dieselbe "zu Shakespeare niemals gespielt wurde".

Weismanns Komposition entwickelte sich Fred Prieberg zufolge nahezu zum Erfolgsstück und wurde von zahlreichen Theatern - so dem Stadttheater Hanau, dem Mecklenburgischen Staatstheater Schwerin und der Freilichtbühne Birten bei Xanten - nachgespielt.
Ungeachtet eines anfänglich verhalten vorgebrachten Presseechos frohlockte die „NSKG" angesichts des erfolgreich vollbrachten "Neuanfangs" bühnenmusikalischer "Sommernachtstraum"-Rezeption sowie des allgemeinen Durchbruchs, welche vor allem die Weismann-Komposition noch in dem Jahre ihrer Uraufführung in die Theaterpraxis erfuhr.

So schrieb Rudolf Sommer in dem Aufsatz "Aus der Musikarbeit der NS.-Kulturgemeinde" im "Deutschen Musikjahrbuch" des Jahres 1937:

"Diese beiden Bühnenmusiken sind geeignet, den Juden Mendelssohn abzulösen."

F. W. Herzog versuchte nach Kräften, die von ihm in Auftrag gegebenen Kompositionen Wagner-Regenyis und Weismanns bei weiteren Bühnen unterzubringen, in der Hoffnung diese könnten sich als allgemeingültig im Theatergebrauch etablieren. Da sich zahlreiche Theater Herzogs Bemühungen entzogen und weiterhin auf Lösungen setzten, welche auf Barockmusik, beispielsweise auf Werke Purcells zurückgriffen, unterstellte er den Intendanten in versteckter Anspielung die Sabotage nationalsozialistischer Erneuerungs-bestrebungen. Quasi den konspirativen Rückzug auf das bewährt historische Terrain und dadurch möglicherweise die heimliche Solidarisierung mit dem kulturellen Erbe eines Felix Mendelssohn.

So schrieb Herzog in "Die windgeschützte Ecke" vom 6. März 1937:

„Unser völkisches und sittliches Empfinden macht es uns (…) unmöglich, ein Werk wie Shakespeares "Sommernachtstraum" mit jüdischer Begleitmusik zu ertragen. (...) Nun gibt es aber zahlreiche Theaterleiter, die aus Gründen, denen nachzugehen zu weit führen würde, die neue Musik von vornherein ablehnen und sich lieber in die windgeschützte Ecke der Vergangenheit zurückziehen. Der alte Engländer Purcell wird plötzlich aus dem Historienschrein hervorgeholt und hergerichtet."

Nach dem Kriege versuchte auch der ehemalige „Reichsschriftleiter" F.W.Herzog, zahllosen Repräsentanten und Mitläufern des Regimes vergleichbar, sich vermittels Behauptungen, Verdrehungen und Unterdrückung von Fakten der Verantwortung für nationalsozialistisches Tun - in diesem Falle ein erklärtes Bemühen um Ausmerzung des "Juden" Mendelssohn aus dem Kontext deutschen Kulturlebens - zu entziehen.
    So konstatiert er im Rückblick auf die an Rudolf Wagner-Régenyi und Julius Weissmann ergangenen Kompositionsaufträge in einem Schreiben an Fred Prieberg vom 20. Dezember 1964:
    "Ich kannte beide Komponisten seit Jahren und wußte, daß sie gute Arbeit leisten würden.

Nachdem Herzog einmal den Anstoß zur "arischen" Neuvertonung der Shakespeare-Komödie gegeben hatte, drängten zahlreiche Theaterintendanten und Regisseure ihre Hauskomponisten zu eigenen Neukompositionen. Das Phänomen gemahnt unmittelbar an die Flut antisemitischer, mendelssohnverächtlicher Musikpublizistik, welche nach der Initialzündung des Leipziger Denkmalabbruchs im November 1936 so übermäßig einsetzte.

So schrieb der Komponist Alfred Irmler eine Schauspielmusik für das Deutsche Nationaltheater Weimar, die Uraufführung erfolgte am 24. November 1935.

Der Komponist rechtfertigte sich im Jahre 1964 in einem Schreiben an Fred Prieberg vom 4. Mai:

"Ob diese Musik nun mit oder ohne Auftrag geschrieben wurde, ist unwesentlich (...) Der "Sommernachtstraum" reizt immer wieder die Komponisten, dazu die Musik zu schreiben. (...) Das hindert mich nicht, die Schönheit der Mendelssohnschen "Sommernachtstraum " Musik voll und ganz anzuerkennen. Ich bin 1935 als Dirigent der Meininger Kapelle noch für sie eingetreten, trotz des Widerstandes der Parteistellen."

Am 9. Oktober 1935 erfuhr am Landestheater Coburg eine "Sommernachtstraum"-Musik die Premiere, welche Werner Creutzburg, seinerzeit als Kapellmeister und Schauspielmusiker am Theater Trier tätig, geschrieben hatte.

Robert Tants, Direktor der Schauspielmusik am Münchner Residenztheater, komponierte das Sujet für eine dortige Hausproduktion, die Premiere erfolgte am 7. Juli 1936.

Die Waldbühne Tannenkamp in Hannoversch-Gmünden bemühte Musiken für Streicher von diversen nichtgenannten Komponisten des 16. Jahrhunderts und setzte darüber hinaus Waldhornbläser ein. Die Premiere erfolgte am 13. August.

Hier nun eine Aufzählung weiterer Neukompositionen und deren Komponisten der Jahre 1936 ff; (Aufzählung nach Fred Prieberg):

Festspiele der Naturbühne Luisenburg in Wunsiedel, Komponist Paul Oskar, Premiere am 29. August; Schauspielhaus Hamburg, eine Reprise der Musik von Edmund Nick, Premiere am 5. Dezember; Schauspielhaus Hannover; Komponist Siegbert Mees, die Premiere erfolgte an Sylvester des Jahres 1936, die Produktion blieb über 2 Jahre Im Spielplan; Schauspielhaus Düsseldorf, dort konfigurierte Heinz Vogt altenglische Musik, die Premiere fand im Februar 1937 statt; Neues Theater Leipzig, dort bezog man sich wiederum auf Purcells Musik zu "The Fairy Queen" und beauftrage den Musiker Hans Stieber mit einer shakespearetauglichen Bearbeitung derselben; Premiere war am 26. Februar 1937.

Zahlreiche Intendanten siedelten das Shakespeare-Stück in den Jahren 1934 - 37 dramaturgisch exemplarisch im Historizismus oder der Romantik an und verschlossen sich neueren Sichtweisen hinsichtlich einer historisch wohl korrekteren, volkstümlicheren Deutung gänzlich aus der Rüpel- und Zotensprache bzw. einer Ebene unausgesetzter, derber sexueller Anspielungen des Shakespearischen Originals heraus.

Möglicherweise verbarg sich dahinter tatsächlich der Versuch von Theaterintendanten, sich den Zumutungen unausgesetzter Eingriffe von Parteiorganen in die künstlerischen Belange und somit der notwendigen künstlerischen Freiheit des Theater nahezu konspirativ zu entziehen, wie F. W. Herzog es seinerzeit vermutete.

Jener Rückzug in eine von F. W. Herzog beargwöhnte "windgeschützte" Ecke also. Die Musik Mendelssohns stand ihnen bei dem Bemühen, dem Stück die überlieferte romantische Aura deutscher Aufführungstradition zu bewahren, allerdings nicht mehr zur Verfügung.

Das Ersuchen der Intendanten an Musiker des „III. Reiches", ein quasi Mendelssohnsches Surrogat im romantischen Stil nachzuschaffen, verlief aber oftmals gegen Ethos autonomen Komponierens jener Musikschaffenden. So blieb erneut nur wieder der Ausweg der Bearbeitung von Vorlagen originärer, "rassisch unverdächtiger" Romantiker wie jene Carl-Maria von Webers.

So erinnerte sich der später auch als Filmkomponist hervorgetretene Bernhard Eichhorn im Jahre 1967 Fred Prieberg gegenüber eines seinerseits ergangenen Kompositionsauftrages:

"Im Jahre 1937 wollte der damalige Intendant der sächsischen Landesbühne (...) auf der Freilicht-Felsenbühne bei Rathen (...) den "Sommernachtstraum" aufführen. Da die Mendelssohnsche Musik im tausendjährigen Reich verboten war, bat er mich, eine neue romantische Musik dazu zu schreiben. Gut - man kann durchaus eine neue Musik schreiben, die modern ist und dem eigentlichen - englischen Charakter dieses Werkes in seiner naturhaften - stellenweise bösen - Spukhaftigkeit dramaturgisch mehr Rechnung trägt als eine romantische. Jedoch, man wollte durchaus eine "romantische". Die Ehrfurcht vor der nun wirklich genialen Musik Mendelssohns verbot es mir, eine eigene romantische Musik zu schreiben. Ich verfiel auf den Ausweg, aus (...) Klavierkompositionen Carl Maria von Webers eine der Mendelssohnschen einigermaßen adäquate Musik zusammenzustellen, einzurichten und zu instrumentieren."

Die Kompilationsmusik Eichhorns wurde in Rathen am 4. Juni 1937 uraufgeführt und dort über mehrere Spielzeiten hinweg zu Shakespeares Komödie gegeben.

Im Jahre 1939 wurde sie vom Komponisten für das Schauspielhaus Dresden umgearbeitet und erklang dort erstmalig am 16. Februar.

Auch an anderen Bühnen wie jenen in Heidelberg („Reichsfestspiele", Premiere 12. Juli 1939), in Hamburg (26. Oktober 1939) und Schneidemühl (8. November) sollte Eichhorns Version von "Sommernachtstraum"-Musik im Original oder in Neufassungen zum Einsatz kommen. Eichhorn komponierte nach dem Krieg u. a. die Filmmusik zu Helmut Käutners "Schinderhannes"-Melodram aus dem Jahre 1957.

Am 28. Dezember 1937 stellte das Kurmärkische Landestheater Luckenwalde eine "Sommernachtstraum"-Musik des Berliner Kapellmeisters Theo Knobel vor. Im Mai 1938 wiederum wurde von den Städtischen Bühnen Königsberg eine Komposition des dortigen Chordirektors Egon Bölsche vorgestellt, welche erneut versuchte, das Problem vermittels ersatzweise erfolgenden Rückgriffs auf romantische Instrumentalmusik zu bewältigen. Jener hatte offenkundig "den guten Einfall gehabt, aus wenig bekannten Werken Carl Maria von Webers einen Kranz herrlicher Melodieblüten zu winden und die unsterbliche Dichtung damit zu schmücken." Natürlich sei darin auch "die "blaue Blume" der Romantik, hauptsächlich aus "Euryanthe" und "Oberon" bezogen" gewesen, wie der Rezensent Hans Wyneken im Jahre 1938 "Aus den Königsberger Theatern" in der in Berlin herausgegebenen Zeitschrift "Die Musikwoche" vom 11. Juni 1938 berichtete.

Das Theater Erfurt brachte im Jahres 1938 die "Sommernachtstraum"-Musik op. 14 von Ernst Roter aus dem Jahre 1920 neu heraus und stellte sie anlässlich der Premiere vom 6. April in Anwesenheit des Komponisten dem Publikum vor. Auch das Staatstheater Württemberg griff noch im gleichen Jahre auf diese Version zurück.

Im Jahre 1938 machte sich gar ein Engländer daran - der junge Komponist Walter Leigh - das Sujet für die Belange des nationalsozialistischen Kulturbetriebs tauglich musikalisch aufzubereiten. Leigh komponierte eine dem Schulorchester der auf Schloß Bieberstein in der Rhön residierenden Hermann-Lietz-Schule gewidmete Suite in Sinfonietta-Besetzung. Das Orchester wurde schliesslich sogar eingeladen, die Suite Leighs im Ausland, genauer: in mittel- und südenglischen Internatsschulen aufzuführen.
Leigh fiel im Jahre 1942 in Nordafrika im Kampf gegen die Deutschen.

Damit wurde das Moment fortschreitender, zielstrebig vorgenommener Mendelssohn-Entwöhnung erstmalig in die so wesentliche Ebene der Jugendmusikpflege hineingetragen. Dem Regime war es offenkundig nicht nur darum zu tun, den "Juden" Mendelssohn aus der Erinnerung älterer Generationen von Kulturfreunden zu verdrängen; auch eine Begegnung der Jugend mit ihm und seinem Werk sollte also kategorisch vermieden werden. Leigh, der seine musikalische Ausbildung in Deutschland absolvierte und an der Berliner Musikhochschule bei dem später gewaltsam entfernten und in die Emigration getriebene Paul Hindemith studierte, machte sich dadurch faktisch zum Helfershelfer der kulturpolitischen und propagandistischen Ziele des Regimes.

Gleichsam im Bereich der NS-Jugendmusikpflege, also im Bemühen um Unterbindung jedweden Kontaktes der damaligen deutschen Jugend zum Werke des um die Musikpädagogik dieses Landes so verdienten Felix Mendelssohn Bartholdy, tätig war Hilmar Höckner.

Er trug als Musikpädagoge für die Pflege der Tonkunst an den Landschulheimen des Kreises Fulda, darunter auch Schloß Bieberstein, Verantwortung und gab somit im Jahre 1938 eine Suite von 10 Tanzsätzen heraus, welche er der "Fairy Queen"-Musik Henry Purcells entnommen hatte. F. Mahling attestierte der Kompilation in "Völkische Musikerziehung", Berlin, Leipzig vom 6. Juni 1938 dass sie, " zwar eine ganz andere Haltung zeigt, als die im 19. Jahrhundert so beliebte Bühnenmusik Mendelssohns, es aber gerade deshalb wohl verdient der Vergessenheit entrissen und wieder praktisch verwendet zu werden."

Es mutet nachgerade als musikhistorische Ironie an, dass man sich im Vollzuge von Bestimmungen der NS-Kulturpolitik darum bemühte; Komponisten und deren Musik der Vergessenheit zu entreißen, um einen anderen Komponisten willentlich der vollständigen Vergessenheit anheimgeben zu können.

Nun des weiteren eine Aufzählung von "Sommernachtstraum"-Bühnenproduktionen sowie den dazugehörigen Schauspielmusikern aus dem Jahre 1938. Als Quelle dient wieder Fred Prieberg.

Hannover, 1. Januar/ Siegbert Mees; Bonn, 4. Januar/ Robert Tants; Stendal, 9. Januar/ Heinz Joachim Fritzen; Erfurt, 6. April/ Ernst Roters; Königsberg, 14. Mai/ Kompilation von Musik C. M. von Webers durch Egon Bölsche; Felsenbühne Rathen, 4. Juni/ die Kompilation von Musik C. M. von Webers durch Bernhard Eichhorn; Berlin-Friedrichshagen, 17. Juni/ Leo Spies; Hungerturm-Festspiele Priebus, 18. Juni/ Helmut Bernert; Baden-Baden, 7. Juli/ Edmund Nick; Marburg, 13. Juli/ Kompilationsmusik aus der Symphony Nr. 9 in e-moll "Aus der neuen Welt" Antonin Dvoraks und Edvard Griegs Norwegischem Tanz (Eselstanz); Koblenz, 16. September/ Leo Spies; Allenstein, 17. September/ Leo Spies; Gießen, 28. September/ Rudolf Wagner-Regényi; Gotha-Sondershausen, 3. Oktober/ Rudolf Wagner-Regényi; Oldenburg, 21. Oktober/ Rudolf Wagner-Regényi; Stuttgart, 25. Dezember/ Ernst Roters; Deutsches Volkstheater Wien, 31. Dezember/ Ludwig Maurick.

Im Anschluss die Produktionsdaten der "Sommernachtstraum"-Inszenierungen des Jahres 1939: Prinzregenten-Theater München, 2. Januar/ Robert Tants; Linz, 14. Februar/ Robert Tants; Dresden, 16. Februar/ C. M. von Weber-Kompilation durch Bernhard Eichhorn; Essen, 28. Mai/ Winfried Zillig; Reichsfestspiele Heidelberg, 12. Juli/ Neufassung der C. M. von Weber Kompilation von Bernhard Eichhorn; Elbing, 5. August/ kein Komponist, Arrangeur genannt; Bremen; 6. September/ Theodor Holterdorf; Regensburg, 13. September/ Paul-Oskar Nebelsiek; Burgtheater Wien, 20. September/ Franz Salmhofer; Münster, 26. September/ Wolfgang Rößler; Frankfurt am Main, 14. Oktober/ Carl Orff; Hamburg, 26. Oktober/ C.M.von Weber Kompilation von Bernhard Eichhorn; Schneidemühl, 8. November/ C.M.von Weber Kompilation von Eichhorn; Göttingen, 7. Dezember/ Carl Orff; Wesermünde, 25. September/ Theodor Holterdorf.

Von welcher Seite man es auch angehen mag; bleibt offen: war es künstlerische Profilierungssucht und Karrierismus, völkisch-rassistische Überzeugungstat, indifferentes Mitläufertum oder schlichtweg politisch-ästhetische Unbedarftheit als Beweggrund?

Alle diese Komponisten, Arrangeure und Schauspielmusikdirektoren machten sich schuldig. Schuldig des Tatbestandes, als willfährige Helfershelfer eines inhumanem, mörderischen, rassistischen Regimes zur Hand gewesen zu sein, um einem verbrieften Kapitel deutscher Theatergeschichte, also deutscher Kulturgeschichte letztendlich den Bezug auf ein zentral bedeutsames Werk des Komponisten Felix Mendelssohn Bartholdy auszutreiben. Eine Schuld, welcher man sich, wie in so vielen Bereichen der NS-Täterschaft unisono geschehenem, nach 1945 zumeist weder zu stellen, noch einzugestehen und aufzuarbeiten bereit war. Auch dies mangelnde Schuldbekenntnis hinsichtlich tätiger Ausmerzung von lebendiger gewachsener kultureller Tradition ist ein wesentlicher Aspekt der so lange Zeit nachgeradezu verhinderten, vermißten ausgleichenden Rehabilitation des Komponisten Felix Mendelssohn Bartholdy.

Fred Prieberg bringt dies Phänomen völkisch-kulturellen Exorzismus und die Schuld der musikalischen Helfershelfer trefflich auf den Punkt, indem er zu dem Schluß kommt, "daß sämtliche neuen "Sommernachtstraum"-Musiken zwischen 1933 und 1945 - so viele wie nie zuvor oder danach in einem Jahrdutzend - nur eine einzige Aufgabe hatte: Mendelssohn zu ersetzen. Wer auch immer in dieser Periode mit einer Partitur zu Shakespeares Werk befaßt war, trug wissentlich und willentlich dazu bei, den "Juden" Mendelssohn abzuschaffen. (...)

Daß Musiker weithin den politischen Stellenwert ihrer Beteiligung an der historischen Liquidierung Mendelssohns nicht begriffen, wofern sie ihre Beteiligung später nicht überhaupt bestritten, lehrt eine andere Episode vielleicht noch eindringlicher"

Dennoch wurde keine der genannten Kompositionen theaterübergreifend als dauerhaft befriedigend eingeschätzt, wurden sie vielmehr als lokale Verlegenheitslösungen angesehen. Keine derselben konnte den Rang einer spezifischen, "gültigen", allgemeinverbindlichen Vertonung des Sujets einnehmen, so wie Mendelssohns "Sommernachtstraum"-Musik bis zum Beginn des "III.-Reiches" ja empfunden wurde. So war es überdies auch eine offenkundige grosse Ausnahme hinsichtlich eines musikalischen Gesamtwerkes, dessen Wertschätzung ja aus Gründen einer umfassenden Nivellierung bereits vor 1933 erheblich im Schwinden begriffen war.

Der Rezensent Hans Wyneken erhob in der „Deutschen Musikwoche" VII vom 29. Juli 1939 im Rückblick auf die „Heidelberger Reichsfestspiele" (dort spielte man ja die Weber-Kompilation Eichhorns) denn auch die Frage nach einer definitiven Neuvertonung des Sujets:
122
"Trotz alledem bleibt der Wunsch nach einer ganz neuen, auf eigenen Füssen stehenden Sommernachtstraum-Musik offen. Wer schreibt sie?"

29. Von bajuwarischen Sommernachtsträumen

Neben Rudolf Wagner-Regenyi erbot sich mit Carl Orff der einzig prominente Komponist den Machthabern zur Komposition des "Sommernachtstraumes"; ja der einzige, dessen Prominenz eingeschränkt bis in unsere Tage andauert. Freilich nur aufgrund eines einzigen Werkes, jener Cantiones profanes nach der alten Benediktbeurischen Handschrift "Carmina Burana", deren ungemein erfolgreicher Premiere in Frankfurt am Main im Jahre 1937 der Komponist einen kometenhaften Aufstieg verdankte.

Die Initiative zu einer weiteren "Sommernachtstraum"-Vertonung ging vom Generalintendanten der Frankfurter Bühnen Hans Meissner aus. Er schlug dem Frankfurter Oberbürgermeister in einem Schreiben vom 2. April 1938 dabei auch sogleich Carl Orff als Komponisten vor. Der Intendant, dessen Stellvertreter, SS-Obersturmbannführer Frank Bethge und der Frankfurter Oberbürgermeister, Dr. Fritz Krebs, welcher auch Kreisleiter der „NSDAP" Frankfurt und Präsidialratsmitglied der „Reichsmusikkammer" war, stimmten vollkommen in der Ansicht überein, dass diese Komposition den

Rang der Allgemeingültigkeit für alle deutschen Theater einnehmen müsse. Meissner schrieb als an Dr. Krebs:

"Die Aufführung von Shakespeares "Sommernachtstraum" scheitert immer wieder daran, daß noch keine Musik geschaffen ist, die der künstlerischen Höhe der Dichtung ebenbürtig ist. Ich möchte vorschlagen, dem Münchner Tondichter Carl Orff, der durch die "Carmina Burana" die persönliche Eigenart seiner musikalischen Erfindungs- und Gestaltungskraft unter Beweis gestellt hat, mit der Schaffung einer Musik zu Shakespeares Dichtung zu beauftragen."

Die Selbstverständlichkeit der Einklagung eines Vakuums, eines Mangels, der Einforderung einer Komposition des Sujets - quasi so, als ob es eine Musik Mendelssohns zu diesem Thema niemals gegeben hätte - durch Meissner, beweist, wie sehr sich auch dieser bedeutende Theatermann bereits korrumpiert hatte. Wie groß dessen willentliche und wissentliche Bereitschaft ausgeprägt war, an einem Vorgang teilzuhaben, den Fred Prieberg als "schöpferische Verdrängung Mendelssohns" bezeichnete.

Prieberg konstatierte also des Weiteren zu Recht: "Denn schöpferische Verdrängung Mendelssohns - und das ist mehr als bloße Austreibung - gehörte zu den zentralen Zielen der NS-Musikpolitik. Ohne emsige Beihilfe durch Regisseure, Intendanten, Komponisten und Kapellmeister wäre sie schon im Ansatz gescheitert, wogegen eben erst diese tätige Unterstützung suggerierte, der Zweck sei rechtens und daher eine gleichsam historisch bedingte Erscheinung."

Die Idee Dr. Krebs, die Komposition in einem Wettbewerb hochrangiger Komponisten - gedacht war dabei an Orff, Herrmann Reuter und Werner Egk, wurde dabei von Meissner als kontraproduktiv verworfen.

Carl Orff akzeptierte, in der Hoffnung auf dauerhafte Patronage seitens jener hochrangigen Frankfurter „NSDAP"-Funktionäre, ein Honorar von 5000 RM und machte sich an eine archaisch eingestimmte Vertonung des Sujets.

In einem Dankschreiben an Oberbürgermeister Dr. Krebs vom 10. Juli 1938 bestätigte er die Auftragsübernahme:

"Sehr geehrter Herr Staatsrat! Ich empfing heute mit großer Freude die Auftragserteilung zu einer Musik zu Shakespeares Sommernachtstraum durch Herrn Generalintendanten Meißner, und ich danke Ihnen außerordentlich für das wiederum bewiesene Vertrauen.

Ich freue mich sehr, die handschriftliche Partitur nach Fertigstellung der Arbeit der Stadt Frankfurt am Main übergeben zu können, denn ich verdanke der Stadt und damit Ihnen, sehr verehrter Herr Oberbürgermeister, eine entscheidende künstlerische Förderung und bin glücklich, daß ein weiteres Werk von mir in Ihrem Theater zur Aufführung kommen soll.

Mit ergebenen Grüssen, Heil Hitler!"

Die Orffsche Komposition wurde nach ihrer, wahrscheinlich Mitte Oktober 1938 erfolgten Premiere von der Presse nachgeradezu hymnisch aufgenommen. So schrieb der Rezensent Walter Dirks in der "Neuen Musikzeitung" von November 1938 von der Enttäuschung jener "die zu sehr an den durch Mendelssohn vorgeprägten Vorstellungen festhielten, vielleicht auch" (jener) "denen eine Musik von Shakespearescher seelischer Mächtigkeit vorschwebte. Von solchen Ansprüchen muß man absehen, wenn man würdigen will, was Orff geleistet hat: eine für heute und viele Jahre gültige praktikable, würdige und durchaus angemessene Musik dienender Haltung. Es ist Orff geglückt, für die mancherlei Situationen in den verschiedenen Sphären des zauberhaften Werkes (in der höfischen, der elfischen, der panischen, der Rüpelsphäre) ungemein treffende Formulierungen zu finden."

Fred Prieberg weist noch 9 weitere positiv ausgefallene Rezensionen in Zeitungen des gesamten damaligen Reichsgebietes nach, ein Zeichen dafür, dass die Uraufführung des Orff-Werkes als ein Theaterereignis überregionalen Ranges angesehen oder von den NS-Institutionen Frankfurts zumindest reichsweit propagandistisch als solches lanciert wurde.

Im Gegensatz zur Presse reagierten die Theater eher verhalten auf die Vorstellung einer weiteren "Sommernachtstraum"-Partitur. So werden bei Fred Prieberg nurmehr 4 weitere Bühnen genannt, welche auf die Orffsche Komposition in der Originalgestalt oder in einer Bearbeitung durch den Komponisten zurückgriffen: die Theater in Göttingen (Dezember 1943), in Karlsruhe (1940), Mainz (1943) und Leipzig (1944).

Der Komponist behauptete später, sich bereits 1917 und auch vor 1933 mit dem "Sommernachtstraum"-Sujet auseinandergesetzt zu haben und suggerierte dadurch, dass das Werk somit innerhalb seines Oeuvres quasi organisch herangereift sei. Dass demselben kein nationalsozialistischer Hintergrund oder eine gezielte Mendelssohn-Verdrängung gar, unterstellt werden könne.

Fakt ist, dass Orff das Werk in Zeiten des „III. Reiches" komponierte, vorstellte und mehrfach umarbeitete, so liegen Fassungen aus den Jahren 1943 und 1944 vor.

Der Orffsche Sommernachtstraum wurde bereits im Jahre 1938 in dessen "Hausverlag" B. Schotts Söhne in Mainz verlegt, welcher zur Uraufführung etwas voreilig bereits 300 Klavierauszüge zur Ansicht in den Theatern und im Jahre 1944 weitere 400 Klavierauszüge einer bearbeiteten Fassung vorlegte. Weitere Retuschen des Werkes datieren aus dem Jahre 1952.

Und dies das Novum dieser Komposition aus einer langen Reihe von denselben unseligen Anlasses (insgesamt 44 neue, ersetzende Bühnenmusiken hat Prieberg recherchiert): es war die einzige, welche nach 1945, in der BRD noch und wieder gespielt wurde. Dabei wirkten 2 Umstände zusammen. Ein namhafter, erfolgreicher Komponist, welchem seine Verstrickungen in Ereignisse und Machenschaften der NS-Zeit offenkundig nichts anzuhaben vermochte. Sowie dessen "gut eingeführte(r), mächtige(r), und seine Werbe- und Wirtschaftskraft nach dem Zusammenbruch des Reiches erst recht aufbauenden Groß-Verlegers" (Prieberg), welcher das Werk zugkräftig an die deutschen Bühnen lancierte. Ungeachtet der Tatsache, das zur ersten Bühnenproduktion nach dem Zusammenbruch der Hitler-Diktatur im Dezember 1945 wieder Felix Mendelssohn gegeben wurde.

Des Bemühens um eine neue Einzigartigkeit der Orffschen "Sommernachtstraum"-Musik durch Frankfurter NS-Funktionäre zum Trotze entstanden auch nach Fertigstellung derselben an deutschen Bühnen noch weitere Fassungen. So beauftragte der legendäre Theatermann Dr. Saladin Schmitt im Frühjahr 1940 den Hauskomponisten des Bochumer Schauspielhauses Emil Peters mit einer Bühnenmusik zum "Sommernachtstraum", Sie wurde am 24. März 1940 uraufgeführt. Der Komponist lehnte eine vollständige Neukomposition des Themas allerdings ab - aus eigenschöpferischen Skrupeln gegen eine offenkundige Mendelssohn-Verdrängung heraus? - und griff ein weiteres Mal auf Kompositionen Carl Maria von Webers zurück.

Der namhafte Regisseur Franz Stroux brachte das Stück am 20. September 1939 am Wiener Burgtheater mit der bereits genannten Musik Franz Salmhofers heraus. Am 18. Januar 1940 erschien das Werk am Stadttheater Wilhelmshaven mit der gleichsam bereits erwähnten Musik Theodor Holterdorfs auf der Bühne; Bielefeld sah das gleiche Stück am 13. April 1940 mit der Musik von Adam Rauh. Am 30. April 1940 reüssierte eine Musik von Konrad Brenner am Theater Ulm; am 1. Mai jene von Franz Binder in Karlsbad.

All diesen Lösungen zum Trotze konstatierte Rudolf Sonner in "Musikstadt Wien" vom 6. März 1939 anlässlich einer Sylvestervorstellung des "Deutschen Volkstheaters" in Wien weiterhin die dringliche Notwendigkeit neuer "Sommernachtstraum"-Kompositionen.

Dabei versuchte er nach Kräften das übermächtig präsente Vorbild Mendelssohns, unter zeitgeistgerecht perfidem Rückgriff auf ein Vokabular völkisch-rassistischer Schmähung und pure Behauptungen, nach Kräften zu demontieren:

"Die unwirklich-wirkliche Welt des "Sommernachtstraums", die Shakespeare in die Schönheit seiner Verse gebannt hat, der kraftvolle Humor, der Übermut und die zarte Innigkeit, all das gibt einem echten Musiker Gelegenheit zu einer Begleitmusik, ja fordert eine solche geradezu heraus. Gewisse Kräfte trauern heute noch der Sommernachtstraum-Musik des Juden Mendelssohn nach und tun so, als bedeute ein Verzicht auf diese einen unwiederbringlichen Verlust.

Mendelssohn war ein Exponent des Judentums, und darum wurde seine Musik so aufdringlich in den Vordergrund geschoben. Ihren Gehalten nach hat sie das gar nicht verdient; denn schon die Ouvertüre ist ein billiges Potpourri gestohlener Themen von Johann Rudolf Zumsteeg und C. M. von Weber, verkittet mit französischer Ballettmusik. Nichts von dieser mauschelnden Geschwätzigkeit findet sich in der neuen Sommernachtstraummusik von Ludwig Maurick."

Otto Falckenberg, der berühmte Intendant der Münchner Kammerspiele schliesslich verlagerte anlässlich einer Neuinszenierung im Frühjahr 1941 die Problematik beflissentlich von der unumgänglich bestehenden Ebene kulturpolitischer Doktrinen auf eine solche rein ästhetischer Argumentation. Er sprach Mendelssohns Musik schlichtweg die Eignung einer Bühnenmusik zu Shakespeares Werk ab:

"Mendelssohn hat gar nicht versucht, eine wirkliche Traummusik zu schreiben. Seine Musik ist thematisch klar durchgearbeitet und von einer Konsequenz, die der Logik oder Unlogik des Traums nicht entspricht". (Der neue Sommernachtstraum, „Münchner Neueste Nachrichten" v. 16. März 1941)

Darüber hinaus deklariert Falkenberg Mendelssohn als reinen Klassizisten und spricht ihm somit die Teilhabe an der deutschen Romantik ab; ja unterstellt ihm gar, als Romantiker und Bühnenkomponist eklatant versagt zu haben. Zur Münchner Neuinszenierung des Sommernachtstraumes erklang schliesslich eine Neukomposition von Gerhard Münch.

Das Jahr 1944 schliesslich brachte noch zwei weitere Kompositionen zu Shakespeares Stück hervor.

Hilde Pfeiffer-Dürkorp arrangierte Musik des Rudolstädter Barockkomponisten Philipp Heinrich Erlebach zu einer Inszenierung des Braunschweiger Staatstheaters im Park von Salve Hospes, welche am 16. Juli 1944 ihre Premiere hatte.

Eine weitere Komposition von den Händen Franz Anton Wolperts, eines Dozenten des Mozarteums in Salzburg erfuhr kriegsbedingt nur noch eine konzertante Aufführung der Ouvertüre am Mozarteum.

Dies stellt wohl den Endpunkt dar im Bestreben, ein unbestrittenes, tief im Denken und Empfinden der Menschen des zwanzigsten Jahrhunderts verankertes Meisterwerk rückstandslos zu eliminieren. Es mitsamt dem Komponisten ein für allemal historisch zu entsorgen. Nun, die Sommernachtstraum-Musik dürfte weiterhin zu den bekanntesten und beliebtesten Werken des Komponisten Felix Mendelssohn Bartholdy zählen. Keine der vom Regime anbefohlenen und eilfertig vollführten Surrogatmusiken konnte sich nach 1945 als ernsthafte Alternative bühnenpraktisch behaupten.

Carl Orffs Komposition zumindest konnte sich, mit tätiger Unterstützung eines einflußreichen Musikverlages in den Kulturbetrieb der BRD hinüberretten. Wurde von diesem in einem demokratisch orientierten Staat mit einer Selbstverständlichkeit als hochrangiges Kulturgut verbreitet, als hätte es das auftraggebende verbrecherische Regime niemals gegeben. Als wäre sie niemals aus dem Bestreben der Beihilfe heraus, Felix Mendelssohn Bartholdys Werk endgültig zu eliminieren entstanden.

Als hätte Orff die blumig verklausulierte Auftragsbestätigung niemals mit einem schneidigen "Heil Hitler" unterzeichnet. Aber auch sie ist mittlerweile Vergangenheit, musikalisch dahingeschieden, tot; Nebenerzeugnis eines bayerischen Kleinmeisters, welcher lediglich mit einer spektakulären Komposition sowie in einem Schulwerk für Kinder im Bewusstsein der Musikfreunde präsent ist. Rudolf Wagner-Regény, dem einzigen Komponisten neben Carl Orff mit einer gewissen Prominenz versehen, welcher sich auf das nationalsozialistische Ansinnen einließ, gelang mit seiner Komposition nicht einmal der Sprung in die Nachkriegszeit. Der Musikverlag der „NS-Kulturgemeinde", welcher das Werk herausbrachte, fand mit dem Regime gemeinsam sein folgerichtiges Ende und erfuhr nach dem Kriege keine Neugründung.

In seinem Standardwerk "Musik im NS-Staat" schliesst Fred Prieberg das Felix Mendelssohn gewidmete Kapitel denn auch mit der kurzen, betont nüchtern gehaltenen Erklärung: "Die Sommernachtstraum-Musik indessen hat die Führer des Nationalsozialismus und ihre Politik der schöpferischen Liquidierung unbeschadet überstanden".

Intermezzo VI: "Die hohe Schule" II oder "Musik in Geschichte und Gegenwart"

Prieberg irrte in diesem Punkt nachweislich. In der BRD herrschte ein unsägliches Klima zügig vorgenommener Restauration vor. Jenes erschloß einstigen, nationalsozialistisch ausgeprägten Eliten der Bereiche Politik, Militär, Rechtswesen, Medizin, Kultur und akademische Bildung im Zeichen unbedingten förderalistischen Wohlfahrtsbestrebens sowie der Anbiederung an die USA in steigendem Maße neue Wirkungskreise. So gewährleisteten musikpublizistische Koryphäen, getreuliche Diener oder Mitläufer des gefallenen Regimes, nicht zuletzt auch die ungebrochene Kontinuität eines anämisch gezeichneten Mendelssohn-Bildes.

Dies Phänomen eingehender darzulegen, wollen wir uns an dieser Stelle ein wesentliches Fundament, einen Bestandteil musikalisch-akademischen Lehrens in der BRD nach 1945 auf seine Substanz, seine Verwurzelung zurück in Zeiten des NS-Regimes hin betrachten.

Im Jahre 1949 veröffentlichte der Bärenreiter-Verlag in Kassel den ersten Band einer neuzeitlich-musikalischen Enzyklopädie, welche unter dem Titel "Musik in Geschichte und Gegenwart" („MGG") reüssierte. Als Herausgeber wirkte der hochangesehene Freiburger Musikwissenschaftler Friedrich Blume. Die Edition war auf insgesamt 20 Bände angelegt, deren Folgeveröffentlichungen sich bis in die sechziger Jahre hinziehen sollten. Die Creme zeitgenössischer deutscher Musikwissenschaft wurde in die Erarbeitung der Enzyklopädie eingebunden; ausgesuchte europäische und amerikanische Musikologen sekundierend herangezogen. „MGG" zählte, als Kompendium, verbindliche Quintessenz musikwissenschaftlichen Strebens mehrerer Generationen verstanden, zum Grundbestand jedweder musikalischer Bildung und –Lehre der „BRD" und war somit als Bestandteil jeder seriös konzipierten Bibliothek eingegliedert. Der Anteil, von der Edition Bärenreiter zu erheben am Verdienst, ein Bildungsgut von so zentraler Bedeutung, weit reichender Folgewirkung konzipiert und realisiert zu haben, ist allerdings kein entscheidender.

"Musik in Geschichte und Gegenwart" wurde vielmehr als Projekt der "Hohen Schule" innerhalb des Amtes Rosenberg in Auftrag gegeben, erste konzeptionelle Dispositionen lassen sich bereits für August 1939 nachweisen. Als Projektleiter agierte der im Zusammenhang mit dem „Lexikon der Juden in der Musik" bereits genannte Heinz Gerigk; als Autoren wurden u. a. die Musikwissenschaftler Friedrich Blume, Wolfgang Boetticher, Werner Danckert, Karl Gustav Fellerer, Prof. Rudolf Gerber, Ewald Jammers, Prof. Hellmuth Osthoff, Erich Schenk, Heinrich Schole,

Erich Schumann und Rudolf Sonner verpflichtet. Alle hier genannten hatten sich zu diesem Zeitpunkt bereits innerhalb musikanthropologischer oder kultur-rassetheoretischer Projekte des Nationalsozialismus profiliert. Die Teilnahme einer von Gerigk herausdefinierten Elite nationalsozialistisch-musikideologischer Überzeugung an einem von der Parteileitung zum Renommier-Projekt erklärten enzyklopädischen Vorhaben wurde von den Sicherheitsdiensten dementsprechend abgesegnet.

Friedrich Blume, Ewald Jammers und Karl Gustav Fellerer waren des weiteren auch im Rahmen des SS-Projektes Ahnenerbe tätig. Blume betreute darüber hinaus auch eine Publikationsreihe des Namens: „Schriften zur musikalischen Volks- und Rassenkunde". Karl Gustav Fellerer wiederum entlarvt sich in Briefdokumenten privater Natur als schneidiger, nationalsozialistisch engagierter, akademischer Intrigant und Karrierist. So verhöhnte er den mißliebigen jüdischen Akademiker Fischer als „Schweizer Idioten", frohlockte im August 1939 wohl informiert (also exorbitant regimenah!), ein polnischer Professor namens von Oulikovski mitsamt seinen Landsleuten bezöge dafür, das er dem „Idioten" Fischer die Stange gehalten habe, "bald die entsprechende Abreibung". Er belobigte die Projektleitung Herbert Gerigks für MGG nach der Prämisse des erprobten „Führerprinzips" und insistierte auf die Definition „neue(r) Gesichtspunkte und Nachschlagworte" zur Unterscheidung von „den übrigen, eingekalkten Lexika", damit „man (...) zum Stammhaften und Rassischen (...) (Sippe)" vorstoßen könne. Die Briefe schließen erwartungsgemäß mit „Heil Hitler!"

Im Februar 1940 vermeldete Gerigk dem designierten Autor Prof. Rudolf Gerber (ein „begeisterter Nationalsozialist"/ Eva Weissweiler) emphatisch, daß „der Führer befohlen" habe, „daß auch in der Kriegszeit namentlich die Forschungsarbeit weitergeführt werden" sollte und der Enzyklopädie daher derzeit „für die einzelnen Teilgebiete (...) aus unserer Stichwortkartei die Listen der bisher erfaßten Namen und Stichworte zusammengestellt" würden und „insgesamt bereits (...) die Zahl von 20000 überschritten" sei. Die wissenschaftliche Integrität der Projektverantwortlichen erscheint nicht zuletzt dadurch zunehmend in Zweifel gezogen, daß jene besagten 20000 Namen und Stichworten, zugrunde liegende Systematik vollständig den Enzyklopädien Riemanns, H. J. Mosers sowie des im Jahre 1926 herausgegebenen „Neuen Musiklexikons" des jüdischen Musikwissenschaftlers Alfred Einstein entlehnt worden war. Ende des Jahres 1943 kündete der Bärenreiter-Verlag, Kassel die absehbare Publikation von „Musik in Geschichte und Gegenwart" an und nannte Friedrich Blume nunmehr als Herausgeber. Die Kriegswirren des Jahres 1943, welche vermittels unausgesetzter alliierter Bombenangriffe auf deutsche Städte nunmehr zunehmend auch deutsches Kerngebiet erreichten, bedingten die Auslagerung des Amtes Musik und seiner

Aktivitäten in sichere Provinzstädte. Während Gerigk mit der Behörde nach Schlesien abwanderte, wurde der Gesamtbestand bisheriger "MGG"-Recherche an die Universität Kiel delegiert, welche sich kriegsbedingt mittlerweile zur Dependance der "Hohen Schule" entwickelt hatte und mit Blume über eine renommierte, langjährig verdiente akademische Kraft verfügen konnte. Ob Blume von den Behördenvorständen Rosenberg oder Gerigk umständehalber mit der Edition von „MGG" betraut wurde oder ob es jenen möglicherweise aus den Händen geglitten war und sich Blume den zur Fortsetzung der Erarbeitung der Enzyklopädie notwendigen Parteisegen anderweitig zu verschaffen verstand, ist nicht mehr nachzuvollziehen. Rivalitäten zwischen gemäßigt nationalsozialistisch infiltrierten Akademikern wie Friedrich Blume, Hans Joachim Moser und Schole einerseits und erklärt-ideologischen Überzeugungstätern wie Gerigk, Boetticher, Fellerer, Gerber etc. sind aktenkundig; so wurde Blume beispielsweise Mitte des Jahre 1940 das designierte Referat protestantischer Kirchenmusik in „MGG" zugunsten Gerbers wieder entzogen.

Das Gerigk sich noch im April des Jahres 1944 hartnäckig um die Frontbefreiung wesensverwandter nationalsozialistischer Wissenschaftler wie Fellerer, Gerber, Osthoff und Boetticher bemühte (alles Namen, welche im Zusammenhang mit dem Enzyklopädie-Projekt schon genannt wurden), spricht allerdings in hohem Maße dafür, dass er jene zur Fortsetzung der Konzeption von „MGG" einzusetzen trachtete und Blume in Kiel als neuer Herausgeber der Enzyklopädie somit auf strikte Anweisungen des „Amtes Rosenberg" und Gerigks agierte. Im April des Jahres 1944 wurde das Projekt „MGG" von hochrangigen Partei- und Regimebehörden denn auch kontrovers erörtert. So verwies die „NSDAP"-Verwaltung im Münchner Führerbau in einem Schreiben an das "Reichsministerium für Wissenschaft, Erziehung und Volksbildung" auf das Problem, „eine umfassende, mehrbändige Enzyklopädie (...) die gesamte Musik aller Länder und Zeiten umfasse (...) jetzt überhaupt" anzukündigen, da man „es für ein eine Benachteiligung der bei der Wehrmacht befindlichen Fachvertreter und des gesamten Nachwuchses" gleich dort befindlich hielte, "wenn für diese Standardwerke die Daheimgebliebenen unter sich die Aufteilung vornehmen".

Die Anfrage, etwa ein Jahr vor dem Zusammenbruch des Regimes formuliert, spricht, eindeutig oder indirekt zwei wesentliche Sachverhalte im Umfeld des Projektes an. Zum einen verweist sie, ungewollt zwar, aber wahrhaft prophetisch, auf die zukünftige Relevanz unbestreitbar nationalsozialistisch indoktrinierten musikwissenschaftlichen Nachwuchses für die Jahre nach 1945.

Zum anderen spielt sie unverhohlen auf den Umstand an, das die Erarbeitung der Enzyklopädie mittlerweile möglicherweise einer verschworenen musikwissenschaftlichen Clique nurmehr als Vorwand diente, der Front ferngehalten zu werden und somit im Schutze des Projektes das Kriegsende abzuwarten. Prof. Gerber gestand genau dies bereits in mehreren an Projektleiter Gerigk gerichteten Schreiben des Jahres 1940 offen ein: Wunsch nach Teilhabe am Prestigeprojekt des Regimes, welche ihm, dem Intellektuellen besser und nützlicher anstehe als das Waffenhandwerk, indem sich ja verstärkt die Primitivität und Einfalt zum Wohle des Deutschen Volkes üben könne. Im September 1944 bezeugte die Essener Allgemeine Zeitung ungebrochen fortgeführte Aktivitäten hinsichtlich „MGG" dadurch, das sie auf das baldige Erscheinen eines herausragenden Projektes der „deutschen Musikforschung", genauer: die Veröffentlichung einer „umfassende(n), großzügige(n) musikalische(n) Enzyklopädie" hinwies, welche eine „Gemeinschaftsarbeit führender deutscher Musikforscher" darstelle und den Titel "Musik in Geschichte und Gegenwart" tragen werde.

Wie eingangs erwähnt , fand die Publikation des ersten Bandes von Musik in Geschichte und Gegenwart im Jahre 1949 statt; als Herausgeber firmierte weiterhin Friedrich Blume. Maßgeblich beteiligt an der Erarbeitung des ersten und weiterer Bände waren die ehemaligen Gerigk-Untergebenen Boetticher, Danckert, Fellerer, Gerber, Jammers, Osthoff, Schenk. Eva Weissweiler schildert in ihrer engagiert und umfassend vorgelegten Studie über „das Lexikon der Juden in der Musik" (inkl. Kompletten Faksimile-Reprints desselben !) und das Amt Gerigk trefflich, wie die Mitarbeit der genannten an der Bärenreiter-Enzyklopädie konkret vonstatten gegangen sein mochte: „ Sie brauchten nur ihre Manuskripte aus der Schublade zu holen und die schlimmsten nationalsozialistischen Formulierungen daraus zu streichen".

Blume und die Edition Bärenreiter als Verlag verwandten wenig Sorgfalt auf humanistisch-anthropologische Bereinigung des Alt-Materials. Die mit der Edition übernommene Teilverantwortung für das bildungsspezifische Klima des neuen Föderalismus muss ihnen vollkommen gleichgültig gewesen sein. Wie wäre es sonst zu verstehen, das die genannten „führenden Musikforscher" des ehemaligen Regimes die autobiographischen Einträge in MGG eigenhändig autorisieren und ihre Biographie somit erstmalig manipulieren durften? Auch andere „internationale Musiklexika" (de Vriess) griffen auf die Fähigkeiten der ehemaligen Gerigk-Mitarbeiter zurück, möglicherweise getäuscht durch die neugewonnen-manipulierte biographisch-akademische Integrität. Substantieller noch sollte sich auswirken, dass man beispielsweise einem ausgewiesenen nationalsozialistischen Überzeugungstäter wie Boetticher das Referat über jüdische Musiker überliess. Wie jenes über Joseph Joachim, den

Weggefährten Mendelssohn Bartholdys, Johannes Brahms und Clara Schumanns. Der Band von Musik in Geschichte und Gegenwart, der auch Felix Mendelssohn Bartholdy zur Veranschaulichung bringt, erschien editionsbedingt erst im Jahre 1961.

Es referiert dort der über jeden Zweifel erhabene amerikanische Mendelssohn-Forscher Eric Werner. Sein Text weist stellenweise eine Reserviertheit gegenüber Leben und Werk Felix Mendelssohns auf, die sich im später veröffentlichten, Mendelssohn gewidmeten Hauptwerk Werners, so nicht findet.

Der Herausgeber von MGG, Friedrich Blume referierte, wie bereits erwähnt, im August des Jahres 1938 in der Zeitschrift "Musik" über die Fragestellung "Musik und Rasse - Grundlagen einer musikalischen Rasseforschung". Er attestierte sich in seinem im Jahre 1938 vorgelegten Lebenslauf u. a. auch die Erarbeitung von "musikalischer Volks- und Rassenkunde und musikalische(r) Raumforschung" und nahm im „III. Reich" u. a. folgende Positionen wahr:

1933 außerordentlicher Professor an der Berliner Universität, 1934 Leitung des "Musikwissenschaftlichen Institutes", 1935 Mitglied des "Staatlichen Institutes für Deutsche Musikforschung", 1938 Ordinarius der Universität Kiel, 1939 Leitung des "Institutes Erbe deutscher Musik" und Redaktion der Zeitschrift "Deutsche Musikkultur", letztere beiden fester Bestandteil nationalsozialistisch-rassistischer Kulturpolitik.

Des weiteren betätigte er sich als Referent und Herausgeber einschlägig belasteten und belastenden Gedankengutes und Schriftentums. Bei den ersten Reichsmusiktagen im Jahre 1938 referierte Friedrich Blume über das Thema "Musik und Rasse - Grundlagen einer musikalischen Rasseforschung", welches ja auch Grundlage jenes in der Zeitschrift "Musik" veröffentlichten Aufsatzes war. Im gleichen Jahre gab er das Buch "Das Rasseproblem in der Musik" heraus. Es war dies die erste Ausgabe der von Blume publizierten "Schriften zur musikalischen Volks- und Rassenkunde"; noch drei Bände sollten bis zum Jahre 1944 folgen.

In der ab 1994 herausgegebenen Neuausgabe von „MGG" bestreitet der Bärenreiter-Verlag und der Herausgeber Ludwig Finscher jedwede Verbindung der Erstausgabe von der Enzyklopädie zum Nationalsozialismus und tut den Gedanken daran als Spekulation Wilhelm de Vriess ab. So ist in dem biographischen Abriß, welchen die Enzyklopädie dem Erstherausgeber Friedrich Blume widmet zu lesen: "Im Jahre 1943 begab Blume auf Anregung des Gründers des Bärenreiter-Verlages Karl Vötterle und zusammen mit Hans Albrecht mit der Vorbereitung der Enzyklopädie "Die Musik in Geschichte und Gegenwart".

Dass diese Arbeit irgend etwas mit Plänen und Materialsammlungen von Herbert Gerigk für eine von diesem spätestens seit 1939 geplante Enzyklopädie zu tun gehabt haben könnte, wie de Vriess 1998, 108 -115 behauptet, ist pure Spekulation."

Das Buch von Eva Weissweiler, welches die Sachlage einer Initiierung von „MGG" durch die "Hohe Schule" der NSDAP und Herbert Gerigk erhärtet, war zu jenem Zeitpunkt noch nicht erschienen. Die Erklärung in der Blume-Biographie der Neuausgabe wiederum muss als pure Behauptung des Verlages, genauer, als Schutzbehauptung angesehen werden.

In den Vorworten zu den verschiedenen Auflagen erkennt sich der Bärenreiterverlag wiederholt das alleinige Verdienst um Initiierung von „MGG" zu und verweist im übrigen auf den Herausgeber Friedrich Blume. So schreibt Blume in seinem Vorwort des abgeschlossenen 1. Bandes aus dem Jahre 1951/ Tb-Ausgabe 1989:

"Der Gedanke der Enzyklopädie ist bereits 1943 von dem Bärenreiter-Verlag in Kassel ausgegangen und ist seitdem in ständigem engem Gedankenaustausch zwischen ihm und dem Herausgeber unter allmählicher Einbeziehung vieler Mitarbeiter und Helfer entwickelt worden".

Ludwig Finscher wiederum schreibt im Vorwort des im Jahre 1994 erschienenen Bandes der Neuausgabe von „MGG": "Die Zeit, in der Karl Vötterle und Friedrich Blume, der Musikverleger und der Musikwissenschaftler, die schon in den letzten Jahren des zweiten Weltkrieges entwickelte Konzeption der MGG zu verwirklichen begannen, war einzigartig (...)
Ungewöhnlich war, daß Friedrich Blume als der Spiritus Rector des Unternehmens eine viel weiter reichende Konsequenz aus der Situation zog: Die Entwicklung nicht eines Lexikons, sondern einer Enzyklopädie, wie es schon im Geleitwort zur ersten Lieferung 1949 heißt."

2 Faktoren sind maßgeblich geeignet, die Behauptungen des Bärenreiter-Verlages und seiner Herausgeber, die Entwicklung der Enzyklopädie stehe jeder Verwurzelung im Nationalsozialismus vollständig fern, zu widerlegen.

Erinnern wir uns der Meldung in der "Essener Allgemeinen Zeitung" von September 1944 hinsichtlich baldigen Erscheinens eines herausragenden Projektes der „deutschen Musikforschung", genauer: die Veröffentlichung einer „umfassende(n), großzügige(n) musikalische(n) Enzyklopädie", welche eine „Gemeinschaftsarbeit führender deutscher Musikforscher" darstelle und den Titel "Musik in Geschichte und Gegenwart" tragen werde.

In dieser Meldung wird der außerordentliche Rang, die Dramaturgie und der Umfang der Enzyklopädie "Musik in Geschichte und Gegenwart" explizit vorweggenommen und hervorgehoben. Nun, beide Instanzen, der Verleger Karl Vötterle und sein Bärenreiter-Verlag sowie der Musikwissenschaftler Friedrich Blume, verfügten in den Kriegsjahren 1943 - 45 wohl kaum über die Machtvollkommenheit, ein Unternehmen solchen Ausmaßes zu konzipieren und vorzubereiten. Es ist wenig glaubhaft, dass Blume als Ordinarius der Universität Kiel, also von einer Provinzuniversität aus, obgleich er Mitglied und Präsident div. musikwissenschaftlicher Gesellschaften war, autonom, fern jeder Weisung und Kontrolle durch die Partei ein herausragendes Projekt der "deutschen Musikforschung" zu initiieren imstande war. Eine "Gemeinschaftsarbeit führender deutscher Musikforscher" (Essener Allgemeine 1944) "unter ...Einbeziehung vieler Mitarbeiter und Helfer" (Blume 1951) herzustellen. Des gleichen war ein kleiner Musikverlag in Kassel dazu nicht in der Lage.

Wie wir gesehen haben, unterlagen führende Wissenschaftler und ihre Tätigkeit der Zustimmung und Aufsicht von Parteigremien, wurden Wissenschaftler, die an Projekten teilnehmen sollten, von der Partei auf ihre ideologische Zuverlässigkeit hin durchleuchtet.

Eva Weissweiler dokumentiert in "Ausgemerzt! Das Lexikon der Juden in der Musik" treffend das Wesen der von der Partei ausgeübten Kontrolle über etwaige in Kriegszeiten vollführte wissenschaftliche Arbeit: "Von irgendeiner direkten oder indirekten Form der Mitarbeit bei Forschungsunternehmen der NSDAP, SS oder "Hohen Schule" war allerdings kaum ein namhafter deutscher Musikwissenschaftler freizusprechen; denn der politische "Anschluss" an offiziell gebilligte Publikationsprojekte dieser Art stellte (...) nahezu die einzige Möglichkeit dar, in Kriegszeiten überhaupt noch veröffentlichen zu können. Jeder Versuch eines wissenschaftlichen "Alleingangs" (...) wäre von Gerigk und der "Parteiamtlichen Prüfungskommission zum Schutze des NS-Schrifttums gnadenlos unterdrückt worden". Obschon Hitler und die Partei Forschungsvorhaben gerade in Kriegszeiten höchste Priorität einräumten, wurde jeder Wissenschaftler, der nicht in derartige, von der Partei initiierte oder genehmigte Vorhaben eingebunden war, in den letzten Kriegsjahren zum Wehrdienst eingezogen. Im Jahre 1944 schliesslich kamen unter dem Zeichen des "Totalen Krieges" nahezu alle kulturellen Aktivitäten in Deutschland zum Erliegen, stellten die Theater und Opernhäuser ihren Spielbetrieb ein, insofern sie nicht bereits zerstört waren, wurden die meisten wissenschaftlichen Vorhaben abgebrochen und die Verlage geschlossen. Für Projekte wie der Konzeption von „MGG" tätige Wissenschaftler wie Blume handelten in dieser Situation also unmittelbar auf Weisung, also unter Aufsicht nationalsozialistischer Funktionäre.

Dabei bemängelten rivalisierende Parteigremien die Fragwürdigkeit einer bevorzugten Projekt-Beteiligung einzelner Forscher zuungunsten des gesamten sich an der Front befindlichen Nachwuchses.

Gerigk musste somit um die Wehrdienst-Freistellung jedes einzelnen an der Vorbereitung von „MGG" beteiligten Wissenschaftlers kämpfen; wie bereits dargelegt, baten einzelne Akademiker dringlich um Aufnahme in das Projekt, um dem Frontdienst zu entgehen. Nein, weder Verleger Karl Vötterle noch der Ordinarius der Universität Kiel besaßen in den letzten Kriegsjahren über genug Autorität und Einfluß, die deutsche Musikwissenschaft gezielt in die konzertierte Aktion der Erarbeitung eines monumentalen enzyklopädischen Vorhabens hineinzuführen.

Ein weiteres Indiz dafür, dass die Herausgeber von „MGG" lediglich ein Projekt der "Hohen Schule" der „NSDAP" weitergeführt hatten und keinesfalls als Urheber der Enzyklopädie gelten können, liefert Blume im Vorwort des 1. Bandes von 1949/51 selbst:

"Jedoch wurde das gerettete Karteimaterial im Musikwissenschaftlichen Institut der Universität Kiel in der Stille weiter ausgebaut."

Damit bringt Blume die einstmals von Gerigk erstellte Systematik von 20 000 Stichworten sowie das daraufhin erstellte Karteikartensystem der „MGG"-Recherche ins Spiel, welches im Jahre 1943 auf Anordnung Rosenbergs oder Gerigks an die Universität Kiel ausgelagert wurde. Ungeklärt bleibt lediglich, ob Blume offiziell von Rosenberg oder Gerigk mit der Weiterführung der Enzyklopädie beauftragt wurde oder aber die Partei gegen Kriegsende die Kontrolle über das Projekt verlor, so dass er das Material übernehmen und "in der Stille" einer abgeschiedenen Provinzuniversität über die Stunde 0 hinaus ausbauen konnte.

30. Die zierlich-empfindsamen Lieder und Duette...

Gleichsam im Jahre 1949 lässt sich auch der in der Nazi-Zeit als ambivalent agierend erinnerliche Hans-Joachim Moser wieder zum Thema Felix Mendelssohn vernehmen; in seinem "Lehrbuch der Musikgeschichte" vertritt er folgende Einschätzung:
"Die zierlich-empfindsamen Lieder und Duette, die bald behende, bald etwas sentimentale Kammermusik, die freundlichen Orgelsonaten verblaßten vorzeitig infolge "ursacheloser Schwermut" und einer gewissen Glätte, die Überdruss erregte."

Arnold Schering sekundiert Moser im gleichen Jahre im Bemühen, alten Geist in vermeintlich neuen Zeiten lebensfähig zu halten. In den in Leipzig herausgegebenen Betrachtungen "Vom musikalischen Kunstwerk" veredelt er die Vorstellung vom künstlerischen Heros auf bezeichnende Weise.

In der Person des autonomen künstlerischen Genius Beethoven sucht er den Heros demonstrativ von der kleinbürgerlichen, vermittels sentimentaler Musikerromane und –filme transportierten, Popularisierung einer Stereotype des armen musikalischen Poeten unterm Dache, zu separieren. Schering nimmt dabei in Kauf, dass der im Jahre 1824 verstorbene Beethoven sich anachronistisch zu einer Problemstellung zu äußern hat, welche sich nachweislich erst in der 2. Hälfte des 19. Jahrhunderts ausprägte.

„Damals kam die Legende auf, ein grosser Künstler – insbesondere ein Tonkünstler – müsse jederzeit ein grosser Leidender am Leben gewesen sein. Wo, bei Gott, sollte sonst die überzeugende Macht seiner Schöpfung herkommen?

Als klassisches Beispiel galt Beethoven. Kein anderer als dieser selbst, der männlichste unter den Klassikern, hat sich schärfer gegen diesen Aberglauben gewandt, in dem er das Wort sprach:

„Die meisten Menschen sind gerührt über etwas Gutes, das sind aber keine Künstlernaturen. Künstler sind feurig, aber sie weinen nicht – Rührung paßt nur für Frauenzimmer; dem Manne muss Musik Feuer aus dem Geist schlagen."

Also muss auch Ludwig van Beethoven als Zeuge der zu jener Zeit weit verbreiteten Ansicht herhalten, dass die Poesie und der musikalische Humanismus eines Felix Mendelssohn im Reich wahrhaft grosser Musik keinen Raum haben könne.

Demgegenüber wurde im angloamerikanischen Sprachraum ein objektiverer Umgang mit musikhistorischen und –ästhetischen Entwicklungen, also auch dem musikalischen Erbe Felix Mendelssohns respektive seiner unangezweifelt bedeutsamen musikgeschichtlichen Stellung praktiziert als im deutschsprachigen Raum nach dem Kriege. Das beweisen zeitgenössische Musiklehrwerke der Exilanten Arnold Schönberg und Paul Hindemith, die Studienbeispiele aus Mendelssohns Werken zur Veranschaulichung von musikalischer Präzision und Formbeherrschung anführen.

Desgleichen gab die "Musical Times" im Leitartikel der Oktoberausgabe des Jahres 1947 (möglicherweise im Vorgriff auf Mendelssohns 100. Todestag am 4.11. dieses Jahres) zu Bedenken:

„Seitdem das handwerkliche Können des Komponisten auf der Suche nach neuen Wirkungen an einem Stagnationspunkt angelangt ist, wird die Eleganz der Technik und Formgebung, für die Mendelssohn so charakteristisch ist, wieder bewundert, nicht ganz neidlos. Er zählt nunmehr zu der erlesenen Schar jener Komponisten (Mozart und Ravel gehören dazu), die genau wussten, wie viel Noten zu schreiben und wie sie anzuordnen (sind)".

Im Jahre 1950 veröffentlichte der Publizist Friedrich Herzfeld (vor allem bekannt geworden durch sein Dirigentenkompendium "Magie des Taktstocks") indes eine volkstümliche Musikgeschichte unter dem Titel "Du und die Musik - eine Einführung für alle Musikfreunde"; erschienen im Ullstein Verlag/ Frankfurt-Berlin. Auf den Seiten 226 - 29 nimmt er auch zu Person und Lebenswerk Felix Mendelssohns Stellung. Einmal mehr werden tradierte abwertete Stereotypen von Milde, Sentimentalität, Nachrangigkeit und Kleinmeisterei versammelt.

Herzfeld macht Mendelssohns großbürgerliche Herkunft für die vermeintliche Schwäche seiner Tonsprache verantwortlich und kommt nahezu zu dem Schluß, dass Mendelssohn in der Durchführung seines musikalischen Lebensentwurfes letztendlich gescheitert sei.

"Nach der Hochglut eines Erzromantikers wie Berlioz nimmt sich das Feuer deutscher Romantiker wie des in Kassel wirkenden Geigenmeisters Louis Spohr oder eines Felix Mendelssohn-Bartholdy" zahm aus. (...) Die milde Temperatur seiner (Mendelssohns) Persönlichkeit suchte das Neue nicht auf so erregende Weise. Mendelssohn war ein echter Vertreter des Grossbürgertums, wie es sich in diesen politisch ruhigen Jahren entwickelte. Im Hause seiner Eltern (…) in Berlin verkehrte alles, was Rang und Namen hatte. Dieses Bürgertum neigte zur Weichheit bis zur Sentimentalität.
Die Tränen allzu reger Empfindung, die in den Versen von Heinrich Heine oft fließen, begegnen uns bei Mendelssohn wieder.

Um Gegenkräfte zu entwickeln, versuchte er die kontrapunktische Kunst Bachs und Händels zu erneuern. Es ist aber nicht alles zu allen Zeiten möglich. Die Fugen Mendelssohns sind von den alten Fugen himmelweit entfernt. Auch seine Oratorien Elias und Paulus, die er nach Vorbildern Händels schrieb, haben vor dem Ansturm der Zeit an Geltung verloren. (...)
    Offenbar gehörte Mendelssohn zu denen, die im kleinen am größten sind. Seine Lieder ohne Worte haben in der Hausmusik des neunzehnten Jahrhunderts begreiflicherweise eine grosse Rolle gespielt. Es gehörte in der Generation unserer Groß- und Urgroßeltern zur guten Bildung, sich von diesen einschmeichelnden Weisen durch die Lagunen von Venedig führen zu lassen. (...)

Alle Anerkennung seiner Meisterschaft hat nicht verhindern können, dass sein Bild mit den Jahrzehnten allmählich, aber unaufhaltsam verblasste."

Am Ende seiner Mendelssohn-Betrachtungen gereift der Verfasser erneut auf die Metapher vom Heros in der Kunst zurück, der Mendelssohn Herzfeld zu Folge möglicherweise nicht gerecht worden sei. Obgleich Herzfeld diese Sichtweise auf musikalisches Wirken durchaus als romantizistisches Relikt in Frage stellt, hindert es ihn doch keineswegs daran, sich ihrer selbst in der Mendelssohn-Infragestellung indirekt zu bedienen:

"Es war nicht nur Spott, wenn man behauptet, es sei ihm im Leben immer zu gut gegangen. Dass das Genie darben müsse, war auch eine romantische Vorstellung. Für die Eingebung von oben müsse es durch Leid empfänglich gemacht werden. Künstlerschaft war danach ein Ersatz für Lebensglück. Zur Quelle der Kunst wurde das Leid. Dass sich die Not niemals an Mendelssohns Fersen heftete, wäre danach die Ursache für seine allzu grosse Gefälligkeit und Untiefe."

Der Münchner Merkur attestierte der Musikgeschichte u. a.: "Sie kann insbesondere Laien und Jugendlichen empfohlen werden, da sie in warmherziger, leichtverständlicher Form (...) alles Wissenswerte von den Anfängen der Musik bis zur unmittelbaren Gegenwart vermittelt."

Es stimmt im Nachhinein bedenklich, dass ein Buch, welches gerade Laien und Jugendlichen zur Lektüre anempfohlen wurde, auch nach dem Kriege einer nachwachsenden Generation von Musikfreunden wiederum ein einschlägig klischeebeladenes, verzerrtes Mendelssohn-Bild vermittelte. "Du und die Musik" wurde im Jahre 1962 im Deutschen Bücherbund, Stuttgart/ Hamburg wieder veröffentlicht.

Friedrich Herzfeld war in den Zeiten des III. Reiches als Musikpublizist und Rezensent tätig, u.a. für die "Allgemeine Musikzeitung", Leipzig und "Die Musik", Berlin. In der Neuauflage des "Lexikon der Juden in der Musik" des Amtes Rosenberg wurde er dann allerdings als "Mischling zweiten Grades eingestuft, dessen Schriften damit für die Parteiarbeit entfallen" (Herbert Gerigk, „L. d. J. i. d. M"., Editorial).

Im Jahre 1950 wurde das im Jahre 1934 erschienene Atlantisbuch der Musik vom Atlantis-Verlag in Zürich neu veröffentlicht. Als Herausgeber wirkten Fred Hamel und Martin Hürlimann. Somit ist die Gelegenheit gegeben, einmal die Mendelssohn-Betrachtung vom Standpunkte eines deutschsprachigen Nachbarlandes, der Schweiz, zu überprüfen.

Wieder einmal ist dort, wie sich zeigt, die Notwendigkeit zum Monumentalen, Heroischen das Maß aller musikalischen Dinge, dem ein Felix Mendelssohn auf Grund allzu sorgenlosen Lebenswandels schicksalsbedingt nun einmal nicht habe entsprechen können. Der Verfasser Fred Hamel macht dies denn auch für vermeintliche eklatante Mängel und Schwächen sowie Epigonentum in Mendelssohns symphonischer Sprache verantwortlich.

"Denn eines war dieser Kunst wie diesem Leben vorenthalten: die äußeren Reibungen und inneren Spannungen, die zum Monumentalen unerläßlich sind. Das Schicksal, das diesen Künstler der kämpferischen Problematik enthob und ihm zwischen Freiheitskriegen und Märzrevolution symbolische Grenzen zog - dieses Schicksal verwehrte ihm auch den eigentlich symphonischen Atem. So fehlt seinen Sinfonien im grossen die stilgeschichtliche Bedeutung; sie folgen fremden Spuren - "Schottische" und "Italienische" dem klassischen Formideal, der "Lobgesang" der Sinfoniekantate nach dem Muster von Beethovens "Neunter", die "Reformationssinfonie" programmmusikalischen Einflüssen."

Was schreibt Walter Georgi im gleichen Werk über Mendelssohns Klaviermusik? Er repetiert erneut Wagners Invektive vom Mangel an Wärme und Tiefe in der Musik eines jüdisch-stämmigen Komponisten, verweist des weiteren auf das Stereotyp der vermeintlichen Sentimentalität von Mendelssohns Musik.

"Sein Bestes gibt er in leicht und zierlich dahinhuschenden Sachen (Charakterstück Nr. 7, Lied ohne Worte Nr. 47, Scherzo Werk 16/2, Rondo Capriccioso) Als gewandtester Kontrapunktiker unter den Romantikern verfügt er über einen vornehmen, frei polyphonen Klaviersatz (...) Aber dieses Formgenie kann nicht darüber hinwegtäuschen, dass ihm etwas Wichtiges fehlt: Tiefe und Wärme der Empfindung. Mendelssohn vermag kein Adagio zu schreiben. Vieles von seiner Musik ist verblaßt. Ihre weichliche Sentimentalität wirkt nicht immer erfreulich (...) Mendelssohns zwei Konzerte und drei Konzertstücke verschwinden immer mehr aus dem Konzertsaal"

Helmut Osthoff hingegen merkt über Mendelssohns Kompositionen für Streicher solo an:

"Von Felix Mendelssohn besitzen wir eine Violinsonate und zwei (...) Sonaten für Cello und Klavier. Die letzteren sind für beide Partner dankbar, rechnen aber ebenso wie die Violinsonate nicht zu den erstrangigen Werken der Gattung. Ein grosser Wurf gelang Mendelssohn dagegen mit seinem Violinkonzert in e-moll, op. 64 (1845). Wir verhehlen uns heute nicht, dass Mendelssohns Konzert letztlich durch seine blendende äußere Aufmachung besticht."

Auch hier gesteht der Verfasser Qualitäten in Mendelssohns Musik nur vorbehaltlich zu; geht seine Beschreibung der Werke stets mit abwertenden Urteilen einher. Ausdruck persönlicher Vorbehalte des Autors oder Zeichen dafür, wie tief die jahrzehntelang gepflogene Dramaturgie der Mendelssohn-Negation Betrachtung und Urteil jener Zeit doch geprägt hatte?

Martin Hürlimann beschwört in seinen Betrachtungen über den Dirigenten Mendelssohn
das Bild eines unverbindlichen urbanen (jüdischstammig konvertierten?) Großbürgers im Musikergewande herauf, ein Bild, das uns in den Darlegungen Walter Abendroths in deutlich antisemitischer Zielrichtung entscheidend wiederbegegnen wird:

"In ähnlicher Weise, konservativ in seinen Kunstanschauungen, liebenswürdig und in vornehmer Zurückhaltung wirkte Mendelssohn von 1835 bis zu seinem Tode 1847 als Dirigent des Gewandhaus-Orchesters in Leipzig"

In der Betrachtung der "Sommernachtstraum"-Musik pflegt auch Otto Riemer das Stereotyp vermeintlicher Oberflächlichkeit von Mendelssohns Musik. Des Weiteren verweist er auf die Neuvertonungen der 30ssiger und vierziger Jahre, ohne mit einem einzigen Wort den Hintergrund eines Musiknotstandes durch das regimebedingte Verbot der Mendelssohn-Komposition im "III.-Reich", ja die Beauftragung zur Schaffung von Neukompositionen durch die Machthaber zu erwähnen.
   „Die außerordentliche melodische Leichtigkeit, die Mendelssohn auszeichnete und die ihm nicht immer zum Vorteil gereichte: hier in diesem märchenhaften Koboldspiel gab sie die glücklichste Ergänzung der Dichtung. In jüngster Zeit haben auch Edm. Nick, Julius Weissmann und Rudolf Wagner-Régenyi Kompositionen zu Shakespeares "Sommernachtstraum" geschrieben."

Werfen wir nun wiederum einen Blick auf den zu jener Zeit in Westdeutschland vorherrschenden Stand der Mendelssohn-Sicht:
   "Doch für eine solche Aufgabe war Mendelssohn zu schwach. Körperlich zart, niemals vor wesentliche Entscheidungen gestellt, woher sollten ihm Tatkräfte zugewachsen sein, die nur in geistigem Ringen oder harten Auseinandersetzungen mit dem Leben gedeihen. Mendelssohns Schaffen hat zu keiner Zeit Frucht getragen, es war eine Fülle von Blüten, die bald welkten und nicht viel mehr zurückließen, als einen wehen Duft."

Der Verfasser dieser Zeilen, die einen vermeintlichen Mangel Mendelssohnscher Musik vor allem aus schwachem Erbgut heraus begründen, ist Otto Schumann. Sie wurden seinem im Jahre 1951 erschienen Handbuch der Klaviermusik entnommen. Diese, unterschwellig die rassebiologischen Thesen des III.-Reiches reflektierende Sichtweise, verwundert wenig, wenn man sich folgendes vor Augen hält: Es handelt sich um den gleichen Otto Schumann, welcher 11 Jahre zuvor in seiner "Geschichte der Deutschen Musik" die Aufarbeitung der Musikgeschichte explizit den Aspekten des Rassenprinzips unterwarf und somit schrieb:

"Hätte Mendelssohn eine Musik geschrieben, die seiner rasseseelischen Beschaffenheit entsprach, dann könnte sich vielleicht das Judentum eines grossen Komponisten rühmen."

Im Jahre 1954 gab Schumann ein Handbuch der Orchestermusik heraus; erschienen im Heinrichshofen Verlag, Wilhelmshaven.

In diesem nimmt Schumann noch eindeutiger Bezug auf seine Tätigkeit ideologienahen, völkischen, von antisemitischen Überzeugungen geprägten Publizierens in Zeiten des Nationalsozialismus. Schumann paraphrasiert darin Zeilen und Sichtweisen aus der "Geschichte der Deutschen Musik" aus dem Jahre 1940 nahezu wortwörtlich - ein Faktum, das einmal mehr veranschaulicht, wie nachhaltig ideologische Positionen des N.S.-Faschismus in Kultur und Gesellschaft der BRD zu verankern möglich war.

Gleich zu Beginn der Mendelssohn-Darlegungen schreibt Schumann im Jahre 1954 also:

"Schon seit Jahrzehnten sind immer neue Stimmen laut geworden, die gegen eine Überschätzung Mendelssohns zu Felde zogen. Umstritten wurde - übrigens schon zu Lebzeiten des Komponisten - der innere Gehalt seiner Tonschöpfungen. Seine ungewöhnliche Form und sein erstaunlicher Formensinn geben den Werken zumeist eine Glätte, die unbehaglich wirkt."

Im unmittelbaren Vergleich dazu nun die Sichtweise des Jahres 1940:
"Die fast ein Jahrhundert während Mendelssohn-Schwärmerei ist um so unbegreiflicher, als zu allen Zeiten Männer aufstanden (schon als Mendelssohn noch lebte), denen seine Musik allzu glatt erschien, - ein Urteil, das auch die unentwegtesten Mendelssohn-Verehrer nicht bestritten."

Auch die ferneren Darlegungen Schumanns aus dem Jahre 1954 lassen eine Verwurzelung in völkischem Denken unausgesetzt spüren: Stellenweise befleißigt Schumann sich gar der Tatsachen- und Geschichtsfälschung, indem er die von Mendelssohn begründete Tradition des Leipziger Konservatoriums unterschlägt.

"Der Deutsche hat ein ganz besonderes Verhältnis zur Form: er weiß sie zu schätzen; aber sie ergreift ihn nur dann, wenn sie sich darstellt als letztes Ergebnis inneren Ringens. (...) Mag er sich zuweilen an ihr ergötzen - zum tiefem Erlebnis wird sie ihm nicht.

Mendelssohn aber ist der Meister der nur "schönen" Form. Seine melodische Erfindung, sein thematischer Aufbau und die instrumentale Einkleidung sind untadelig, aber zu sehr nach Maß gefertigt. (...) Entsprechend seiner Formensprache hat Mendelssohn instrumentiert: glatt, sorgsam getönt, alle Ausbrüche werden vermieden - MUSSTEN vermieden werden, weil in Mendelssohn kein vulkanisches Feuer brannte. Überzeugender noch als die Meinung mag die Geschichte reden: Mendelssohns Schaffen hat keine Nachfolger gefunden. Man hat ihm Einzelheiten abgelauscht, aber die Glätte seines Musizierens hat sich niemand zu eigen gemacht (außer den Edelkitsch-Komponisten der "Salonstücke")".

Was lesen wir zur "Italienischen" Symphony:
"1833 (...) wurde die "Italienische Sinfonie" aufgeführt. Auch sie geht auf Eindrücke einer Reise zurück. Sah der Jüngling in Schottland wenigstens noch etwas ähnliches wie Konfliktstimmung, so fand er, wie es scheint, in Italien eine gänzlich problemlose Welt vor. Wirklich "Italienisches" tönt nur im Schlußsatz auf (...) Aber weder das Allegro vivace (...) noch die d-moll Ballade des Andante con moto haben etwas Italienisches, und der dritte Satz. (...) mit seinem anmutigen Ländler und den "romantischen" Hornklängen (...) weisen vollends auf Deutschland zurück".

Wie auch die Zeilen zur "Italienischen" Symphony" sind Schumanns Bemerkungen zu den Konzerten für Klavier und Orchester vom Bemühen geprägt, abfälliges über die genannten Werke vorzubringen:
"Bis in die allerjüngste Vergangenheit reichen die Versuche, Mendelssohns Klavierkonzerte neu zu beleben. Diese Versuche dürften vergeblich sein. Von dem zweiten Klavierkonzert rückte schon Schumann höflich ab, und es ist doch wohl kein Zufall, daß auch das erste Klavierkonzert (...), einst ein Schlager, der "auf keinem Programm fehlen durfte", längst Seltenheitswert bekommen hat. Mendelssohns Absicht war es, dem hohlen Virtuosenkonzert seiner Zeit etwas technisch Einfacheres und musikalisch Wertvolleres entgegenzusetzen.

Das ist ihm mit seinem ersten Konzert auch gelungen, (...) weil es dem Pianisten "in der Hand liegt", ohne großen Virtuosenaufwand konzertmässige Wirkung hervorbringt (...) Doch einmal hat die Romantik bald stärkere Werke hervorgebracht, und zum anderen haben wir heute Klavierkonzerte, deren Zielsetzung der Mendelssohnschen gleichkommt, deren Geist uns aber näher ist".

Einen bemerkenswerten Ausbruch aus der uniform tendenziellen Sichtweise, welche Schumanns bisherige Darlegungen prägt, vollzieht sich allerdings in der Vorstellung des Violinkonzertes. Schumann verfällt in der Schilderung der musikalischen Vorzüge desselben phasenweise in einen geradezu hymnischen Tonfall, obgleich er im Klaviermusikführer ja unmissverständlich konstatierte, dass " Mendelssohns Schaffen zu keiner Zeit Frucht getragen" habe. Das Bemühen um Rückkehr in die bislang an den Tag gelegte "Objektivität", also tendenziell abfällige Einschätzung Mendelssohns, ist denn auch immer wieder zu bemerken.

"Bedeutend und unverblasst steht dagegen das Violinkonzert vor uns. (...) Nach Meinung des Verfassers reicht es fast in die Nähe der drei grossen Geigenkonzerte von Beethoven, Brahms und Tschaikowsky. Form, Erfindung und Gestaltung sind hier Einheit geworden wie sonst in keinem anderen Werke Mendelssohns (...) Von erlesener Schönheit und ergreifender Wirkung das (...) zweite Thema. (...) Die Durchführung stellt an den Hörer keine großen Ansprüche, weil ihre Größe in ihrer Einfachheit besteht. Vom Prestoschluß dieses Satzes leiten Halbtonschritte (...) in den zweiten Satz (...), ein Lied ohne Worte von inniger Süße".

Ein kurzer Blick nur in das Handbuch der Chormusik und des Klavierliedes Otto Schumanns, 1953 wiederum im Herrmann Hübner Verlag, Wilhelmshaven erschienen. Die Eröffnungszeile des Mendelssohneintrags führt sogleich in den vertrauten Tonfall des Jahres 1940 hinein, variiert erneut eine zentrale These Schumanns aus jener Zeit:
"Schon manche seiner Zeitgenossen empfanden Mendelssohns Intrumentalwerk als zu glatt und poliert, vermißten in ihnen echte Auseinandersetzungen geistlicher und musikalischer Art, wie man das bei deutscher Intrumentalmusik für selbstverständlich hielt. Da man derartige Ansprüche nur sehr schwer an schlichte Chorwerke stellen kann und die zahlreichen Chorvereinigungen sich gern nach schlichten, dabei wohllautenden Werken umtun, sind Mendelssohns geschmeidig geschriebene, gutklingende a-cappella-Chöre schnell volkstümlich geworden"

In den Klavierliedkapiteln heisst es wiederum:

"Von Mendelssohns Klavier-Liedern ist man - nach der erstaunlichen Hochschätzung im 19. Jahrhundert - schon seit einem halben Jahrhundert abgerückt; ja man könnte sagen, die wachsende Scheu vor dem Klavierlied habe sich erstmals deutlich bei Mendelssohns Liedern gezeigt. Das allzu Glatte, Gefühlsselige dieser Weisen spricht nicht mehr an. Rein kompositorisch bleibt ebenfalls vieles unbefriedigend. (...)

So wie er einige Hefte seiner Klavierstücke "Lieder ohne Worte " nannte, könnte man seine meisten Klavierlieder als "Klavierstücke mit Worten" bezeichnen".

Intermezzo VII: Vom deutschen Hausbuche

Otto Schumann wurde im Jahre 1897 geboren. Er studierte Musikwissenschaft an den Universitäten Frankfurt am Main und Leipzig. Danach war er als Musikkritiker „zahlreicher" Zeitungen und Publizist tätig. Otto Schumann starb im Jahre 1981.

Die akademische Ausbildung in Zeiten der Republik, die Vielzahl daraufhin erfolgender Veröffentlichen, die Kontinuität des Publizierens in Zeiten des Nationalsozialismus und der „BRD", versinnbildlichen somit den Lebensweg eines unbeirrbar deutschen bildungsbürgerlichen Intellektuellen oder vielmehr: eine klassische deutsche Sachbuchkarriere des 20. Jahrhunderts.

Publikationen Otto Schumanns u. a.:
Meyers Opernbuch, Leipzig, 1938; Meyers Konzertführer, Leipzig, 1938; Geschichte der deutschen Musik, Leipzig, 1940; Albert Lortzing, 1801-1851, Leipzig, 1941, Neupublikation Opernbuch, Berlin, 1948; Neupublikation Opernbuch, Wilhelmshaven, 1948; Orchesterbuch, Berlin, 1949; Die jüngere Cambridger Liedersammlung, Torino, 1950; Schumanns Schauspielbuch, Wilhelmshaven, 1950, Wiederauflage [Schauspielbuch], Wilhelmshaven, 1951; Schumanns Kammermusikbuch, Wilhelmshaven, 1951; Klaviermusikbuch, Wilhelmshaven, 1952; Schumanns Chormusik- und Klavierliedbuch, Wilhelmshaven, 1953; Neupublikation Opernbuch ,Wilhelmshaven, 1954; Neupublikation Handbuch der Orchestermusik, Wilhelmshaven, 1954, Kleine lateinische Formenlehre, Frankfurt am Main 1954, Das Manuskript, Wilhelmshaven, 1954;

Wiederauflage Handbuch der Kammermusik, Wilhelmshaven, 1956; Neupublikation Schauspielbuch, Stuttgart, 1958; Ich weiß mehr über die Operette und das Musical, Wilhelmshaven, 1961; Wege zum Musikverständnis, Olten 1963; Wiederauflage Handbuch der Klaviermusik, Otto. Wilhelmshaven, 1969; Wiederauflage Handbuch der Opern , Wilhelmshaven, 1972; Quellen und Forschungen zur Geschichte des Orgelbaus im Herzogtum Schleswig vor 1800, München, 1973; Wiederauflage Das Manuskript, Wilhelmshaven, 1977; Wiederauflage Handbuch der Klaviermusik, Wilhelmshaven, 1977; Neupublikation Opernführer, Reinbek bei Hamburg, 1982; Neupublikation/ Imprint Handbuch der Klaviermusik Schumann, München, 1982; Imprint bei Pawlak, Der große Konzertführer Herrsching, 1982; Imprint bei Pawlak Der große Schauspielführer, Herrsching 1983; Imprint bei Pawlak Der große Opern- und Operettenführer Herrsching, 1983; Handbuch der Kammermusik, Herrsching 1983; Neupublikation Das Manuskript unter Grundlagen und Technik der Schreibkunst, Herrsching 1983; Wiederauflage Imprint Der große Schauspielführer, Herrsching 1987; Wiederauflage Opernführer, Reinbek bei Hamburg, 1989; Grundlagen und Techniken der Schreibkunst, Hamburg, 1995; Der neue Literaturführer, Weyarn, 1996.

Im Jahre 1955 legte der Musikjournalist und Autor Hans Schnoor ein musikalisches Hausbuch mit dem Titel "Oper, Operette, Konzert" vor. Schnoor war in den Jahren 1933-45 als Musikkritiker tätig, dessen Rezensionen mit der Regimeideologie konform gingen.
Prieberg attestiert auch dem Nachkriegswirken Schnoors "antisemitischen Unterton" und "Vokabular des NS-Journalismus von ehedem". Dies geschah wohl zu recht, da man Schnoor bereits im Jahre 1956 in einer Sendung des Südwestfunks Baden Baden nationalsozialistische Musikkritik" attestierte.

Schnoor führte daher einen Prozess gegen den Sender, doch die Gerichte gaben dem Ausdruck in einem mehrjährigen Verfahren als "Wahrnehmung berechtigter Interessen, zumal sich die Absicht einer Beleidigung weder aus der Form noch aus den Umständen ergibt" statt. Wie berechtigt die Attestierung "nationalsozialistischer Musikkritik" erfolgte, zeigt auch die Tatsache, dass Schnoor in einem Buch über zeitgenössische Musik unausgesetzt von "Negermusik" spricht, wenn es um den von ihm ungeliebten Jazz geht.

Schnoor engagierte sich im „III.-Reich" des Weiteren in einer vom Amte Rosenberg ins Leben gerufenen "Arbeitsgemeinschaft deutscher Musikkritiker". Dort war er nicht nur als lokaler Funktionär, als Leiter der Ortsgruppe Dresden, sondern auch als Organisator und Referent von Vortragsabenden tätig. Weitere Aktivitäten Schnoors zu "Reichszeiten" galten u. a. Artikeln wie jenem: Peinliche Ehrenrettung des "Riemann". "Deutsche Juden im neuen Musiklexikon". Dresdner Anzeiger, Nr. 73, 15. März 1939. In besagter Publikation "Oper Operette Konzert" aus dem Jahre 1955, 29. Auflage 342 - 361. Tausend, Bertelsmann Lesering 1962) wird das Mendelssohn-Bild dann auch erwartungsgemäß in jene bekannte Schieflage gebracht, ja vom Verfasser stellenweise als gänzlich verblaßt umrissen. In dem, den einzelnen Komponistenportraits vorangestellten musikgeschichtlichen Umriß kommt das Wirken des Felix Mendelssohn Bartholdy in den relevanten Kapiteln "Revolution und Romantik" bzw. "Strömungen im 19. Jahrhundert" gar nicht erst zur Sprache.
"Über Beethoven, Weber, Berlioz, Liszt hinaus, kündigt sich das Jahrhundert Richard Wagners an, das seine sinfonische Auflösung nach 2

Richtungen sucht: in den Werken von Bruckner und Brahms. Mit diesen Namen ist eigentlich alles bezeichnet, was bis zu Wagners Tode (1883) schöpferisch am werke bleibt, ohne unter den Einflüssen des nihilistischen 19. Jahrhunderts zu verzagen"

In Sätzen wie jenen, verurteilt Schnoor das ausserhalb des Spektrums der genannten Komponisten liegende zu musikgeschichtlicher Bedeutungslosigkeit. Wenig später referiert Schnoor in sattsam vertrauter, entwertender, stereotypischer Weise über den Komponisten Felix Mendelssohn und stellt des Weiteren das Ideal des humanistischen Menschenbildes, welches dessen Musik prägt, in Frage:

"Mendelssohn war unbestritten die musikalische Autorität der Biedermeierzeit. (...) Das konzertierende Virtuosentum zehrte von seinem außerordentlich vielfältigen Schaffen ebenso wie die Hausmusik und der Kantor auf dem Lande. Was Mendelssohn und die Mendelssohnianer mit Ihrer zur Glätte und Unverbindlichkeit, tieferen und echteren Konflikten ausweichenden Kunst boten, entsprach genau den Bedürfnissen eines selbstzufriedenen Publikums" (...) Erst Wagner und Brahms haben das Ideal des "Mendelssohnschen Menschen" fragwürdig gemacht, und in unserer Zeit zeugen meist nur noch vergilbte Blätter vom geschichtlichen Dasein einer biedermeierlichen Romantikertums, dessen liebenswerte Seiten bis heute nachwirken."

Weitere Tätigkeitsnachweise Hans Schnoors vor und während des Krieges waren u. a. Musikredakteur der "Neueste(n) Nachrichten" im Jahre 1922, "Leipziger Tageblatt" in den Jahren 1923 - 25, "Dresdner Anzeiger" in den Jahren 1926 - 45. Des Weiteren veröffentlichte er in den späten 30ssiger Jahren auch einen umfangreichen, 2-bändigen Führer durch den Konzertsaal.

31. Der Ausweg des Menschen aus seiner selbstverschuldeten Unmündigkeit oder vom Ende der "zeitlosen" Zeit

In den 50ziger Jahren kehrten auch vermehrt Emigranten nach Deutschland zurück, welche sich einem neuen und besseren Deutschland zur Verfügung zu stellen sich verpflichtet fühlten. Gegen ein Konglomerat vorbelasteter Koryphäen der Bereiche Musik, Literatur, Theater, Film und Akademie, welche sich in Zeiten des Regimes im Stande von Funktionären oder Mitläufern graduierten und profilierten hatten die Remigranten stets einen schweren Stand.

Die Namen derer, welche, ausgeschlossen aus den etablierten Kollegenzirkeln verbleibend, künstlerisch und institutionell untergraben, gemobbt, in einem Klima erstarkender politischer Konservative und Kalten Krieges publizistisch und parlamentarisch angefeindet, aus Positionen geekelt wurden, sind Legion.

Das Schicksal des Film- und Theaterregisseurs William Dieterle sei stellvertretend für andere genannt: Dieterle, seinerzeit ein hochprominenter, erfolgreicher Hollywoodregisseur kehrte Mitte der 50ziger Jahre nach Deutschland zurück und inszenierte im Schauspielhaus Frankfurt, am Württembergischen Staatstheater Stuttgart, bei den Salzburger Festspielen, am Stadttheater Basel, am Schillertheater in Berlin, am Schauspielhaus Essen, am Zürcher Schauspielhaus sowie bei den Bad Hersfelder Festspielen. Die wenigen Filme, welche er, nach glänzender Karriere in Hollywood, in Europa realisierte, wurden von konservativ-reaktionären Kreisen in der „BRD" als "deutschfeindliche" Machwerke eines nach Hollywood emigrierten Vaterlandsverräters diffamiert oder erwiesen sich als Publikumsflop. Erfolgreicher war er als Regisseur von Fernsehfilmen, welche oftmals als Aufzeichnung seiner Bühneninszenierungen entstanden. Anfang der 60ziger Jahre übernahm er erfolgreich die Intendanz der Bad Hersfelder Festspiele. Wiederum nahmen konservativ-restaurative Funktionäre und Medien Anstoß an seinem Wirken. Man verübelte ihn u.a. den von ihm initiierten Theateraustausch mit der „DDR" sowie die Bevorzugung junger Schauspieler zu Lasten "grosser" Namen, welche sich aber zum Teil durch Karrieren in der NS-Zeit diskreditiert hatten.

Schließlich wurde ihm sein Vertrag im Jahre 1965 nicht verlängert. Pläne, andere Bühnen als Intendant zu übernehmen sowie Rückkehr-Bestrebungen nach Hollywood zerschlugen sich. Ein Prozess gegen die Stadt Bad Hersfeld wegen ungerechtfertigter Kündigung seines Vertrages als Intendant wurde verloren. Die Medien begannen, ihn und sein Wirken zunehmend zu ignorieren. Im Jahre 1966 übernahm er das Tournéetheaterunternehmen "Der grüne Wagen", ein Schritt, der langfristig sehr an seiner Gesundheit und seinen Finanzen zehren sollte. Dieterle starb am 8. Dezember 1972 an einer Erkältungskrankheit nach dem er gegen das Interesse seiner Gesundheit für einen erkrankten Schauspieler in einer Produktion des "grünen Wagens" einsprang und sich somit körperlich ruinierte. Sie Beisetzung erfolgte im engsten Freundes- und Familienkreise auf dem Friedhof von Ottobrunn in der Nähe von München.

Wie sollte der hochgebildete jüdische Musikpublizist Alfred Einstein da mit nachdenklicheren Tönen bezüglich schwindender Mendelssohnrezeption in der BRD gegenzuhalten vermögen? Jener Musikwissenschaftler, dem wir u. a. eine seinerzeit hoch renommierte Mozartbetrachtung verdanken, welcher zuerst nach England und dann in die Vereinigten Staaten emigrierte und dort unausgesetzt publizistisch tätig blieb.

In "Die Musik der Romantik", erschienen in Wien im Jahre 1950, stellte er in verhalten-analytischer Vorgehensweise die Spezifika und Elemente eindeutig heraus. Jene Spezifika, welche die unausgesetzt humane Ansprache durch die Musik Mendelssohns und somit den potentiellen Langzeitwert seines Wirkens bedingen. Es ist zugleich ein demonstrativ vorgebrachtes Plädoyer gegen die sonstig unausgesetzt repetierten Stereotypen von Glätte, Kälte und rein formeller Perfektion. Es heisst darin:

"Die Ebenmäßigkeit der Form seiner Sätze und seiner Zyklen ist nicht zu übertreffen; aber über allen seinen Äußerungen glänzt etwas subjektives, rein romantischer Schimmer, im Gefühlhaften – die Nachwelt nannte es Sentimentalität -, in einer Mischung von Grazie und Humor, die, wenn ins Objektive gewendet oder gedeutet, als die Elfenmusik seiner "Sommernachtstraum"-Ouvertüre erscheint, und schliesslich in einer Leidenschaftlichkeit, die romantisch wirkt durch eine Art von Ziellosigkeit".

Und darin schliesslich findet sich der unverbildet hörende Mensch unserer Zeit in der Musik des Felix Mendelssohn wieder. Wie in dem Kapitel, welches sich dem einstigen ephemerischen Glückskinde widmete bereits erwähnt, waren die Umstände wahrhaftig materieller und künstlerischer Prosperität nur eine Folie äußerlicher Wahrnehmung. Da er, von den letzten beiden Lebensjahren einmal abgesehen, gesellschaftlich, musikalisch und familiär perfekt funktionierte, den Ansprüchen hundertprozentig genügte, teilte sich die Verlorenheit, welcher sich Felix Mendelssohn dessen ungeachtet mit jedem Lebensjahre zunehmend überantwortet fühlte, nur durch seine Musik mit. Er vermochte die Zeit und damit die Zeitenwende nicht aufzuhalten. Aggressiver Kapitalismus, Industrialisierung und maschinelle Rationalisierung, das Heranwachsen molochartiger Großstädte, politische Radikalisierung der gegeneinander agitierenden revolutionären Parteien und prosperierender Nationalismus brachte diese eindeutig mit sich.

Die humanistischen Ideale der Aufklärung, oder besser gesagt, der aufgeklärten Bildungsbürgerschaft, welche ihn zeitlebens prägten, denen er sich verpflichtete, die Wertschätzung gesellschaftlichen und menschlichen Ausgleichs, intellektueller, sittlicher und religiöser Bildung, die Veredelung des Menschen durch die klassischen künstlerischen Erfahrungswerte des Wahren, Schönen und Guten, verloren zunehmend an Wert. Auch die Achtung vor der Kreatur und der in zahllosen Dichterworten so eindringlich verherrlichten natürlichen Umgebung des Menschen schwand. Die Menschen, die ihn prägten, die ihn auf seinem Lebensweg begleiteten, waren nahezu alle dahingegangen: Zelter, sein bewunderter Lehrer, Goethe, der kindlich verehrte Dichterfürst und Mentor, die Eltern Abraham und Lea, zuletzt Fanny, die seelisch und musikalisch kongenial prädestinierte Schwester. Was sollte er in dieser neuen Zeit vermögen, was konnte sie ihm bringen, er ihr geben?

Das Zeitalter der "Zeitlosigkeit", von der Heinrich Eduard Jacob in seinem Buche "Felix Mendelssohn Bartholdy und seine Zeit" spricht, war zu Lebzeiten Mendelssohns zu Ende gegangen. Jenes Zeitalter bedingte einstmals die Abkehr von tagespolitischem Rumor, vom den nationalistischen Exzessen der Burschenschaften, der Revolution, der Reaktion und anderen Beunruhigungen in deutschen Landen, also den vielfältigen oftmals kurzlebigen Vorfällen von "Zeit" zugunsten der Bewahrung und Vervollkommnung des "Zeitlosen". Das Leben und Werk Johann Wolfgang von Goethes stand dafür Pate und Modell. Im Todesjahre 1847 befand sich das Leben des Felix Mendelssohn somit in einer substantiellen Krise. Briefe, welche in diesem Jahre verfaßt wurden künden von tiefen Depressionen.

So schrieb Felix Mendelssohn im Sommer 1847: "Wenn Menschen kommen und durcheinander sprechen, von allen Alltäglichkeiten und von Gott und der Welt, so wird mir gleich so unsäglich traurig zumute, dass ich gar nicht weiss, wie ich´s aushalten soll."

Nachfolgend bekundet er noch einmal dezidiert das Ende einer Ära; den Niedergang der
"Zeitlosigkeit" der klassizistisch-humanistischen Epoche: Ein großes Kapitel ist nun eben aus, - und von dem nächsten ist weder die Überschrift, noch das erste Wort bis jetzt da. Aber Gott wird es schon recht machen; dass paßt an den Anfang und den Schluß von allen Kapiteln."

Dem grossen Rembrandt in Carl Zuckmayers inspiriertem, feinfühlig nachgestaltendem gleichnamigen Historien-Script resümierte Mendelssohn, wie auch jener, am Ende seines Lebens das fatalistisch substantielle Predigerwort Salomons von der Eitelkeit, Müßigkeit allen menschlichen Tuns aus dem alten Testament. Es kommt nicht von ungefähr, das uns diese letzten Jahre die erhabensten, von höchster melancholischer Intensität erfüllten Werke des Komponisten beschieden. Dennoch blieb Felix Mendelssohn Bartholdy dem neu anbrechenden Zeitalter die Antwort, was er diesem spezifisch zu geben vermocht hätte, letztendlich schuldig. Er hat diese Krise nicht überstanden und starb, bevor es ihn vollends zu erreichen vermochte. Und so schrieb der Mendelssohn-Zeitgenosse Werner A. Lampadius zum Tode des Komponisten im Nachruf so trefflich:
"Denn mit ihm ist für jetzt der letzte classische Geist aus Germaniens grosser Bildungsepoche seiner irdischen Behausung entflohen."

Welcher Mensch auch unserer Tage kennt es nicht, hat es nicht selbst schon einmal erfahren: die Situation vollendeter Ausweglosigkeit, das Gefühl, das Leben gleite ihm in allen Bereichen unaufhaltsam aus den Händen, den Zweifel am Sinn bisherigen Tuns und künftigen Strebens, die von Einstein feinfühlig bemerkte substantielle Ziellosigkeit?

Dies, das Erspüren, Erleiden, Durchleben; das solidarische Mitfühlen und Überliefern einer fragilen Conditio Humana in der Sprache der Musik wie auch das Bemühen "zeitloses" musikalisch exemplarisch festzuschreiben und somit den Mitmenschen für alle Zeit erfahrbar zu machen, ist die Aktualität, der Jetztzeitwert, welcher der Musik Felix Mendelssohns unausgesetzt inne wohnt. Dies also ist ihre Botschaft an uns und Nachgeborene!

Ulrich Schreiber resümiert das "Schicksal des Komponisten Felix Mendelssohn Bartholdy" in seiner Betrachtung "Die Unbequemheit eines romantischen Klassizisten" aus dem Jahre 1972 auf dem Cover einer Aufnahme der "Schottischen Symphony" mit dem Gewandhausorchester unter Kurt Masur (Eurodisc/ Bertelsmann Club Ed. 1972) denn auch mit vergleichbarem Resultat. Resignierend verweist er auf den hohen Symbolcharakter Mendelssohnschen Lebens und Wirkens für die Befindlichkeiten, das Sein oder Nichtsein eines prosperierenden, den gesellschaftlichen, kulturellen und historischen Konsens erstrebenden deutschen Vaterlandes. Somit verdeutlicht sich der Status Quo Deutschlands im 19. und 20. Jahrhundert - am Vorbilde Felix Mendelssohn gemessen - in nahezu erschreckendem Ausmaße. Ein Deutschland - geeint oder nicht - das den strebsamen Humanisten Felix Mendelssohn Bartholdy nicht zu ertragen fähig war, krankte an sich selbst und konnte somit keinen Bestand und keine Zukunft haben.

Eine Tatsache, welche die plangemäß vollführte Vernichtung von Millionen Menschenleben und die Verheerungen an nahezu allem architektonisch-historisch gewachsenem Kulturerbe durch Bomben auf deutschem Boden, anschaulich hervorheben.

(Es) "begann eigentlich erst nach seinem Tod ein spezifisch deutsches zu werden. (...) Was diesem kurzen Menschenleben in der ersten Hälfte des 19. Jahrhunderts widerfuhr, war die Konkretisierung der Popularphilosophie seines Großvaters Moses Mendelssohn (...), Konkretisierung einer Lebensphilosophie, die - wäre sie nicht nur Vorschuß bis zum Lebensende gewesen - die Zukunft Deutschlands über die zweite Hälfte des vorigen Jahrhunderts bis zu unserer Zeit hin hätte prägen können als eine Synthese der Kantschen Aufklärungsphilosophie, als Ausweg des Menschen aus seiner selbstverschuldeten Unmündigkeit. (...) Doch der

Weg der Menschheit ist nicht jener der Vernunft, nicht jener, der aus der Unmündigkeit herausführt. Mendelssohn, der als Siebenjähriger protestantisch getauft wurde, hat vielleicht nur ein einziges Mal erfahren, daß die deutsche Philosophie zwar für die Vernunft und gegen die Unmündigkeit focht, daß sie aber kein Mittel besaß, einer Machtergreifung vorzubeugen, (...) als deren Folge Vernunft und Mündigkeit ihres universal-humanen Wirkungshorizontes beraubt und zum reinen Verfügungsobjekt einer sich rassisch auserkoren dünkenden Schicht werden wurde".

Nachfolgend verweist Schreiber auf jenes einschlägige Zelterwort vom "Judensohne", lässt dabei aber die Anwürfe auf den Strassen Berlins und Dobberans außer Acht.

Der Zwiespalt, welcher sich - Zelters Worten zufolge - zwischen den Positionen Deutscher und Jude, Jude und Taufe, Lehrer und Meisterschüler unverkennbar auftat, wird in der Biographie Mendelssohns allein dadurch offenbar, das jener sein Deutschsein gerade in früher erwähntem Schreiben an den Lehrer exemplarisch für sich einforderte.

Schreiber kommt denn auch folgerichtig auf die vermeintliche Unvereinbarkeit all dieser Begriffe und Daseinszustände zu sprechen:

"Dass dieser Ausspruch zu einem hoffnungslosen Stigma werden sollte, wissen erst die weit nach Mendelssohn geborenen: dass die einen ihn als Juden reklamierten, wo doch in seinem Werk sich nicht ein einziger Takt von Synagogenanklängen findet, und dass die anderen ihn als Christen für sich forderten, wo er doch Zeit seines Lebens sich nur, und um so stärker, je weiter er auf seinen Reisen von der Heimat entfernt war, als Deutscher fühlte."

Intermezzo VIII: Es ist alles ganz eitel und ein Haschen nach Wind

Dies sind die Reden des Predigers des Sohnes
Davids, des Königs zu Jerusalem:

Es ist alles ganz eitel, sprach der Prediger, es ist alles ganz eitel.
Was hat der Mensch für Gewinn von all seiner Mühe, die er hat unter der
Sonne?

Ein Geschlecht vergeht, das andere kommt; die Erde bleibt aber ewiglich.
Die Sonne
geht auf und geht unter und läuft an ihrem Ort, dass sie wieder daselbst
aufgehe.

Der Wind geht gen Mittag und kommt herum zur Mitternacht und wieder
herum an den Ort, da er anfing. Alle Wasser laufen ins Meer, doch wird
das Wasser nicht voller;
an den Ort, da sie her fließen, fließen sie wieder hin.

Es sind alle Dinge so voll Mühe, dass es niemand ausreden kann.
Das Auge sieht sich nimmer satt, und das Ohr hört sich nimmer satt.

Was ist´s, das geschehen ist? Eben das hernach geschehn wird.
Was ist´s, das man getan hat? Eben das, was man hernach wieder tun
wird;
und geschieht nichts neues unter der Sonne.

Geschieht auch etwas, davon man sagen möchte: Siehe, das ist neu?
Es ist zuvor auch schon geschehen in den langen Zeiten, die vor uns
gewesen sind.

Man gedenkt nicht derer, die zuvor gewesen sind; also auch derer,
so hernach kommen, wird man nicht gedenken bei denen, die darnach sein
werden.

Ich, der Prediger, war König über Israel zu Jerusalem und richtete mein
Herz,
zu suchen und zu forschen weißlich alles, was man unter dem Himmel tut.

Solche unselige Mühe hat Gott den Menschenkindern gegeben, dass sie
sich darin müssen quälen. Ich sah an alles Tun, das unter der Sonne
geschieht; und siehe, es war alles eitel und haschen nach Wind. (...)

Und richtete auch mein Herz darauf, dass ich erkenne Weisheit und
erkenne Tollheit und Torheit. Ich ward aber gewahr, dass solches auch
haschen nach Wind ist.

Denn wo viel Weisheit ist, da ist viel Grämens; und wer viel lernt, der muss
viel leiden.
Ich sprach zu meinem Herzen: Wohlan, ich will wohl leben und gute Tage
haben!
Aber siehe, das war auch eitel. (...)

Ich tat grosse Dinge: ich baute Häuser, pflanzte Weinberge; (...) ich hatte Knechte und Mägde und auch Gesinde, (...) ich hatte eine größere Habe an Rindern und Schafen denn alle, die vor mir in Jerusalem gewesen waren;

ich sammelte mir auch Silber und Gold und von den Königen und Ländern einen Schatz (...) und nahm zu über alle die vor mir zu Jerusalem gewesen waren (...) und alles, was meine Augen wünschten, dass liess ich ihnen und wehrte meinem Herzen keine Freude, dass es fröhlich war von all meiner Arbeit; und das hielt ich für mein Teil von aller meiner Arbeit.

Da ich aber ansah alle meine Werke, die meine Hand getan hatte und die Mühe, die ich gehabt hatte, siehe, da war es alles eitel und haschen nach Wind und kein Gewinn unter der Sonne.

Da wandte ich mich zu sehen die Weisheit und die Tollheit (...). Da sah ich, dass die Weisheit die Tollheit übertraf wie das Licht die Finsternis; dass dem Weisen seine Augen im Haupt stehen, aber die Narren in der Finsternis gehen; und merkte doch, dass es einem geht wie dem anderen.

Da dachte ich in meinem Herzen: Weil es denn mir geht wie dem Narren, warum habe ich denn nach Weisheit getrachtet?

Da dachte ich in meinem Herzen, dass solches auch eitel sei. Denn man gedenkt des Weisen nicht immerdar, ebenso wenig wie des Narren, und die künftigen Tage vergessen alles; und wie der Narr stirbt, also auch der Weise.

Darum verdroß mich zu leben; denn es gefiel mir übel, was unter der Sonne geschieht, dass alles eitel ist und Haschen nach Wind.

Und mich verdroß alle meine Arbeit, die ich unter der Sonne hatte, dass ich dieselbe einem Menschen lassen müsste, der nach mir sein sollte.

Denn wer weiss, ob er weise oder toll sein wird? Und soll doch herrschen in aller meiner Arbeit, die ich weißlich getan habe unter der Sonne. Das ist auch eitel. (...)

Denn es muss ein Mensch, der seine Arbeit mit Weisheit, Vernunft und Geschicklichkeit getan hat, sie einem andern zum Erbteil lassen, der nicht daran gearbeitet hat. Das ist auch eitel und ein großes Unglück.

Denn was kriegt der Mensch von aller seiner Arbeit und Mühe seines Herzens, die er hat unter der Sonne?

Denn alle seine Lebtage hat er Schmerzen mit Grämen und Leid, dass auch sein Herz des Nachts nicht ruht. Das ist auch eitel. (...)

Ein jegliches hat seine Zeit, und alles Vornehmen unter dem Himmel hat seine Stunde.

Geboren werden und sterben, pflanzen und ausrotten, was gepflanzt ist, würgen und heilen, brechen und bauen, weinen und lachen, klagen und tanzen,

Steine zerstreuen und Steine sammeln, herzen und ferne sein von Herzen, suchen und verlieren, behalten und wegwerfen, zerreißen und zunähen,

schweigen und reden, lieben und hassen, Streit und Friede hat seine Zeit.

Man arbeite, wie man will, so hat man keinen Gewinn davon. Ich sah die Mühe, die Gott den Menschen gegeben hat, dass sie darin geplagt werden,...

denn der Mensch kann doch nicht treffen das Werk, das Gott tut, weder Anfang noch Ende (...) Was geschieht, das ist zuvor geschehen, und was geschehen wird, ist auch zuvor geschehen; und Gott sucht wieder auf, was vergangen ist. (...)

Ich sprach in meinem Herzen: Es geschieht wegen der Menschenkinder, auf dass Gott sie prüfe und sie sehen, dass sie an sich selbst sind wie das Vieh.

Denn es geht dem Menschen wie dem Vieh: wie dies stirbt, so stirbt er auch, und haben alle einerlei Odem, und der Mensch hat nichts mehr als das Vieh; denn es ist alles eitel.

Es fährt alles an einen Ort; es ist alles von Staub gemacht und wird wieder zu Staub. Wer weiss, ob der Odem der Menschen aufwärts fahre und der Odem des Viehs unterwärts unter die Erde fahre?

So sah ich denn, dass nichts besseres ist, als dass ein Mensch fröhlich sei in seiner Arbeit, denn das ist sein Teil. Denn wer will ihn dahin bringen, dass er sehe, was nach ihm geschehen wird? (...)

Ich sah an Arbeit und Geschicklichkeit in allen Sachen; da neidet einer den andern. Das ist auch eitel und haschen nach Wind. (...)

Ich wandte mich und sah die Eitelkeit unter der Sonne. Es ist ein einzelner (...) und hat weder Kind noch Bruder; doch ist seines Arbeitens kein Ende, und seine Augen werden Reichtums nicht satt.

Wem arbeite ich doch und breche meiner Seele ab? Das ist auch eitel und eine böse Mühe. (...) Wo viel Träume sind, da ist Eitelkeit und viel Worte; aber fürchte du Gott. (...)

Wer Geld liebt, wird des Geldes nimmer satt; und wer Reichtum liebt, wird keinen Nutzen davon haben. Das ist auch eitel. (...)

Denn der Reiche kommt um mit großem Jammer, (...) wie er nackt ist von seiner Mutter Leibe gekommen, so fährt er wieder hin, wie er gekommen ist,

und nimmt nichts mit sich von seiner Arbeit in seiner Hand, wenn er hinfährt.
Das ist ein böses Übel, dass er hinfährt, wie er gekommen ist.
Was hilft's ihm denn, dass er in den Wind gearbeitet hat? (...)

Einer, dem Gott Reichtum, Güter und Ehre gegeben hat und mangelt ihm keins, das sein Herz begehrt; und Gott gibt doch ihm nicht Macht, es zu genießen, sondern ein anderer verzehrt es; das ist eitel und ein böses Übel. (...)

Es ist besser, das gegenwärtige Gut gebrauchen, denn nach anderem gedenken.
Das ist auch Eitelkeit und haschen nach Wind. (...)

Das habe ich alles gesehen, und richtete mein Herz auf alle Werke, die unter der Sonne geschehn. Ein Mensch herrscht zuzeiten über den andern zu seinem Unglück.

Und da sah ich Gottlose, die begraben wurden und zur Ruhe kamen; aber es wandelten hinweg von heiliger Stätte und wurden vergessen in der Stadt die, so recht getan hatten. Das ist auch eitel. (...)

Es ist eine Eitelkeit, die auf Erden geschieht: es sind Gerechte,
denen geht es, als hätten sie Werke der Gottlosen - und sind Gottlose,
denen geht es, als hätten sie Werke der Gerechten. Ich sprach: Das ist
auch eitel. (...)

Frühe säe deinen Samen und lass deine Hand des Abends nicht ab; denn
du weißt nicht, ob dies oder das geraten wird; und ob beides geriete, so
wäre es desto besser.

Es ist das Licht süß, und den Augen lieblich, die Sonne zu sehen.
Wenn ein Mensch viele Jahre lebt, so sei er fröhlich in ihnen allen und
gedenke
der finstren Tage, dass ihrer viele sein werden, denn alles, was kommt, ist
eitel.

So freue Dich, Jüngling, in deiner Jugend und lass dein Herz guter Dinge
sein
in Deiner Jugend. Tue, was Dein Herz gelüstet und deinen Augen gefällt
(...)

Laß die Traurigkeit aus deinem Herzen und tue das Übel
von deinem Leibe; denn Kindheit und Jugend sind eitel.

Gedenke an deinen Schöpfer in deiner Jugend, ehe denn die bösen Tage
kommen
und die Jahre herzutreten, da du sagen wirst: sie gefallen mir nicht;

ehe denn die Sonne und das Licht, Mond und Sterne finster werden
und Wolken wieder kommen nach dem Regen; (...)

wenn man auch vor Höhen sich fürchtet und sich scheut auf dem Wege;
wenn der Mandelbaum blüht, und die Heuschrecke beladen wird,

und alle Lust vergeht (denn der Mensch fährt hin (...) und die Klageleute
gehen umher auf der Gasse) (...) Denn der Staub muss wieder zu der Erde
kommen, wie er gewesen ist. Und der Geist wieder zu Gott, der ihn
gegeben hat.

Es ist alles ganz eitel, sprach der Prediger, ganz eitel.

Laßt uns die Hauptsumme aller Lehre hören: Fürchte Gott und halte seine
Gebote; denn das gehört allen Menschen zu.

Denn Gott wird alle Werke vor Gericht bringen, alles, was verborgen ist, es
sei gut oder böse.

Die Lektüre dieses hier in Auszügen wiedergegebenen, erhabenen alttestamenta-rischen Textes verdeutlicht, wie folgerichtig Felix Mendelssohn Bartholdy denselben kurz vor seinem Tode rezitierte. Reflektiert sich doch dessen gesamter Lebenswandel oder das Spektrum seines Lebens bis hin zu der unmittelbaren seelischen Befindlichkeit der letzten Monate in hoher Affinität in diesen Versen. Die Lektüre lässt uns auch maßgeblich an der ethischen Persönlichkeit Mendelssohn teilhaben. Sie zeigt uns somit auch den tiefgläubigen Menschen, welcher sein ganzes Leben dem Predigerworte gemäß verbrachte.

Sich in maßgeblicher ethischer Selbstverpflichtung, bis hin zu Überlastung und Überarbeitung in seiner musikalischen und somit humanistischen Tätigkeit, dabei "fröhlich war in seiner Arbeit" und somit der Aussendinge, der "Eitelkeiten" wenig achtete.

Oh ja, Felix Mendelssohn Bartholdy hatte die Jahre der Jugend, stetigen musikalischen Wirkens zum Trotze, wahrlich genossen, sich "ihrer erfreut" und "liess sein Herz guter Dinge sein".

Ehe denn die "bösen Jahre kamen", welche ihm nach und nach die Mitglieder seiner Familie und andere geliebte Menschen vor der Zeit rauben sollten. "Eitel" erschienen am Ende seines Lebens die Jahre jugendlicher Freuden und jene erfolgreichen, musikerfüllten Mannestums.

Nichtig war ihm der Reichtum, den man ihm noch so häufig zum Vorwurf machen sollte. Mendelssohn achtete des Geldes, der irdischen Güter nicht und verwandte es stets zum Wohle der Familie, der ihm unterstellten Musiker, der Musik und anderen wohltätigen Zwecken. Konnte es doch vom Streben eines ethisch angeleiteten Herzens nach menschlicher Vollendung nicht für einen Augenblick freikaufen; es lediglich auf dem Wege der Vervollkommnung begleitend und unterstützend zur Geltung kommen.

Nichtig erschien ihm am Ende seines Lebens auch sein musikalisches Schaffen, sein unaufhörliches Bemühen um das Wohl des deutschen Musiklebens, mit welchem er einstmals glaubte, zur Verschönerung der Welt, zur Verbesserung der Lebensumstände auf ihr und in ihr beitragen zu können. Nichtig, "eitel", ein vergebliches "haschen nach Wind" erschien ihm nunmehr das Streben um Vervollkommnung der musikalischen Form und des musikalischen Ausdrucks, jenes Elementes also, das man später so oftmals in erklärter oder willfähriger Ächtung als "perfektionistische Glätte" seiner Musik verunglimpfen sollte. Hätte er ahnen können, dass Wagner und Nationalsozialisten, willfährige Musikwissenschaftler,

Enzyklopädisten, Rezensenten und Adepten jedweder Art es vermochten, die fatalistisch heraufbeschworene Nichtigkeit musikalischen Mendelssohnschen Strebens nahezu dauerhaft zu bewahrheiten?

32. Grenzen in der Bedeutung dieser Musik

Gerhard von Westerman, als Musikfunktionär und Autor in den Kultur- und Propagandabetrieb des "III. Reiches" seinerzeit fest eingebunden, legte im Jahre 1956 einen Konzertführer vor, welcher neben Hans Renners Standard-Veröffentlichung aus dem Hause Reclam bis in die 70ziger Jahre hinein Allgemeinverbindlichkeit unter Musikfreunden der „BRD" besaß. Von Westerman war in der NS-Zeit als Intendant der Berliner Philharmoniker tätig und gehörte im Jahre 1942 neben den Komponisten Werner Egk und Paul Höffer, sowie Egon Kornrauth einer Kommission an, welche im Auftrage des Propagandaministeriums über die publicityträchtige Verteilung finanzieller Zuwendungen an zahlreiche prominente und nachgeordnete Komponisten zu befinden hatte.

Er präsentiert in seinem Konzertführer Beschreibungen folgender Werke Mendelssohns: des "Violinkonzertes in E-moll" op. 64., des "Klavierkonzertes in G-moll" op. *26*, der "Italienischen" und "Schottischen Symphony", der Ouvertüren "Hebriden", "Meeresstille und Glückliche Fahrt", "Das Märchen von der schönen Melusine", und "Sommernachtstraum"; sowie der Oratorien "Paulus" und "Elias" .

Dies stellt zugleich einen Überblick der Werkfolge, auf welche sich Felix Mendelssohns umfangreiches Orchester- , Kammermusik und Vokalschaffen in Westdeutschland nach 1945 reduzierte, dar. Den Werkbetrachtungen gibt er einleitend Einschätzungen vorweg, welche alle bislang dargelegten Traditionen und Stereotypen der Mendelssohn-Rezeption innerhalb der Deutschen Musikwissenschaft der vergangenen 100 Jahre bruchlos fortschreiben. Daneben stehen unumgänglich vorzubringende Worten der Relativierung unhaltbarer Positionen des 19. Jahrhunderts sowie der Anklage von Nazi-Willkür.

151

Es werden Einschätzungen vorgelegt, welche im Anspruche abschließenden endgültigen Urteils die gültigen Invektiven der Mendelssohn-Verunglimpfung zusammenfassen:

"Sein Leben war ein einziger Siegeslauf. Die glänzende musikalische Begabung, die ihm (...) Erfolge über Erfolge eintrug, das Liebenswürdige seiner Persönlichkeit, das ihm aller Sympathien verschaffte, die finanzielle Unabhängigkeit durch den grossen Reichtum seines Vaters (...) - alle diese Glücksumstände wirkten zusammen (...). Gegenüber dem unsteten Stürmer und Dränger Schumann (...) wirkte der überaus frühreife

Mendelssohn ruhig und überlegen in der klassischen Formbeherrschung. (...) Man hat Mendelssohn daraufhin eine gewisse inhaltsleere Glätte vorgeworfen (...). Die Wiederbegegnung mit seinen Werken nach dem sinnlosen Verbot in der nationalsozialistischen Zeit zeigte dann deutlich die Grenzen in der Bedeutung dieser Musik. (...) Seine Melodien vermögen ebenso zu rühren wie zu bezaubern, seine Musik vermittelt Freude und Entzücken, zu ergreifen oder gar zu erschüttern vermag sie allerdings in den seltensten Fällen. In der kleinen Form, etwa in den reizenden Liedern ohne Worte oder im virtuosen Stil (...) konnte Mendelssohn sein Bestes geben."

33. Sein Platz nach Beethoven und Brahms ist ehrenvoll genug

Im Jahre 1965 erschien das "Musiklexikon" der "Deutschen Buchgemeinschaft" als Nachdruck eines vormals veröffentlichten Lexikons aus dem Hause Ullstein. Herausgeber war Friedrich Herzfeld.

Das Ullstein/ „DBG"-Musiklexikon wurde, enzyklopädischen Gepflogenheiten gemäß, von einem wissenschaftlichen Autorenteam erarbeitet, die Beiträge selbst verbleiben - im Gegensatz zu Kompendien, welche den Artikeln zumindest ein Sigle zugestehen - vollends in der Anonymität.

Erneut ist der Felix Mendelssohn Eintrag eines Lexikons insgesamt von Geringschätzung des Sujets Mendelssohn geprägt. Er irritiert des weitern durch die merkwürdige Gepflogenheit, biographische Fakten weniger zu präzisieren, sondern lediglich lakonisch anzudeuten, als ob es der genaueren Darlegung nicht wert wäre.

"F. M. trug seinen Vornamen Felix zu Recht, denn das Leben zeigte sich ihm von seiner lichten Seite. Der Reichtum des Elternhauses erlaubte vielseitige Ausbildung. Mendelssohn-Bartholdy wurde mit seiner Schwester Fanny im Klavierspiel unterrichtet. (...)

1826, also mit 17 J.; komponierte M. die Ouvertüre zu Shakespeares "Sommernachtstraum". Keines seiner späteren Werke konnte dieses geniale Stück übertreffen. (...)

In solchen kleinen KlStücken (Klavierstücken, Anm. d. Verf.) zeigte sich M. von der besten Seite. Als Zeugnisse seiner sensitiven Romantik entzücken sie durch schmachtende Melodik und Formglätte. M.s Lieder ohne Worte waren daher für das Bürgertum des 19. Jh. ideale HausMs. Gerade deshalb haben sie heute an Geltung verloren. (...)

Eine Berufung als MusTheoretiker an die Berliner Univers. lehnte M. ab. Seiner Bewerbung als Dirigent der Singakademie wurde nicht entsprochen. Daher trennte sich M. von Berlin. (...)

152

M. offenbarte hier den Grundzug seines Tonschaffens: romantischen Ausdruck mit klass. Form zu verbinden. Aus der Beschäftigung mit Bach erwuchsen für M. freilich auch Gefahren, denn sein Kontrapunkt geriet nur äußerl. In größeren W. blieb ein Zwiespalt zwischen Form und Inhalt (...)

Die OrgelW. verblaßten schnell. (...)

Nach der "Sommernachtstraum-Ouvertüre" war M. nie wieder so glücklich in der them. Erfindung wie bei seinem VlKonz.e moll opus 64. Sein Platz nach Beethoven und Brahms ist ehrenvoll genug. Ein halbes J. nach dem Tod der geliebten Schwester starb M. ohne ersichtliche Krankheit."

34. "Diese Musik wurde ermordet" I

"Das Problem Mendelssohn" war demzufolge ein im Jahre 1972 von der musikwissen-schaftlichen Autorität Carl Dahlhaus in Berlin veranstaltetes Symposium betitelt, das sich, dem dramatischen Titel zuwiderlaufend, nüchterner Analyse dramaturgischer und kompositionstechnischer Fragen von Mendelssohns Musik widmete. Das wahre Problem Mendelssohn fasst Heinrich Eduard Jacob in seinem engagierten Mendelssohn-Portrait "Felix Mendelssohn und seine Zeit" von 1958 denn auch symbolträchtig zusammen:

"Musik, wie sich erwiesen hat, ist durchaus nichts unsterbliches. Aber wie jedes Zeitalter, dessen innerster Ausdruck sie ist, hat sie Anspruch auf einen natürlichen Tod. Die Musik Felix Mendelssohns ist keines natürlichen Todes gestorben. Sie wurde ermordet."

Musikwissenschaftler in der sozialistischen Deutschen Demokratischen Republik und den USA bemühten sich ab Ende der 50ziger Jahre entschiedener um Relativierung und grundlegende Neudefinierung eines vergangenheits- und gegenwartgerechten Mendelssohn-Bildes. Die 2. Ausgabe der Zeitschrift "Musik und Gesellschaft" (DDR 1959) bezog sich in grossen Teilen auf den Anlass der Wiederkehr des 175. Geburtstages des Komponisten.

Der Musikhistoriker Karl-Heinz Köhler, damals Leiter der Musikabteilung der "Deutschen Staatsbibliothek Berlin" (Ost), legte darin erstmals einen Überblick der Jugendwerke vor, welche auch die handschriftlich überlieferten, in der bisherigen Gesamtausgabe ausgeklammerten Werke einbezog. Der Beitrag ging mit den Vorbereitungen der "Leipziger Ausgabe der Werke F. M. B." einher, welche in den ersten Bänden ausschließlich unveröffentlichte Werke vorlegte und Mendelssohn somit in den Rang anderer grosser Musiker erhob, die zeitgleich fundamentale, philologisch exakte Gesamtausgaben erfuhren.

In einem anderen Beitrag setzte sich Georg Knepler eine auf Prämissen musikhistorischer Objektivität gründende Gesamtwürdigung des Lebens und Werkes Mendelssohns zum Ziel, die auch das weit reichende Feld der Analyse von Spezialfragen bezüglich Mendelssohns Wirken ansprach. Mit dem Essay unternahm Knepler die Vorveröffentlichung von Passagen seiner umfassenden Musikgeschichte des 19. Jahrhunderts aus dem Jahre 1961, welche die dringlich gebotene Auflösung einheitlich verstandener Betrachtung von musikalischer Werk- und Rezeptionsästhetik des späten 19. Jahrhunderts vornahm, die Riemanns Enzyklopädie so nachhaltig prägte.

In den USA wirkten beispielsweise Eric Werner und Donald Mintz im Sinne einer objektiven Neusicht auf das Oeuvre Mendelssohns. Neben zahlreichen Essays, welche sich mit Spezialfragen des Sujets befaßten, legte Werner im Jahre 1963 eine Biographie des Komponisten vor, die Erkenntnisse aus bislang unveröffentlichtem Briefmaterial bezog und mittlerweile als Standardwerk eingeschätzt wird.

In der bereits herangeführten Betrachtung Ulrich Schreibers von der "Unbequemheit eines romantischen Klassizisten" nimmt der westdeutsche Autor auch eine Bestandsaufnahme vom Tageswert Mendelssohnscher Musik in den 70zigerJahren vor. Dabei kommt in behutsam allegorischer Verklausulierung auch die massive Präsenz ehedem nationalsozialistisch geprägter Funktionäre in allen Bereichen bundesdeutschen Musiklebens zur Sprache.

"Sicherlich wäre es unsinnig, vom Deutschen Musikbetrieb eine Wiedergutmachung an einem lange diffamierten Komponisten zu verlangen; denn dieser Musikbetrieb ist selbst derart hoffnungslos stigmatisiert, dass von ihm keine Klärung seiner Zukunft über eine Bewältigung der Vergangenheit zu erhoffen ist.
    Denn eines steht fest: bis auf eine oder 2 Ouvertüren, bis auf eine oder 2 Symphonien, bis auf das Violinkonzert schliesslich ist Mendelssohn heute tot. Seine Chormusik, seine Streichquartette, seine Lieder ohne Worte, das alles ist vergessen, weil niemand sich Gedanken darüber macht, dass in der Musik dieses klassischen Romantikers geradezu paradigmatisch das zum Ausdruck kommt, was heute noch unser Musikleben...ausmacht: eben die kanonischer Verbindung von Klassik und Romantik."

35. Das erreichbare Höchstmaß an Glätte und Ausgeglichenheit...

Im Nachbarstaat Österreich wiederum ist die Tradition der Mendelssohn-Pflege unter umgekehrtem Vorzeichen, also einschlägigen ästhetischen Vorbehalten gegen seine Musik auch in neuerer Zeit zumindest partiell nachweisbar. Der Verlag „Jugend und Volk" (!) Wien beschied den im Verlagsnamen genannten Zielgruppen im Jahre 1970 im „Symphoniekonzert – ein Stilführer durch das Konzertrepertoire", daß: „die Vollkommene Beherrschung der kontrapunktischen Technik und sein spezieller Sinn für das Verbindliche (...) ihn (Mendelssohn) zu einem symphonischen Stil (führten), der das erreichbare Höchstmaß an Glätte und Ausgeglichenheit erzielte"

In der Betrachtung der 4. Symphony – die "Italienische" interpretiert der Autor Rudolf Klein des Weiteren den Werkcharakter ausschließlich aus schriftlich niedergelegten Impressionen heraus, welche das Land Italien beim Komponisten hinterließ.

Klein behauptet, daß „für ihren (der 4. Symphony) Charakter (...) bezeichnend (ist), was der Komponist über seine Empfindungen in Italien schrieb: „Ich habe mir den ganzen ersten Eindruck von Italien wie einen Knalleffekt, schlagend, hinreißend gedacht; - so ist es mir bis jetzt nicht erschienen, aber von einer Wärme, Milde, Heiterkeit, von einem über alles sich ausbreitenden Behagen und Frohsinn, daß es unbeschreiblich ist."

Behagen und Frohsinn sprechen auch aus dem Werk, daß direktere Beziehungen zu seinem Titel nur durch den letzten Satz schafft, einem Saltarello, in dessen Rhythmik und Melodik die Tarantella des Italieners eingefangen scheint."

Da diese, ohne jeden Hinweis auf Quelle und Datum herangeführte Konstatierung impliziten Klischees bezüglich „Wärme, Milde und Heiterkeit" aus dem Munde des Komponisten selbst in keinem erkennbaren Zusammenhang zur Komposition steht, erscheint die Vorgehensweise Kleins, eine Werkinterpretation nicht aus der Analyse konkret vorgelegter Musik, sondern aus autonomen biographischen Subjektivismen herzuleiten, als fragwürdig und tendenziell.

Übereinstimmung oder Abweichung der Mendelssohn-Rezeption Österreichs bis zum „Anschluss" im Jahre 1938 und nach dem Ende des nationalsozialistischen Regimes; des Weiteren die Mendelssohn (und Meyerbeer)-Rezeption in der deutschsprachigen Schweiz vollständig nachzuvollziehen, dies Thema wäre wiederum einer eigenständigen Untersuchung wert.

36. Philosophische Musici: vom Gewandhausdirecteur Moses Mendelssohn

Der Komponist und Musikpublizist Walter Abendrot war in den Jahren des III. Reiches aus einem Freundeskreis um den in nationalistisch-antisemitischer Zwiespältigkeit befangenen Komponisten Hans Pfitzner heraus als Agitator gegen "jüdische Musikzersetzung" und neue Musik tätig. Er verkündete nach 1945 u. a. als Feuilletonchef der renommierten Wochenzeitung "Die Zeit", Gründungsmitglied der "Freien Akademie" in Hamburg und Autor weiterhin Lehrmeinungen latent antisemitischen Charakters.

In einer Ende der sechziger Jahre erschienenen "Kurzen Geschichte der Musik" zeichnet er so mit ausgesucht freundlichen, diffamierenden Worten das Portrait eines charmanten, oberflächlichen jüdischen Dandys:
"Ein anderes Berliner Bankhaus bescherte der deutschen Musikromantik ihren urbansten Vertreter: den liebenswürdigen, eleganten, formgewandten und lebenstüchtigen, heiter-gebildeten und jünglinghaft-verschwärmten Felix Mendelssohn-Bartholdy."

Wenige Zeilen später verläßt er die Ebene wohlwollenden Kulturplauderns zugunsten deutlicher Worte:
"Es unterliegt keinem Zweifel, das (...) das Violinkonzert die Geiger immer anziehen wird, von den Klavierkompositionen die Lieder ohne Worte beste Hausmusik sind, auch in gewissen dünnblütigen Nummern, die dann wieder durch ihre spielerische Leichtigkeit entschädigen. Die beiden Oratorien Paulus und Elias haben uns nicht mehr allzu viel zu sagen, desgleichen die meiste Kammermusik, die Psalmen, Motetten, Lieder und jene Art von Männer- und gemischten Chören, an denen sich biergemütliche Gesangsvereine jahrzehntelang nicht ersättigen konnten."

Die "Kurze Geschichte der Musik" Walter Abendroths wurde im Jahre 1978 als Taschenbuch neu verlegt. Sie war bis in unsere Tage hinein in der 4. Taschenbuchauflage von 1994 (DTV/Bärenreiter) über jede Buchhandlung problemlos zu beziehen; und wirbt mit "dem Vergnügen einer fast plaudernd vorgetragenen Belehrung" für " oberflächlich Interessierte".

Somit stellten diese nur 147 Seiten umfassende Musikgeschichte auch hinsichtlich ihres attraktiven Taschenbuch-Preises sicherlich die ideale Erstlektüre für junge Musikliebhaber dar, der Fortbestand der Auffassung Mendelssohns als eines überschätzten Kleinmeisters war somit partiell gewährleistet. Der aktuelle Internetbuchhandel hält das Buch indes in hohem Maße antiquarisch verfügbar.

Auch Walter Abendroth liess sich in jenen unseligen Jahren der Hitler-Diktatur u. a. über die Frage "Musik und Rasse" aus, herausgegeben in "Deutsches Volkstum" von 1937. Ein weiteres Traktat liegt in "Opernideale der Rassen und Völker" aus "Die Musik" vom März des Jahres 1936 vor.

Musikführer aus dem Traditionshause Reclam transportierten die das Oeuvre Mendelssohns entwertenden Stereotypen bis in die neunziger Jahre hinein. Sie halten, der Überarbeitung jüngster Zeit zum Trotz, Beurteilungen vom „Sinn für ästhetisch „schöne" Wirkung", vom "Stil (...) der klassisches Ebenmaß der Form mit romantischer Empfindsamkeit wohltuend verbindet" als "Stil des geringsten Widerstands", wie Hans Renner im dem in den 60ziger Jahren erschienen Orchestermusikführer aus dem Reclam-Verlag schreibt; also geläufige Entwertungen von Mendelssohns Schaffen, dem erwähnten Konzertführer von Westermans gleich, über Bibliotheken weiterhin aufrecht.

Der Musikpublizist Hans Renner, Autor einer umfangreichen Musikgeschichte, welche u. a. in den 90ziger Jahren über Buchgemeinschaften vertrieben wurde, war im III. Reich im Rahmen der Organisation "Deutsche Arbeitsfront" (DAF) tätig.

So gehörte er im Jahre 1934 einem Gremium der DAF an, welches einen Musikpreis für Kompositionen zu vergeben hatte, die den Ethos Deutscher Arbeit verherrlichten. Der Preis von 500 RM erging an "Weckruf und Lob der Arbeit" von Karl Gerstenberg.

In seiner Geschichte der Musik", erstmals erschienen im Jahre 1965 und im Jahre 1991 unverändert vom Bertelsmann-Buchclubverlag nachgedruckt, prägt Renner das Bild eines Kleinmeisters der Biedermeier-Zeit, welcher seine eng bemessenen Grenzen klar erkannt und somit lediglich als "schönster Zwischenfall der deutschen Musik" zu gelten habe. Die tendenzielle, von Antisemitismus und NS-Zeit beeinflußte Sichtweise auf Person und Werk Felix Mendelssohns in der Publizistik Hans Renners, belegt sich allein schon durch die wahrheitswidrige Schreibweise des unverbundenen Doppelnamens als Mendelssohn-Bartholdy. Renner verkennt dabei eklatant die tiefe Verwurzelung von Mendelssohns unaffektiertem Komponieren in rein humanistischen, ethisch empfundenen Idealen und sperrt ihn vielmehr in den engen Käfig der genannten Grenzen einer hypersensiblen Unfähigkeit zu dramatischem Ausdruck. Obgleich Renner selbst von einer Mendelssohn-Schule spricht, aus welcher Komponisten wie Hiller, Volkmann, Kiel, Reinecke und Draeseke hervorgegangen sind, neigt er doch zum Widersprüchlichen. Ohne auf das Leipziger Konservatorium und dessen Mendelssohn-Pflege in der Nachfolge des Komponisten oder die Affinität Mendelssohns zu Schumanns und Brahms Schaffen, zu jenem Bruchs und Regers einzugehen, spricht Renner dem "schönsten Zwischenfall der Musik" Mendelssohn des Weiteren jedwede Stilprägung und musikalische Gefolgschaft rundweg ab.

Renner schreibt also:
„Felix Mendelssohn-Bartholdy, Romantiker mit biedermeierlichem Einschlag, war nach der Ansicht seines Freundes Schumann "der hellste Musiker, der die Widersprüche der Zeit am klarsten durchschaute und zuerst versöhnte." (...) Alles Extreme, übersteigert emotionale war ihm zuwider. Die ungestümen Kraftausdrücke in Beethovens "IX. Sinfonie" erschreckten ihn ebenso wie das Zerrissene, Dunkle, Exzessive in manchen Werken Schumanns. Mit heiterer Selbstironie meinte er einmal, er sei ein Philister gegenüber Berlioz, denn nicht das Grenzenlose, vielmehr das Umgrenzte, Einfache, Klare entspreche seiner Natur. Er kannte seine Grenzen genau und er hielt sich in ihnen, das war seine Stärke. (...)

Mendelssohn blieb "der schöne Zwischenfall der deutschen Musik" (...) Zu einem Ausgleich der in ihr wirkenden Gegenkräfte kam es nicht. Jeder der "Grossen" ging seinen eigenen Weg, um jeden bildete sich eine Schule von Mit und Nachläufern, keiner vermochte wiederherzustellen, was verloren war: die Einheit der Anschauungen, der Gesinnung, des Stils."

Noch in den achtziger und neunziger Jahren des vergangenen Jahrhunderts reflektieren über jeden Verdacht erhabene Kultur- und Medienbetriebe Geringschätzung und Desinteresse des musikalischen Tagesgeschehens an Musik, Person und Rezeptionsgeschichte Felix Mendelssohns. Lassen die Musikredakteure – geschult an den im Verlaufe dieser Abhandlung genannten Enzyklopädien und Handbüchern des zwanzigsten Jahrhunderts – wiederum die stetig repetierten stereotypen Wendungen anklingen.

So geschehen in einem im Jahre 1984 anläßlich des 175. Geburtstages Mendelssohns am 4. Februar in der liberalen "Frankfurter Rundschau" veröffentlichten Gedenk-beitrags, welcher vom "Musterschülerhaften der Formprägung" Mendelssohnscher Kompositionen der "Sonatenform als Maske", den "Gewächshausblumen der Klavierstücke", der "nazarenisch gelleckten Verzückung der Oratorien" spricht. Ja, der Artikel nimmt gar -

zitiert nach Wulf Konold " - mit seiner Kritik an Mendelssohns schnellen Sätzen, seinem Hinweis auf "nervöse Ratlosigkeit" und "verdrängte Lebensunruhe" unbewußt unmittelbaren Bezug auf den rassisch begründeten Aspekt der "semitischen", der „prickelnden Unruhe" in dem Juden-Aufsatz Wagners aus dem Jahre 1850.

Im gleichen Jahre ging Gustav Stresemann - langjähriger Intendant der Berliner Philharmoniker zu Furtwänglers und von Karajans Zeiten - daran, seine "Lanze für Felix Mendelssohn" zu brechen.

Aber gleich zu Beginn seines durchaus engagiert erarbeiteten, etwa 250 Seiten umfassenden Mendelssohn-Portraits, wird der Leser mit widersprüchlichen Fragen und Betrachtungen verwirrt.

So heisst es zu Anfang durchaus zutreffend:
„Muß man sie brechen? Rennt man nicht offene Türen ein? Leider nicht. So seltsam es klingt, auch heute begegnet man manchen Mißverständnissen gegenüber einem Komponisten (...), der sich schwer einordnen lässt, im Vergleich mit den berühmtesten seiner Zeitgenossen den kürzeren zu ziehen scheint und mit vielen seiner bedeutendsten Werke nahezu ein Schattendasein führt."

Wenige Zeilen später verstört Stresemann mit einer Missinterpretation, einer markanten Negation der bislang dargelegten antisemitischen und musikgeschichtlichen Vorfälle und Traditionen der Mendelssohn-Rezeption. Als unmittelbarem Zeitzeugen der NS-Diktatur und deren Eliminierung von Mendelssohn-Musik hätten ihm, auch als führendem Vertreter des deutschen Musiklebens jener Zeit, vor allem die Auswirkungen und Folgen des unmittelbaren Verbotes der NS-Zeit auf die Mendelssohn-Rezeption nach dem Kriege wie auch jene der Fortschreibung braunen Gedankengutes oder jener von Riemann u. a. autorisierten entwertenden Klischees von Glätte, Kälte o. ä. im akademischen und musikpublizistischen Bereich nach 1945 zwingend bewusst sein können und müssen:

"Aber schon bald begann sein Stern zu verblassen, die ihm zu Lebzeiten zuteil gewordene Wertschätzung zu sinken. Es wäre durchaus verfehlt, hierfür Richard Wagners spätere Attacken oder Hitler mit seinem Verbot so genannter nichtarischer Musik besonders verantwortlich zu machen. Denn auch nach deren Tode ist es zu einer wahren Mendelssohn-Renaissance nicht gekommen. Aus Felix, dem Glückskind, wurde im Laufe der Jahrzehnte ein "Stiefkind", und diese Entwicklung hat sich bis in unsere Tage fortgesetzt."

Im Abschluss des Vorwortes zu seinem Mendelssohn-Portrait stellt Stresemann den Gegenstand desselben, also Leben und Werk des Komponisten, in hohem Masse in Frage, reflektiert die bekannten Stereotypen Mendelssohnscher Entwertung. Die Lanze, vorgeblich für Mendelssohn eingelegt, muss somit von Anbeginn an stumpf bleiben.

"Niemand bestreitet zwar die Bedeutung der Musik zum Sommernachtstraum oder des nur selten zu hörenden "Oktetts", Werke, die Felix mit 17 oder 18 Jahren schrieb; auch das Violinkonzert, sowie 2 seiner Symphonien finden allgemein Zustimmung. Aber Mendelssohns Gesamterscheinung bleibt umstritten. Dies gilt für einen erheblichen Teil seiner Kompositionen, die oft als glatt, oberflächlich, zu gefällig bezeichnet werden, wie auch für sein Leben, einmal der strahlenden, vom Glück überreich gesegneten Jugend, die Leid nicht kannte, daher unfähig, tiefere Werke zu erzeugen, dann von den späteren, nicht selten ruhelosen Jahren mit ihrer vielgleisigen Betriebsamkeit, Folge fast zu mannigfacher Gaben oder vielleicht auch des Wunsches, sie zur Schau zu stellen".

Im Jahre 1983 gab Joseph Wulf seine dankenswert umfassend erstellte Sammlung aufschlußreicher Dokumente aus dem "Kultur"-Betrieb des "III. Reiches heraus. Im Vorwort des Bandes "Musik im III. Reich" - es diente auch als Grundlage zahlreicher hier wiedergegebener Traktate des akademischen und musikalischen Nationalsozialismus - faßte Wulf Ursprung und Entwicklung des musikalischen Chauvinismus, also auch die Geschichte Mendelssohnscher Entwertung, in wenigen Zeilen hellsichtig zusammen:

„Mit seinen Ideen und vielen Schriften legte Richard Wagner den Grundstein für eine verhängnisvolle Richtung in der deutschen Musikwelt, die in ihrer Entwicklung fortlaufend bereichert, ergänzt und endlich vervollkommnet wurde. Um diesen Wachstumsprozeß in seiner ganzen Eindeutigkeit unmissverständlich zu erkennen, braucht man nur den Wagner des 19. und den Hans Pfitzner des 20. Jahrhunderts zu lesen. Wenn gewisse Wissenschaftler des Dritten Reichs Schiller als ersten Nationalsozialisten bezeichnen, so kann man darüber wirklich nur lächeln. Falls sich jedoch diese Behauptung auf Wagner bezieht, besteht eine gewisse Berechtigung".

Dem Buch "Musik im III. Reich" ist denn auch wahrhaft symbolträchtig jene Metapher Thomas Manns aus dem Jahre 1911 vorangestellt:

"Die Deutschen sollte man vor die Entscheidung stellen: Goethe oder Wagner. Beides zusammen geht nicht. Aber ich fürchte, sie würden Wagner sagen".

Im Jahre 1988 legte der russische Dirigent Semyon Bychkov auf dem Philips-Label eine Schallplattenaufnahme der 3. und 4. Symphony Mendelssohns, der "Schottischen" und "Italienischen" vor, welche er im Jahre 1986 mit dem London Philharmonic Orchestra realisiert hatte. In einer Rezension reflektiert Werner Bollert in der Musikzeitschrift "Fono Forum" vom Februar des Jahres 1988 in abfälligem Tonfall anschaulich die Tatsache, dass man Mendelssohns Hauptwerke keinesfalls als festen Bestandteil des Kernrepertoires auf den Konzertpodien der Welt ansah und anzusehen habe. Bestätigt er die durch eine unsäglich hürdenreich, ja katastrophal verlaufene Rezeptionsgeschichte geprägte Aussenseiterposition, die Mendelssohn im Konzertrepertoire immer noch einnimmt.

Anschließend stellt Bollert gar den musikalischen Wert der "Schottischen", sicher eines der hochrangigen Mendelssohnschen Meisterwerke, pauschal in Frage und stellt sich dabei in den Gegensatz zum Dirigenten, welcher sich - Bollerts Worten zufolge - den beiden Werken mit grosser Aufmerksamkeit und Hingabe widmete.

"Selbstverständlich war und ist er (Bychkov) bestrebt, sein Repertoire zu erweitern und die grossen Meister der Sinfonik in seine Programme miteinzubeziehen (...) Dem Medium Schallplatte hat er sich ebenfalls nicht verschlossen; hier begann er bezeichnenderweise mit der fünften Sinfonie von Schostakowitsch, der er Tschaikowskys "Nußknacker" folgen liess. Die dritte Produktion (...) galt diesen beiden Schöpfungen Felix Mendelssohns. Ob Bychkov aber damit schon zum "harten Kern" der klassisch-romantischen Sinfonik vorzustoßen vermochte (wie es die Plattenwerbung formuliert), sei dahingestellt.
Gerade an diese Aufnahme hat Bychkov offenbar viel Mühe gewandt; doch das klingende Ergebnis ist nicht sehr zwingend ausgefallen. Bei der "Schottischen" liegt das Problem zweifelsohne im Werk selbst, in der Konzeption der Ecksätze (beispielsweise will es nur selten gelingen, die A-Dur-Krönung des Finales, Allegro maestoso assai, wirklich plausibel darzustellen)."

Eine im Jahre 1989 vom westdeutschen Fernsehen produzierte Dokumentation der Geschichte des Leipziger Gewandhauses und seines Orchesters erwähnt mehrfach den Komponisten „Moses Mendelssohn Bartholdy" bzw. „Moses Mendelssohn", welcher seinerzeit dort als Dirigent tätig war.

Im Jahre 1991 promovierte Hartmut Wecker mit einer Studie über den "Epigone(n) Ignaz Brüll". Nicht allein, daß Wecker darin eine Verharmlosung von Wagners Judenschrift in der Thesenstellung und Folgewirkung vornimmt. Er behauptet darin, dass jene Schrift "mit Recht "Das Epigonentum in der Musik" lauten" müsse; ein "Faktum"...(welches)...bislang unbeachtet geblieben" sei. Bedenklicher als dies stimmt noch das abschließende Urteil, welches Welcker über die jener Studie zugrunde liegende Persönlichkeit Ignaz Brüll fällt: Brüll sei ein Epigone gewesen, "weil er Jude war."

37. Dass Mendelssohn Grenzen hat, sei unbestritten

Im Jahre 1997 verweist Gerhard R. Koch im umfangreichen Gedenkartikel der „Frankfurter Allgemeinen Zeitung" anlässlich des 150. Todestages Mendelssohns am 4. November dezidiert auf „Grenzen", welche der Musik Mendelssohns „unbestritten" gezogen seien. Koch paraphrasiert mit dem Satz "Dass Mendelssohn Grenzen hat, sei unbestritten." unmittelbar eine zentrale Sentenz aus von Westermans maßgeblichen Darlegungen aus dem Jahre 1956.
Dieser Gedenkbeitrag „Weltgeist, auf Flügeln des Gesanges" Gerhard R. Kochs ist einmal mehr einer spezifischen Dramaturgie musikgeschichtlicher Analyse unterworfen, welche sich exklusiv in der Darstellung des musikalischen Phänomens Mendelssohn findet und aus etlichen, vermeintlich objektiv vorgenommene Betrachtungen hervorgeht.

Nicht allein die Nachwirkungen fataler musikpublizistischer und – wissenschaftlicher Überlieferungen; auch die suggestive, faszinierende Negativ-Aura, welche die Rezeptionsgeschichte um das Phänomen Mendelssohn zu errichten verstand, fanden in dieser Dramaturgie der Negation ihren Ausdruck. Auch die Dominanz spätromantisch-subjektiven Musizierens das Ideal heroisch-monumentalen Tonfalls, welche das Musikleben in Deutschland bis in die 60ziger Jahre hinein prägte, mag in diesem und in anderen Fällen unwillkürlich ihren Ausdruck gefunden haben. Das Muster ist wie folgt: Umsichtig, sachkundig, „objektiv", ausführlich werden die spezifischen hohen Qualitäten des Idioms Mendelssohnscher Musik gewürdigt; desgleichen Ungerechtigkeit, ja Absurdität ideologisch besetzter Urteile und Stereotypen hervorgehoben. Doch im wenigen bedeutsam formulierten Worten oder Zeilen wird dann zumeist aber eine pauschale Zurücksetzung des gesamten Sujets

Mendelssohn vorgenommen. Lassen Autoren wie Koch das im Verlaufe eines äusserst umfangreichen Beitrags bedachtsam errichtete Gebäude "objektiver" Würdigung der belasteten Mendelssohn-Rezeption mit einem Satz wieder in sich zusammenfallen. In den Grundzügen geht es wiederum auf das rhetorische und dramaturgische Vorbild zurück, welches Wagner einstmals prototypisch vorgab.

Wir erinnern uns: Mendelssohn "hat uns gezeigt, daß ein Jude von reichster spezifischer Talentfülle sein, die feinste mannigfachste Bildung, das gesteigertste... Ehrgefühl besitzen kann, ohne es...je ermöglichen zu können, auch nur ein einziges Mal die tiefe, Herz und Seele ergreifende Wirkung auf uns hervorzubringen, welche wir...der Kunst...fähig wissen, weil wir diese Wirkung zahllos oft empfunden haben, sobald ein Heros unserer Kunst sozusagen nur den Mund auftat".

Phänomene werden am Vorfall Mendelssohn in kritischer Distanziertheit konstatiert, welche im Falle anderer bedeutsamer Komponisten kaum einer Silbe gewürdigt würden.

„Grenzen, welche der Bedeutung dieser Musik unbestritten" gesetzt sind: Diese ließen sich wohl mit Leichtigkeit hinsichtlich der Musiksprache jedes Komponisten spezifisch definieren. Doch nur in diesem speziellen Fall legen Publizisten wie Riemann, Keller, Chop, Moser, von Westerman, Schweickart und Koch den eigentümlichen Sonderfleiss zu Tage, "Grenzen" in der Tonsprache eines bestimmten Komponisten, nämlich Felix Mendelssohn zu eruieren.

38. Wie ist eine derartige Geringschätzung im Umgang mit einem doch bedeutenden Komponisten überhaupt möglich?

Die Dramaturgie der Münchner Philharmoniker konstatiert in den Ankündigungen eines Konzertes in der Saison 2001/02, welches Mendelssohns bedeutendes Chorwerk "Elias" vorstellte, leichtfertig, das „die alttestamentarischen und damit jüdischen Traditionen der Bibellektüre Felix Mendelssohn Bartholdy sozusagen „im Blut" lagen." Dabei unterstellt sie in unsäglicher Entlehnung fataler NS-Terminologien, dass Mendelssohn als Jude quasi einem semitisch-biologischen Rasseprinzip unterworfen gewesen sei.

Im Jahre 2003 legte der Chamber Choir of Europe unter der Leitung des Dirigenten Nicol Matt bei Brillant Classics in dankenswerter Initiative eine Gesamtaufnahme des gesamten geistlichen Chorwerkes Felix Mendelssohns vor.

Zu Beginn seines engagiert erarbeiteten Mendelssohn-Artikels im Begleitbuch fasst Christian Wildhagen die fatale Entwicklung der Mendelssohn-Entwertung noch einmal prägnant zusammen und konstatiert demzufolge Mendelssohns fatale aktuelle Positionierung im Musikleben als eines Komponisten quasi lediglich in der zweiten oder gar erst dritten Reihe.

"Wenigen Komponisten hat die Nachwelt derart übel mitgespielt wie Felix Mendelssohn Bartholdy. (...) Obwohl er noch zu Lebzeiten als überragender Vertreter der deutschen Musik im frühen 19. Jahrhundert geehrt wurde, spielt sein Schaffen heute im Ganzen nur mehr eine untergeordnete Rolle. Wären nicht Geniestreiche wie die Ouvertüre zu Shakespeares "Sommernachtstraum", die "Italienische" Symphonie oder das Violinkonzert - man würde Mendelssohn wohl umgehend, Carl Loewe oder Heinrich Marschner vergleichbar, zu den Komponisten der zweiten und dritten Reihe schlagen.
Schon seine einst viel gesungenen Lieder, aber auch die Klaviermusik und die ehedem als stilbildend geschätzten Streichquartette sind überwiegend an den Rand des Repertoires gerückt, und man kann nicht umhin, diese Auslese als arg beschränkt zu empfinden - namentlich im Vergleich mit Zeitgenossen wie Schumann oder Chopin, deren Werk in weit reichhaltigeren Ausschnitten rezipiert wird. Noch ärger ist freilich ein Bereich betroffen, der zweifelsohne zu den Schwerpunkten in Mendelssohns Oeuvre zählt: die Chormusik. Hier hat sich die posthume Auswahl nahezu ausschließlich auf die beiden grossen Oratorien "Paulus" und "Elias" und einige wenige Einzelstücke verengt.

Die Gründe für diese Entwicklung sind vielfältig. Dass Mendelssohn heute kaum mehr die Wertschätzung erfährt, die seiner herausgehobenen Stellung im europäischen Kultur- und Geistesleben um 1840 entspräche, mag zum einen, wie oft behauptet, noch immer der Verfemung seiner Person und der Ächtung seines Werks durch den Nationalsozialismus geschuldet sein. Von dem totalen Aufführungsverbot während der Zeit des "Dritten Reiches" hat sich sein Schaffen tatsächlich nie recht erholt; entsprechend ist auch die Wahrnehmung seiner Biographie nach wie vor nicht frei von Denkmustern, die sich mitunter gefährlich im Fahrwasser antisemitischer Rezeptionsmuster bewegen. Richard Wagners fatales Pamphlet über "Das Judentum in der Musik" hat hier schon 1850 die Stossrichtung vorgegeben, und so scheint es, als habe sich der Nationalsozialismus lediglich auf perfide Weise zu Nutze gemacht, was an mehr oder minder künstlerisch motivierten Einwänden von jeher gegen Mendelssohn vorgebracht worden ist. (...)
Dessen ungeachtet hatten bereits viele Zeitgenossen Mühe, die Vorstellung vom wohl behüteten, mit der Leichtigkeit eines Mozart schaffenden Wunderkind, die Mendelssohn so eindrucksvoll mit der

"Sommernachtstraum"-Ouvertüre oder dem Streichoktett unter Beweis gestellt hatte, in Einklang zu bringen mit dem bevorzugten Künstlertypus der aufkommenden Romantik, die in der Nachfolge Beethovens gerade das titanhafte Ringen um jeden Ton und jede Phrase als wahre Grösse schätzte.

Mendelssohns religiöse Musik - und damit ein Großteil seines Chorwerks - hatte überdies lange vor 1933 unter dem Vorurteil zu leiden, ein zum Protestantismus übergetretener Jude könne keine adäquate christliche Kirchenmusik verfassen. In solchen Klischees, die leider in erheblichem Ausmaß die Rezeptionsgeschichte sowohl des 19. wie des 20. Jahrhunderts prägen, spiegelt sich allenfalls an der Oberfläche ein viel tiefer liegendes Problem: die grundsätzliche Ungewißheit (...), welche Richtung die Musik nach dem Ende der klassischen Epoche einschlagen werde..."

Werner Pfister rezensiert die Gesamtaufnahme der geistlichen Chorwerke Mendelssohns unter Nicol Matt in der Oktoberausgabe der Zeitschrift "Fono Forum" des Jahres 2003 auf der Seite 77.

Gleich zu Beginn der Rezension wirft Pfister eine zentrale, entscheidende Frage der Mendelssohn-Rezeptionsgeschichte auf:

"Liest man sich in Eric Werners Mendelssohn-Biographie im Werkverzeichnis durch die geistliche Chormusik, stößt man wiederholt auf den Hinweis "Manuskript". In der Tat sind wesentliche Werke, darunter die grossen Choralkantaten, erst vor gut 20 Jahren erstmals gedruckt worden. Wie ist eine derartige Geringschätzung im Umgang mit einem doch bedeutenden Komponisten überhaupt möglich? Die Frage ist um so brisanter, als es sich beim geistlichen Chorwerk Mendelssohns nicht gleichsam um Nebenprodukte handelt, sondern mehrheitlich um ausgereifte grosse Kantaten, um Hymnen und Psalmen; auch Magnificat, Gloria und Te Deum fehlen nicht. Ganze zehn Compact Discs machen sie insgesamt aus - mithin wohl die umfangreichste Gattung überhaupt in Mendelssohns Schaffen".

Ja, wie war und ist die Geringschätzung eines bedeutenden Komponisten und wesentlicher Teile seines Oeuvres überhaupt möglich gewesen? Dieser Frage eingehender nachzuspüren, war und ist eben auch zentrales und wesentliches Bestreben und Ziel beim Verfassen dieser Abhandlung gewesen. Wie konnte es geschehen, dass der Pamphlet gewordene Künstlerneid eines musikalischen Rivalen gleichsam zum Dogma ganzer Generationen von Musikliebhabern, -wissenschaftlern und -publizisten wurde? Dass die Mär vom Heros in der Musik das Ansehen eines feinsinnigen Humanisten auszulöschen verstand, der, dem Schaffen eines

Mozart vergleichbar, Werke von erhabener klassizistischer Klarheit, Hellsicht und Konzentration zu schaffen verstand? Dass ein Publizist nach dem anderen manuskriptgewordene Klischees und Stereotypen des Vorgängers transkribierte? Dass ein Volk in Gesamtheit in den nationalen Größen- und Rassenwahn verfallen konnte und somit Leben und Werk eines ganzen Volkes in Deutschland zu verfemen, aus Deutschland auszumerzen trachtete? Wie war es möglich, dass die Eliten des verbrecherischen Regimes mit dem ethischen Wiederaufbau eines demokratischen Gemeinwesens betraut wurden und somit Ungeist und Vorurteil in der Einschätzung eines einstmals von den Zeitgenossen und hellsichtigen Repräsentanten eines besseren Musiklebens als wahrhaft groß angesehenen Komponisten fortzuschreiben und fortzulehren vermochten? Dass die Routine eines klassisch-romantisch dominierten Musikbetriebs sich bislang der Aufgabe einer umfassend vorgenommenen Mendelssohn-Restaurierung auf den Konzertpodien so hartnäckig und desinteressiert zu entziehen vermag?

Ja, wie war und ist das alles im Bereich einer sich in Vergangenheit und Gegenwart als aufgeklärt gerierenden Kulturnation überhaupt möglich?

Im weiteren Verlauf der Rezension relativiert Pfister die Bedeutsamkeit seiner so zentral gestellten Aussage, indem er Mendelssohn Schaffen in der Tradition von Publizisten wie von Westerman einmal mehr als vordringlich gefühlig und subjektivistisch bewertet.

Wieder haben wir es also hier mit der Einschätzung Mendelssohns als lyrisch empfindsamem Kleinmeister zu tun, welcher zur Nachempfindung menschlichen Leides nicht befähigt somit wahrhaft grosse und bedeutungstiefe Musik nicht vorzulegen verstand.

"Der formale Aufbau - Chornummern wechseln mit Soloarien - orientiert sich am barocken Vorbild, doch die Mittel, mit denen musikalisch gebaut wird, sind romantische. Stilistisch heisst das: Statt einer scharf-linearen barocken Kontrapunktik herrscht hier eine lyrisch innige Empfindsamkeit, die zwar groß und erhaben wirken kann, im wesentlichen aber in den kleiner bemessenen Bereichen des subjektiven Gefühls ihren eigentlichen Ort hat."

Dem Dirigat Matts bescheidet Pfister des Weiteren, dass er "ersichtlich ein Gespür hat für das, was diese Musik leidet und was sie eben nicht leidet..."

Konold gibt dem Musikleben angesichts solch getreulicher Kontinuität unausgesetzter Mendelssohn-Infragestellung und -Reduktion den salomonisch anmutenden Rat mit auf den Weg: "Man versteht Mendelssohns ausgeprägte Abneigung gegen jede Art von Musikpublizistik und man kann - ein Lessing-Wort paraphrasierend - nur wünschen, Mendelssohns Musik werde weniger beschrieben, aber mehr aufgeführt."

39. "Diese Musik wurde ermordet" II

Auch ein Blick auf den musikalischen Tagesbetrieb verdeutlicht, dass die Konstatierung vollgültiger Rehabilitierung der Werke Felix Mendelssohns nach 1945 vorschnell erfolgte.

Das im Jahre 1988 von der Musikhandelverlagsgesellschaft Bonn vorgelegte Handbuch des Musikalienhandels, ein Lehrbuch für angehende Musikalienhändler gibt unter der Rubrik V auf der Seite 21 auch einen Überblick über die "Wichtigsten Werke der Klassik".

Es handelt sich dabei wohl um ein Verzeichnis der im Noten- und Schallplattenhandel am meisten verlangten Werke; 67 Kompositionen gängigsten Repertoires werden genannt.

Während Mozart beispielsweise mit 6, Beethoven mit 7, Schubert mit 6 und Chopin mit immerhin 4 Kompositionen vertreten sind, ist Mendelssohn mit nur einem Werk aufgelistet. Es handelt sich dabei aber nicht um die angeblich bei Musikanfängern so beliebten, oftmals als "Fingerübungen" diffamierten "Lieder ohne Worte" sondern das erhaben schöne Violinkonzert.

Nichts desto trotz ist die Verankerung Mendelssohns also im aktuellen Musikbetrieb - analog seiner Präsenz auf den Konzertpodien - quasi auf ein einziges Werk zurückgegangen.

Im Jahre 1995 veröffentlichte der süddeutsche Grossrezensent Joachim Kaiser im Schneekluth Verlag München das Kompendium Kaisers Klassik, eine Umschau über 100 Meisterwerke der Musik, welcher aus einer wöchentlichen Zeitungskolumne hervorging. Das Buch wurde im Jahre 2001 im btb-Verlag/ Goldmann als Taschenbuch wiederveröffentlicht.

Die Umschau bietet ein dem Handbuch des Musikalienhandels vergleichbares Bild. Unter 100 Meisterwerken, welche Joachim Kaiser als maßgeblich vorstellt, firmiert Mendelssohn wiederum nur mit einem Werk, dem Violinkonzert. Wenn man besieht, dass es sich um nur ein Werk unter immerhin 100 handelt, bietet sich der Schnitt, die Relation in Sachen

Mendelssohn-Rezeption noch ungünstiger, als es im Verhältnis 1:67 im Handbuch des Musikalienhandels der Fall ist.

Wie präsentieren sich andere Komponisten mit Werken unter den 100 ausgewählten? Ludwig van Beethoven dominiert die Auswahl mit sage und schreibe 14 Werkbeschreibungen bei weitem, aber auch andere Komponisten schneiden weit günstiger ab, als es Felix Mendelssohn mit dem 1 Werk tut. Johannes Brahms ist mit einer Auswahl von 7 Werken vertreten, Frederic Chopin mit 5, Wolfgang Amadeus Mozart mit 12, Franz Schubert mit 8, Robert Schumann mit 6 und Mendelssohn-Gegner Richard Wagner mit immerhin 9 seiner 13 Opern.

Wenn auch dieser Werkkanon als subjektiv vorgenommene Auswahl eines einzelnen Rezensenten gelten muss, wirft er doch ein bezeichnendes Licht auf die aktuelle Felix Mendelssohn Rezeption. Prägt die Meinung eines maßgeblichen Rezensenten und Publizisten als beachteten Multiplikators des deutschen Musiklebens doch ein einschlägiges Bild eben jenes von Traditionen dominierten unflexiblen Musikbetriebes, der Beethoven, Mozart und Brahms etc. demonstrativ auf den Schild hebt, einen Felix Mendelssohn und sein Werk aber nahezu ausklammert. Müssen die Leser jenes Buches doch zu der Ansicht gelangen, dass ein Felix Mendelssohn im Schatten übermächtig repräsenter Meister nahezu nichts wert ist.

Zum weiterem Beweise einer erneuerungsbe-dürftigen Mendelssohn-Rezeption; einer notwen-digen Wiederbelebung seines musikalischen Renommees seien einige Zahlen bezüglich klassisch-romantischer Komponisten wie Mendelssohn, Schumann und Brahms genannt, welche vor allem die aktuelle Situation im Konzertleben berücksichtigen:

Felix Mendelssohn und Johannes Brahms haben jeweils etwa 120 mit einer Opuszahl im Werkverzeichnis aufgelistete Kompositionen hinterlassen. Robert Schumann ging mit etwa 150 sogar darüber hinaus. Zuzüglich jeweils 30 von Brahms, 48 von Schumann und immerhin 180 von Felix Mendelssohn Bartholdy nachgelassene Werke ohne Opuszahl.

Ein Gesamtverzeichnis der Klassikaufnahmen der "Deutschen Grammophon-Gesellschaft" von 1956 verweist in der Sache der erwähnten Komponisten auf folgende Einträge: Johannes Brahms   45; Robert Schumann 22 Einträge; Felix Mendelssohn 13 Einträge. Was zeigt der Onlinekatalog des Jahres 2009?
Brahms 118 Einträge; Schumann 71 Einträge; Mendelssohn 38 Einträge. Und was zeigt der Onlinekatalog des Jahres 2012: Brahms 125 Einträge; Schumann 81 Einträge; Mendelssohn 44 Einträge.

Der deutsche *Konzertalmanach* der Saison 2000/1 sowie jener der Saison 1992/93 vermittelt ein ähnliches Bild: Johannes Brahms   633 (636) Einträge, sprich Aufführungen; Robert Schumann   409 (462)   Einträge; Mendelssohn 358 (360) Einträge.

Nach einer Hausse Mendelssohnscher Kompositionen im Gedenkjahr 97 fortfolgend hat sich die Aufführungsdichte der Saison 2000/1 also wieder auf die Ebene um 360 der Saison 92/93 reduziert.

Des Weiteren seien noch folgende Zahlen zur Kenntnis gegeben: Giacomo Meyerbeer, als Meister der Grand Operá, ähnlich infamen Angriffen auf Werk und Person ausgesetzt, war mit Opern wie "Robert le Diable", "Die Hugenotten", "Der Prophet" etc. dennoch fester Repertoirebestandteil der Wilhelminischen Ära; in der Weimarer Republik wurden dieselben rezeptionsgeschichtlich und aufführungspraktisch lebhaft diskutiert. (59 Aufführungen von Meyerbeer-Opern in der Saison 1928/29.) Der Nationalsozialismus schloss sein Werk sofort von der Bühne aus. Heute erleben wir gelegentliche Aufführungen derselben als exotisch; feiern die szenische Realisierung derselben als mutige Großtat.

Der Gesamtkatalog der "Deutschen Grammophon" von 1956 bietet daher folgende Zahl: 6 Einträge; der "Konzert-Almanach" der Saison 2000/1: 7 Einträge (1992/3: 4); der Onlinekatalog der "Deutschen Grammophon" des Jahres 2012: keinen Eintrag!

40. Die Mendelssohn-Falle

Noch in jüngerer und jüngster Zeit stößt man auf die vertraute Geringschätzung, welche dem Erbe Felix Mendelssohns partiell entgegengebracht wird. Nach wie vor sind es nur wenige Werke Mendelssohns, welche das Standartprogramm des Komponisten auf deutschen Podien ausmachen. Es handelt sich dabei um die Symphonien Nr. 3 „die Schottische" und Nr. 4 „die Italienische", um die „Sommernachtstraum"- sowie die „Hebriden"-Ouvertüren, das Violinkonzert in E-moll, op. 64, das Oratorium „Elias", die "Variationes seriouses" sowie das "Rondo cappricioso" op. 14 für Klavier Solo sowie einige wenige Kammermusik und spärlich bemessene Chöre und „Lieder mit oder ohne Worte". Der Rest des doch durchaus umfangreichen und bedeutenden Oeuvres ist – Wagner sei's gedankt - weiterhin zum Schweigen verurteilt. Wie sieht es auf dem Phonomarkt insgesamt aus? Das Verhältnis von Aufnahmen einer der führenden Klassik-Labels, der Deutschen Grammophon, haben wir ja bereits besehen.

Das Verhältnis auf dem freien Markt erweist sich als noch aufschlussreicher im Bezug auf aktueller Mendelssohnscher Relevanz in der interessierten musikalischen Öffentlichkeit.

Das Internet-Versandhaus Amazon liefert da diesbezüglich einige interessante Zahlen. Der am reichhaltigsten durch Aufnahmen geehrte grosse Meister ist überraschenderweise Mozart; Amazon listet 10561 Tonträger auf. Es folgt Beethoven mit immerhin 8273 Aufnahmen. Brahms bringt es auf solide 5264 Einträge. Schumann fällt mit 3458 Hits deutlich ab im Bezug auf das Oeuvre anderer Meister. Das Schlusslicht bildet – wenig verwunderlich angesichts der in diesem Buche bisher dargelegten Vorkommen und Prozesse – Felix Mendelssohn mit gerade einmal 2603 DVDs und CDs. Also nur ein reichliches Fünftel des von Mozart vorliegenden Kataloges – obgleich beide Komponisten in jungen Jahren verstarben und gleichsam zahlreiche Werke hinterlassen haben. Wo sind die Aufnahmen des Mendelssohn -Oeuvres durch die grossen Meister der heutigen Musik-Szene. Die in Deutschland marktführenden Dirigenten Maris Jansson, Simon Rattle und Christian Thielemann führen so gut wie keine Mendelssohn-CDs in ihrem vorliegenden Katalog geschweige dass die so wichtigen Gesamtaufnahmen der mendelssohnschen Symphonien als Leuchtfeuer des Repertoires in absehbarer Zeit durch die genanten Dirigenten zu erwarten wären.

In der Publizistik sieht es insgesamt genommen auch nicht besser aus. Das zeigen deutlich die aktuellen Zahlen des Buchmarktes. Es gibt (wiederum bei Amazon besehen) 1406 Druckwerke über Mozart, 1377 Bücher über Beethoven, 867 Werke über Brahms, 969 Einträge bei Schumann und nur 521 Druckwerke über Mendelssohn.

Die Fachpresse der Klassik-Szene zeigt sich uneinheitlich positioniert im Bemühen, Mendelssohn und seiner Leidensgeschichte gerecht zu werden. Gelungene wohlwollende Berichte wechseln sich ab mit Ungeheuerlichkeiten alten Stiles. Auch dabei zeigt sich die schon vorher angesprochene Konstante: Es gehört anscheinend immer noch zum guten Ton in der Klassikszene, abfällig über Felix Mendelssohn zu reden. So als ob seine Geschichte, seine Labilität im Bezug zu anderen Komponisten geradezu herausfordere, abfällig über ihn zu sprechen und zu schreiben. So als ob Mendelssohn der labile Prügelknabe der Musikgeschichte wäre, auf den alle einprügeln, als ob man dem bereits zu Boden gegangenen noch nachtreten würde. Die Faszination des Opfers, das zu Aggressivitäten herausfordert, möchte ich hier die Mendelssohn-Falle nennen. Die von Mendelssohn hinterbliebene, leidvollen Rezeptionsgeschichte verleitet als Mendelsohn-Falle Publizisten offenkundig reihenweise dazu, im Dahin - ziehen auf alten, gewohnten und ausgetretenen Pfaden wandelnd hineinzutappen.

Während die Musikzeitschrift Fono Forum beispielsweise den Jubilaren des Jahres 2010/11 Robert Schumann, Frederic Chopin und Gustav Mahler heftübergreifend ganze Themen-Schwerpunkte widmete, (beispielsweise im Juniheft 2010 mit einem Robert Schumann-Schwerpunkt) wurde der 200. Geburtstag Felix Mendelssohns im Februarheft 2009 mit gerade einmal mit einem Interview mit dem Chorleiter und Dirigenten Frieder Bernius und einem exakt 2 Seiten umfassenden Gedenkartikel des Autors Giselher Schubert gewürdigt. Nicht einmal in besagter Mendelssohn-Jubiläumsausgabe vom Februar 2009 wurde dem Komponisten beispielsweise ein Exemplar der stets sehr umfangreich ausfallenden Klassik-Kanon-Artikel zuerkannt.

Im Juniheft des Klassikmagazins Fono Forum des Jahres 2009 erschien unter dem Titel „Schatzsuche" die Rezension einer Aufnahme von den „Lieder(n) ohne Worte" von Felix Mendelssohn, welche von massiven, sattsam bekannten Vorurteilen gegenüber Komponist und Werk geprägt ist. Dem Interpreten Roberto Prosseda bescheinigt der Rezensent Matthias Kornemann eingangs, sein Spiel sei partiell schwach, sei „ebendort am schwächsten, wo auch Mendelssohn schwach ist." Kornemann konstatiert des weiteren „unweigerlich hektisch aufgeplusterte Fortisssimo-Repetitionen in der Begleitung" des Agitato D-Dur (op. 30/ 4), welches auf dem modernen Flügel nicht befriedigend darzustellen sei. Die Abfolge des Werk-Zyklus „Lieder ohne Worte" sei (auch in der Aufnahme durch Roberto Prosseda) geprägt von einer „auf die Dauer etwas ermüdendem Konstellation von Einstimmigkeit auf sich oft sehr ähnelnden Fundamenten" der einzelnen Stücke, welcher Prosseda immerhin „sublime Nuancen" abgewänne. Des weiteren liest es sich dort von jenen „die Liedeinfachheit raffinierenden Momenten", von „verborgener Mehrstimmigkeit", von „zaghaften polyphonen Ansätzen", einer „verborgenen Dreistimmigkeit" sowie von „mikroskopischen Gesten", welche wir „allerorten" fänden. Die Aufgabe der Gesamteinspielung der „Lieder ohne Worte" von Felix Mendelssohn stelle gar, Kornemann zufolge eine „Fron" dar. Eine musikalische und pianistische „Bedeutung" der als „kleine Stücke" bezeichneten „Lieder ohne Worte" spricht Kornemann denselben rundweg ab. Die Rezension schliesst mit dem aufschlussreichen, bezeichnenden, drögen Satze: „Prossedas Entdeckungen ergänzen sich zwanglos zu facettenreichem Schliff, und Mendelssohns Halbedelsteine glänzen wie selten zuvor".

Was haben wir da im einzelnen jenem Artikel zu entnehmen? Das Unheil beginnt gleich zu Anfang mit der Erklärung, dass Mendelssohn als Komponist, quasi von Hause aus partiell „schwach" sei. Im weiteren Verlaufe des Artikels, im Schwerpunkt seiner Argumentation" begegnen wir einem alten Bekannten der Mendelssohn-Negation, nämlich der per se vorgenommenen, perfiden Infragestellung von echter, wahrer künstlerischen Grösse des Mendelssohnschen Schaffens. Was die eine Hand an konstruktiven Substantiven gibt, nimmt die andere Adjektiv und destruktiv wieder zurück.

Es ist eben von nur einer „verborgenen" anstelle einer formvollendeten Mehrstimmigkeit, „einer „zaghaften" anstelle einer kühn zu werke gehender Polyphonie die Rede. Der Beitrag vermittelt fortwährend den faden Beigeschmack, als sei Mendelssohn in allen Bereichen seines künstlerischen Schaffens, genauer in seinen „Lieder(n) ohne Worte" durch einen Mangel, ja einen Makel, von der wahrhaft künstlerischen Grösse ferngehalten worden. Als habe dieser auf der ganzen Linie, bei den verschiedensten kompositorischen Anforderungen letztendlich versagt. Der schale, eine hohle Begütigung suggerierende, Nachsatz von den „Halbedelsteinen" der Mendelssohnschen „Lieder ohne Worte" also, entspringt dem Bereiche der reinen Demagogie.

Im November des Jahres 2010 stellte der Veranstalter „Seminare für klassische Musik"/ Dr. Schaub sein Programm von Wochenend- und Ferienseminaren mit dem Schwerpunkt Klassische Musik des Jahres 2011 vor. In insgesamt 53 Veranstaltungen, welche sich geradezu mit Gott und der Welt der klassischen Musik auseinandersetzen, ist nicht eine einzige dem Komponisten Felix Mendelssohn gewidmet.

Dies entspringt sicherlich nicht dem bösen Willen des Veranstalters – es zeigt vielmehr auf, welch geringen Stellenwert Werk und Person Felix Mendelssohns, trotz aller Jubeljahre, immer noch haben. Es ist zwar eine Veranstaltung vom Freitag, den 18. Februar in Frankfurt am Main gelistet, welche sich mit der deutschen Romantik beschäftigt. Diese steht aber nicht einmal singulär im Programm, sondern ist vielmehr Teil einer Gruppe von Seminaren, welche vom Donnerstag, den 17. Februar bis einschließlich Sonntag, den 20. Februar in Frankfurt am Main stattfanden und sich mit verschiedenen nationalen Schulen der Tonkunst beschäftigt.

Sicherlich kam das besagte Seminar , „Die deutsche Romantik" kaum darum herum, sich auch mit dem Schaffen Felix Mendelssohns auseinanderzusetzen – aber das wäre, angesichts der Gruppendidaktik der Veranstaltungsreihe, kaum als repräsentativ für das Leben und Werk des Komponisten zu werten.

Im Gedenkjahre 2009, im Gedenkmonat Februar, um den Gedenktermin von Mendelssohns 200 Geburtstage herum; genauer: in dem Artikel: „Andacht bei den Preußen Italiens" – Leipziger Gewandhausorchester auf Tournee in Turin in der „Leipziger Volkszeitung" vom Samstag, den 7. Februar entblödet sich Feuilletonchef und Klassikspezialist Peter Korfmacher nicht, auf fragwürdige Weise mit den Terminologien Leicht und Schwer zu jonglieren und dem Angedenken an den Komponisten dabei einen üblen Tiefschlag zu versetzten. Er schreibt also: „Im Gegensatz zum Auftakt in der Mailänder Scala steht hier im längst ausverkauften Saal nicht das Mendelssohn-Geburtstagsprogramm auf dem Spielplan, sondern Beethovens zweite und Bruckners Dritte. Ungleich schwererer Stoff also." Und damit ist die Katze aus dem Sack. Wie in Stein eingeschrieben, für die Ewigkeit in eherne Lettern in die Köpfe und Hirne eingemeisselt ist und bleibt das von Richard Wagner in die Welt gesetzte Vorurteil. Mendelssohns Musik ist also „leicht".

Ungleich leichter also als Bruckner und Beethoven. Es wird nicht einmal nach einzelnen Werken ausdifferenziert. Das Mendelssohn Programm insgesamt, also Mendelssohns Musik ist, in pauschaler Einmütigkeit abgekanzelt, „ungleich leichter".
Seriöse, quasi unparteiische Klassikspezialisten, welche nicht vom eindimensional späten Erbe Wagnerschen Tuns und Denkens infiziert sind, vertreten hingegen die Ansicht, dass äusserst präzise, ökonomisch streng auf wesentliches musikalisches Material bezogene. transparent gesetzte und subtil instrumentierte Werke wie jene Mendelssohns, Mozarts oder Ravels besonders schwer zu realisieren sind respektive in notwendiger präziser rhythmischer Genauigkeit besonders hohe Ansprüche an die Ausführenden stellen.

In der Publikums-Postille der Phonoindustrie „CLASSaktuell" Nr. 4 2008 bespricht Wolfgang Teubner die CD-Ausgabe der Klavierwerke Felix Mendelssohns der Profi Edition Günter Hänssler.
Obgleich der Autor sichtlich bemüht war, darzulegen, warum Mendelssohns Klavier- musik so wurde, wie sie ist und durchaus differenziert das seelische und musikalische Auf und Ab des mendelssohnschen Lebensweges nachzuzeichnen, geht es auch diesmal nicht ohne den nunmehr berüchtigten Killersatz innerhalb eines Traktates ab, der das vorher gesagte zum negativen hin relativiert.

So schreibt Teubner zuerst durchaus kommod, dass viel von Mendelssohns Klavierwerken „von einer fließenden Eleganz und pianistischer Brillanz" leben, dass sie „eine bemerkenswerte Stellung zwischen Klassik und Romantik einnehmen, ja gar eine "poetische Gefühlstiefe und heitere Grazie zu gleichen Teilen" aufweise. Des Weiteren wäre „Mendelssohns Grundhaltung für die Klaviermusik ein Sinn für einen natürlichen Fluss der Gedanken." Dazu kämen „leise Melancholie, Empfindungsausdruck und Zurückhaltung, alles aber verbunden durch eine Wärme des Ausdruck".
So Weit, so gut. Aber kaum ist das Gebäude rezeptioneller Erwägungen und Verlautbarungen rund um Mendelssohns Oeuvre errichtet kommt der „Killersatz" der all das vorig erbrachte Bemühen unweigerlich zum Einsturz bringt: „Insofern hatten die Kritiker recht: sonderlich tief lotend ist seine

Klaviermusik nicht". Rums: der Schlag sitzt. Alles hin. Was bleibt einem dabei bloß noch zu sagen übrig: Alles und gar Nichts. Die Sysiphusarbeit: unendliches, offenkundig gänzlich sinnloses Unterfangen um die Reputation eines musikalischen Humanisten und:... das Schweigen!

Im Jahre 2009 wurde Mendelssohns Jugend-Singspiel „Die Heimkehr aus der Fremde" Op. 89 als CD der Hänssler Classik Edition herausgegeben. Die Veröffentlichung dieser wenig verbreiteten Opern-Rarität ist also durchaus sehr verdienstvoll; die Besetzung der Gesangspartien durchweg mit namhaften Interpreten wie Juliane Banse, Spopran, Iris Vermillion, Alt und Christian Gerhaher, Bass sowie mit Helmut Rilling am Pult hochkarätig und dem Renommee des vergessenen Werke eines grossen deutschen Komponisten durchaus angemessen. Die Freude, diese Rarität in Händen zu halten, ist anfangs also gross. Bis man beginnt, den von Thomas Krettenauer verfassten Begleit – Text im Booklet zu lesen.

Gleich zu Beginn heisst es dort also: „Es war gewiss keine Sternstunde deutscher Musiktheatergeschichte, als Felix Mendelssohn Bartholdys einaktiges Liederspiel Heimkehr aus der Fremde op. 89 am 26. Dezember 1829 seine szenische Erstaufführung im Gartensaal des mendelssohnschen Familiensitzes (Berlin, Leipzigerstrasse 9) erlebte".

Ja, Toll! Das ist genau dass, was ein Interessent zu Beginn einer Information über den Gegenstand des Interesses lesen möchte, genau dass, was man dazu also zu Wissen braucht.

In dem der Wirkungsgeschichte des Werkes gewidmeten Kapitel am Ende des Booklettextes kommt es zu weiteren Mäkeleien und Verfänglichkeiten Krettenauers.

So sei es im Jahre 1829 „nicht mehr ganz zeitgemäß" gewesen, „ein Liederspiel zu komponieren". Dasselbe – eine Schöpfung also aus Mendelssohns Händen „womöglich auf einer grossen Opernbühne zur Aufführung zu bringen".

Nach einer Umschau über die Rezeption des Werkes bei und nach der Drucklegung im Jahre 1851, angesichts welcher der Verfasser immerhin anmerkt, dass das kompositorische Erbe Mendessohns „nach seinem Tod im November 1847 zunehmend einer feindseligeren, stark antisemitisch gefärbten Rezeption zum Opfer fiel", heisst es dann weiter in unausgesetzt ambivalenten Tonfall: „Vielerorts konnte sich das Werk aber nur relativ kurzzeitig auf den Theaterspielplänen halten"(...) Bemerkenswert aber ist, dass sich „Heimkehr aus der Fremde op. 89" nachweislich dort einen Stammplatz sichern konnte, wofür es ursprünglich bestimmt war: auf vielen Laienbühnen und bei Privataufführungen in Liebhaberkreisen, (...)"

Ab also, ein für alle Mal, mit der Mendelssohn-Oper – auf die Laienspielbühne!. Als genüge es vollauf, dieselbe anhand von „Privataufführungen", in „Liebhaberkreisen" gar zu rezipieren. Als sei das der einzig zugehörige Platz eines nicht unwesentliches Teiles des Mendelssohn-Oeuvres. Diese Empfehlungen zu Ende gedacht zufolge würde also auf einen eklatanten Missgriff, der Produktionsgesellschaft Hänssler rückschliessen lassen, welche das Werk mit bedeutenden Sängerinnen und Sängern der grossen Oper besetzt hat , von einem Staatlichen Profi- Orchester hat musizieren und einem renommierten Kapellmeister hat leiten lassen. Es ist nahezu unfassbar, wie unausgegoren und leichtfertig im Falle Felix Mendesohns theoretisiert und dramaturgisiert wird. Da es sich ja durchwegs um Neuland handelt, glauben solche Koryphäen offenkundig, sie könnten sich dort unter dem Deckmäntelchen der Pioniertat alles erlauben. In der anmaßenden Selbstvergewisserung, das das schon nicht auffallen, es der Leser nicht bemerken werde.

Eine im Januar des Jahres 2012 fabrikneu erworbene Schubert-CD des Labels „Concerto Royal" des „Royal Philharmonic Orchestra", welche im Jahre 2001 herauskam befindet sich anstelle eines Booklets Werbung für weitere CD-Veröffentlichungen des Labels. Es werden insgesamt 60 CD´s aufgelistet.
    Auf Johann Sebastian Bach entfallen 7, auf Ludwig van Beethoven ebenfalls 7, auf Brahms 3, auf Mozart 6, auf Schubert 3 und auf Peter Tschaikowski 4 CD-Veröffentlichungen. Die Romantiker Robert Schumann und Felix Mendelssohn sind mit nur jeweils einer CD aufgelistet.

Der renommierte hochrangige Musikwissenschaftler und Publizist Martin Geck ist hinsichtlich überkommenem latentem Antisemitismus wahrhaft über jeden Zweifel erhaben. Dennoch tappt auch er, wie so zahllos andere, in seinen Schriften über Musik in die von Tradition und Chauvinismus bereitgehaltene Mendelssohn Falle.

In seinem aufschlussreich gehaltvoll aufbereiteten Kompendium „Von Beethoven bis Mahler – Leben und Werk der grossen Komponisten des 19. Jahrhunderts" befasst sich Geck auch mit der Vita Felix Mendelssohns.

Diesen stellt er Franz Liszt beiseite – beide, Felix Mendelssohn und Franz Liszt, werden von Geck als Außenseiter und „Kosmopoliten" angesichts des deutschen Musiklebens dargestellt Schon in der Einleitung des diesbezüglichen Kapitels 3 „Im Dienst der Volksbildung: Franz Liszt und Felix Mendelssohn Bartholdy" verfängt sich Geck selbst an einem der in diesem Buche von ihm selbst so zahlreich ausgelegten Stolpersteine; er lässt die Leserschaft an einer Information, einer Einschätzung latent oder offenkundig fragwürdigen Charakters innehalten – zwingt zum

Wiederholen, zum Zweimall lesen, ja zum Nachdenken. Vielleicht wollte der geehrte Autor ja genau das erreichen: zum Nachdenken zu provozieren.

Martin Geck schreibt also:
„Liszt und Mendelssohn sind auf den ersten Blick ein ungleiches Paar: der eine skandalumwitterter Allerweltskerl, der andere Musterknabe der Nation. (...) Man unterschätzt leicht, was beide speziell für das deutsche Musiklebern geleistet haben, obwohl oder weil sie keine Deutschen im emphatischen Sinne waren und es an Totalität weder des kompositorischen Ausdrucks noch der narzisstischen Ich-Bezogenheit mit Schubert, Schumann, Brahms, Wagner oder Bruckner aufnehmen konnten." Stopp, Halt! - bereits an dieser Stelle endet die Lektüre vorerst – zwingt sie zum innehalten, zur Rückschau.

Ja was?! - Mendelssohn war also, Martin Geck zufolge „kein Deutscher im emphatischen Sinne": Nun, Frage: Ist ein vom Judentum abstammender, in Deutschland geborener, in deutschen Sinne (also in diesem falle protestantisch) erzogener und aufgewachsener Mensch dennoch kein Deutscher, ganz gleich ob im emphatischen oder nichtemphatischen Sinne?

Man würde Martin Geck unrecht tun, wen man angesichts dieser Darstellung die ganz grosse Moralkeule des Faschismus, der Unterscheidung von „deutschem" und „semitischem" Blute, also die Thesen rassenbiologisch aufbereiteter Unterscheidung von „arischer" und „nichtarische", also „semitischer", Rasse zu schwingen.

Aber es ist zum Haare ausraufen: – warum bringen es die einschlägigen Publizisten einfach nicht fertig, einen in Deutschland geborenen, deutsch erzogenen und sich erklärter Massen zum Deutschtum bekennenden Künstler (siehe im Brief an Karl Friedrich Zelter aus dem Jahre 1832 auf Seite 12) als vollwertiges Mitglied der deutschen Gesellschaft anzuerkennen.

Bezieht sich der vom Martin Geck geäußerte diesbezüglich erhobene Zweifel nicht vielmehr auf geistvoller als Chauvinistisch zu Werke gehende Kritiker wie Heinrich Heine oder Hans Mayer?, Die Mendelsohn ja seinen erklärten und gelebten Protestantismus einfach nicht abkauften?

Letztendlich muss jeder einzelne die Frage nach der deutschen Identität selber beantworten – aber wenn man nun wie Martin Geck zu einer negierenden Auffassung in dieser Frage gelangte, und man diese Auffassung auch noch publiziert, darf man sich über Kritik, Bezweifelung und Verwunderung nicht beschweren.

Bleibt noch die Nachfrage, ob es Mendelssohn an einer Totalität des Komponierens, an geschärftem kompositorischen Ausdruck, also an kompositorischen Profil mangelte?

Ob er genauso ego-autonom im Komponieren veranlagt war, wie die genannten Kollegen? Ob es überhaupt einen Sinn macht, bekannten und beliebten Komponisten und Künstlern eine jeweils „narzistische Ich-Bezogenheit" anzukreiden. Es muss in der Beantwortung all dieser Thesenstellungen einmal mehr im Sinne des hochverehrten, leider bereits verstorbenen Wulf Konold energisch darauf hingewiesen werden, dass das allfällige Gerede über Fragestellungen, wie jener nach einer „narzisstischen Ich-Bezogenheit" von Komponisten nicht wirklich weiterbringt. Dass es letztendlich nicht viel zum Ziel, sich einen Bekannten oder vergessenen Komponisten bewusst zu machen und vor Augen zu führten, beiträgt; dass es vielmehr im Sinne einer Bewusstmachung eines verdienten Musikers liegt, denselben schliesslich und endlich so reichhaltig wie möglich aufzuführen.

Immerhin bietet die Lektüre von Gecks Buch eine schöne Möglichkeit, sich einmal wieder statistisch Mendelssohns Stellung Im Musikbetrieb des Jahres 2000, als das 1993 in einer Erstfassung erschiene Buch wieder aufgelegt wurde, plastisch vor Augen zu führen. Im Anhang findet sich ein Werkregister, das alle in dem Textkörper behandelten Kompositionen auflistet. Schauen wir uns einmal den Sachstand von Komponisten an, welche alle im 19. Jahrhundert gelebt und komponiert haben

Brahms bringt es auf 33 Werkauflistungen, von Schumann werden gar 42 Werke im Text behandelt, gleichfalls 42 Werke Schuberts werden besprochen, Beethoven erringt die Krone mit 63 genannten Werken. Schauen wir uns nunmehr an, wie viele Werke Mendelssohns im Register Erwähnung finden. Sage und Schreibe nur 6 Stück: das „Streichquartett f-moll op. 80", das „Klaviertrio d-moll op. 49", die „Lieder ohne Worte", Die Oratorien "Paulus" und "Elias" und zuletzt schliesslich der berühmte „Gruss, Lied op. 19". Also nicht gerade eine repräsentative Übersicht über Mendelssohns Schaffen. Die Symphonik kommt augenfällig zu kurz angesichts der mehrheitlich genannten Kammermusikwerke, es fehlen beispielsweise die „Schottische" und die „Italienische" Symphony zuzüglich die „Sommernachtstraum"-Ouvertüre und das „Violinkonzert" als absolutes Kern-Schaffen von Mendelssohn Oeuvre.

Noch mit einem weiteren Werk wendet sich Martin Geck dem Leben und Wirken Felix Mendelssohns zu. Er verfasste die farbig illustrierte Neuausgabe des Felix Mendelssohn -Beitrags zur bekannten und beliebten Reihe der rororo-Bildmonographien, welche im Jahre 2009 das im Jahre

1974 erschienene, noch schwarz-weiss-illustrierte Vorgängerexemplar von Hans Christoph Worbs ablöste.

Wie in der Vorgängerschrift „Von Beethoven bis Mahler" verheddert sich Geck sogleich in der Mendelsohn-Falle subtil-latenter Zurücksetzung von Mendelssohns Ansehen durch deutsche Publizisten. Geck hinterlässt dabei wiederum etliche Stolpersteine fragwürdiger, zum innehalten und nachdenken verleitender Ansichten und Suggestionen. Es würde den Rahmen der vorliegenden Schrift erheblich sprengen, alle diese im Text verteilten Merk.- und Denkwürdigkeiten aufzulisten und zu kommentieren, aber die schönste, weitestausgreifende, effektivste Stilblüte soll Ihnen nicht vorenthalten werden. Im Kapitel „zwischen Leipzig und Berlin 1841-1844" äußert sich Geck in despektierlichem, herablassenden Ton über Mendelssohns grandiose „Schottische"-Symphony.

Es ist da von „einiger Mühe" welche „dem Komponisten innerhalb „einer weit über dreißig Minuten dauernden, nach klassizistischem Vorbild geschaffenen Sinfonie" angeblich bereit war, die Rede. Von einer „kleinen, etwa zeitgleich mit Wagners „Fliegendem Holländer" komponierte Sturmszene" sowie von einem „kleinen Hymnus".

Dann kommt Geck zügig zur Sache: „Jedoch tut man Mendelssohn Bartholdys Sinfonien kaum unrecht, wen man sie einem Mittelgebirge zurechnet, das sich zwischen den Gipfelpaaren Beethoven/ Schubert auf der einen und Brahms/ Bruckner auf der anderen Seite der Zeitachse des 19. Jahrhunderts abzeichnet".

Noch plastischerer, anschaulicher lässt sich eine Mendelssohn Erniedrigung unserer Tage kaum darstellen. „Das Gerede vom Templower Hügel bei Berlin, welchen Heinrich Heine als Maßstab von Mendelssohns „Paulus" dem Apenninen von Rossinis "Stabat Mater" entgegensetzt hat, kommt einem dabei in den Sinn. Das Ziel, Mendelssohn in unseren Tagen wieder in den Rang zu erheben, welcher ihm von hause aus als wahrhaft grossen und bedeutenden Komponisten des 19. Jahrhunderts gebührt, ist somit unerreichbar. Eine vergebliche Liebesmüh, eine Sysiphusarbeit, solange namhafte Publizisten wie Geck Mendelssohn in Stumpf und Stiel niederschreiben, solange derartiger demagogischer Unfug wie jener vom „Mittelgebirge" der Mendelsohnschen Symphonik das Publikum ungehindert, ungefiltert, quasi eins zu eins erreichen kann.

Es ist richtig, dass Mendelssohn Symphonik sehr unterschiedlich ausgefallen ist, dass sich die Werke in hohem Maße stilistisch voneinander unterscheiden. Der klassizistisch ausgestalteten, orchestral ausgewogenen einhergehenden Jugendsymphony Nr. 1 folgt eine symphonische Kantate, der „Lobgesang" welche einen Weg weist zu den schönen, von Mendelssohn geschriebenen Psalmvertonungen. Es folgt die 3. Symphony, die „Schottische", welche klassisch romantisch erscheinend, gleichberechtigt, eine Verbindung schafft von Beethoven in der Vergangenheit und Brahms in der Zukunft. Von kammermusikalisch-feinsinniger, hell-erstrahlender Tonsprache geprägt erscheint uns die 4., die" „italienische" Symphony und von „Sturm und Drang" beseelt ist die Fünfte als protestantisch durchdrungene Bekenntnismusik. Die unterschiedliche Vorgehensweise indes lässt vermuten, dass Mendelssohn auf der Suche nach einer eigenen -symphonischen Tonsprache und Form war und sich in verschiedenen Stilistiken und thematischen Sujets ausprobierte. Wie die Lektüre eines Otto-Klemperer-Konzertmitschnitts vom Mai 1969 mit dem Symhonyorchester des Bairischen Rundfunks im Münchner Herkulessaal aufgenommen, belegt, zeigt die klassisch romantisch gewichtete „Schottische" Symphony zumindest Mendelssohn auf der Höhe der Tonsprache Beethovens, Brahms oder Schuberts. Wie so manches Mal in der Kunst oder in der Musik fällig, lässt sich nur erahnen was die unmittelbare Zukunft uns noch , von der klassisch -romantisch geformten Tonsprache der „Schottischen" und der fahlen expressionistischen Zerrissenheit des Streichquartettes op. 80 als Zeugen eines sich anbahnenden entwickelnden Spätstiles ausgehend betrachtet, an symphonischen Meisterwerken geschenkt hätte, wenn Mendelssohn nicht mit 38 Jahren gestorben wäre.

Eine letzte Stilblüte, welche uns das führende deutsche Klassikmagazin Fonoforum zulieferte, sei Ihnen am Schluss noch mit auf den Weg gegeben. In der April-Ausgabe des Jahres 2012 ist, anlässlich der Rezension einer Tschaikowsky und Mendelssohn gewidmeten CD-Veröffentlichung des jungen taiwanesischen Geigers Ray Chen, in lockerer Schreibe anmerkenswertes und belehrendes des Rezensenten Christoph Vratz zu lesen.

Der erste Satz seiner Rezension beginnt gleich mit einem flapsig-stilistischen Donnerschlag: „Eine Geiger-Karriere, wie gelackt". Nach dem somit bereits beredt der Tonfall der Rezension vorgegeben ist, gibt Vratz dem jungen Virtuosen vor allem den Rat, die Karriere etwas langsamer, umsichtiger anzugehen.

Dennoch ist Vratz auch voll des Lobes über die bereits ereichte Könnerschaft Chens. Es heisst also: „Chen kann berauschen, glänzen, faszinieren, staunen machen. Wie leicht und souverän er alles aus Kopf, Hand und Arm schleudert, etwa in der Kadenz des Tschaikowski-Konzertes".

Und dann gerät Vratz in die sattsam vertraute, eingedenk der zahlreichen Vorgänger bereits ziemlich ausgetretene Mendelssohn Falle.

In rasantem, beredten Tonfall kommt er, quasi über Eck, angebraust: „Wie sicher er die Zuckertöpfe bei Mendelsohn umfährt, um Klebrigkeiten zu vermeiden". Bumms. Da liegt er...Verheddert sich in der Mendelssohn-Falle, strauchelt und schlägt der Länge nach hin. Also: Felix....; Mendelssohn..............Bartholdy?.........................

Der Rest ist Schweigen.